Vers un management durable des systèmes d'information ?

Vers un management durable des systèmes d'information ?

Guillaume Biot-Paquerot,
Amélie Clauzel,
Caroline Riché

management
& datascience

Cet ouvrage a été réalisé avec le soutien
de l'**Association Information et Management** (AIM).

www.management-datascience.org

Sommaire

Préface

Johanna Habib – Aix Marseille Université. Présidente de l'AIM 2021-2025
Sabine Carton – Université. Grenoble Alpes. Présidente de l'AIM depuis 2025

L'ouvrage contribue à un sujet d'actualité et essentiel, le management durable, en soulignant les contributions possibles dans le domaine du management des systèmes d'information (MSI). Il invite tous les acteurs, chercheurs et praticiens, à s'engager à tous les niveaux pour un management plus durable des systèmes d'information (SI) : invitation à consacrer de nouvelles recherches sur ce thème important et invitation à intégrer de nouvelles pratiques au sein des organisations. Ce management durable, et la décarbonation des SI qui lui est associée, ne seront possibles que si chercheurs, praticiens et décideurs œuvrent ensemble.

Pour les chercheurs de la communauté AIM – Association Information et Management –, le management durable des systèmes d'information constitue une préoccupation majeure et croissante. Entre 2014 et 2024, ce sujet s'est affirmé comme la thématique dominante des recherches dites « critiques » en MSI, présentées lors des conférences annuelles de l'AIM. Ces recherches, centrées sur l'analyse des impacts environnementaux des SI, couvrent des réflexions variées autour du *Green IT*, de la durabilité, de la sobriété numérique, de la frugalité numérique ou encore de la décroissance (Arena et Habib, 2025)[1].

L'histoire de ce projet éditorial remonte à la 28ème conférence de l'AIM en mai 2023 à Dijon dont l'appel à communication portait sur le thème : « Les SI face aux changements de paradigmes : décarbonation, réhumanisation et recherche de sens ». Les membres du comité scientifique,

[1] Arena, L. & Habib, J. (2025), « Vers une évolution du paradigme critique dans les recherches francophones en MSI ? » *30ème Conférence de l'Association Information et Management, 21-23 mai 2025, Lyon.*

coordinateurs de l'ouvrage, Guillaume Biot-Paquerot, Amélie Clauzel et Caroline Riché avaient alors invité les chercheurs de la communauté à interroger les rôles et les enjeux des SI face aux préoccupations sociales et environnementales grandissantes. Inscrite dans une perspective de transversalité disciplinaire, cette conférence avait permis de rassembler un nombre important de contributions sur ces questions, attestant de leur pertinence et de leur actualité. Ce succès et la qualité des recherches ont conduit à ce projet d'ouvrage, dont l'aboutissement constitue une mise en visibilité du thème du management durable dans le domaine des SI.

L'ouvrage a permis de fédérer plus d'une cinquantaine d'auteurs sur ce thème du management durable et de la décarbonation des SI. Il a la particularité de rassembler à la fois des membres de la communauté AIM et des chercheurs issus d'autres communautés de recherche francophone. Aligné avec les valeurs de l'AIM autour de l'ouverture à l'interdisciplinarité, l'ouvrage rassemble également des contributions d'enseignants-chercheurs en *supply chain management*, stratégie, marketing, ressources humaines, achats, finance, contrôle de gestion… L'originalité de l'ouvrage repose en grande partie sur la diversité des contributions en termes d'approches disciplinaires et d'angles d'analyse ainsi que la liberté laissée aux auteurs pour en définir le format de restitution. Cette transversalité permet d'élargir le champ des analyses et d'explorer de nouvelles pistes de recherche et de réflexion.

En qualité de présidentes sortante et actuelle de l'AIM, nous tenons à remercier très sincèrement les coordinateurs de cet ouvrage ainsi que l'ensemble des auteurs pour leur engagement et la qualité du travail accompli, qui contribuent à enrichir et structurer la réflexion académique sur le management durable des SI. Nous remercions, en outre, l'équipe éditoriale de Management & Datascience pour leur confiance et leur accompagnement. L'ouvrage illustre et renforce notre partenariat.

Face à l'ampleur des enjeux et à l'immensité des défis, cet ouvrage ne constitue naturellement qu'une étape mais une étape fondatrice !

Bonne lecture.

Introduction

Guillaume Biot-Paquerot - Univ. Bourgogne Europe, Burgundy School of Business
Amélie Clauzel - Université Paris Saclay
Caroline Riché - Université Paris Saclay

Entre l'hypermnésie spéculative de Borges (*Le livre de sable*, 1975) et la cartographie désenchantée de Houellebecq dans *La Carte et le Territoire* (2010), une tension majeure traverse notre rapport aux systèmes d'information (SI) contemporains. Nous voulons tout capter, tout comprendre, nous prétendons tout prévoir grâce aux données, mais à force de mesurer, nous finissons par abstraire jusqu'à l'effacement, où la carte (voire le GPS) devient territoire, et l'expérience commune un réseau social. Cette dérive trouve un écho plastique dans l'œuvre du peintre catalan Xifras, dont les compositions algorithmiques (répétitions de formes et de couleurs selon des matrices mathématiques) interrogent la mise en ordre rationnelle du réel. À l'heure de l'Anthropocène, penser la décarbonation des SI suppose ainsi de dépasser l'illusion d'une maîtrise informationnelle. Il s'agit de retrouver une éthique de la représentation : sobre, située et porteuse de sens.

L'intégration des questions de durabilité et de décarbonation impose un renouvellement critique des approches traditionnelles utilisées en management des SI. À cela s'ajoute l'essor de l'intelligence artificielle (IA) dont l'impact environnemental, notamment, suscite des débats quotidiens. Les modèles d'IA, notamment ceux basés sur des architectures complexes et énergivores (e.g. GPT5, DALL-E), posent en effet questions quant à leur coût carbone et leurs besoins en refroidissement. Comment intégrer ces technologies dans une logique de durabilité ? Comment concevoir des systèmes d'IA plus écologiques, capables de s'inscrire dans des logiques de sobriété numérique ? Ces questions ouvrent de nouvelles perspectives de recherche, appelant à une hybridation des cadres théoriques en SI.

La décarbonation des SI reflète ainsi une opportunité stratégique de contribuer à la transition écologique pour de nombreux acteurs : chercheurs, professionnels du numérique, experts du chiffre, décideurs publics. Saisir cette dynamique implique toutefois une analyse fine des rapports de pouvoir, des résistances culturelles et des stratégies organisationnelles, déployés face aux défis environnementaux.

Comprendre les enjeux climatiques liés aux SI

Le numérique représente près de 4,5 % des émissions de gaz à effet de serre en France (ADEME, 2024). Les prévisions les plus pessimistes tendent vers un triplement de ces chiffres à l'horizon 2050. Dans ce contexte, les SI sont ancrées au cœur des problématiques environnementales actuelles et futures. Pour les chercheurs en management des SI, et plus encore pour les apprenants (e.g. étudiants de masters et doctorants), intégrer ces réflexions à leurs travaux et productions est essentiel. Il s'agit dans cette logique de questionner non seulement les paradigmes établis, mais aussi de penser la nécessaire adaptation à conduire face à ces nouveaux enjeux et challenges.

Ces dynamiques ne peuvent toutefois être interprétées sans une prise en compte des logiques qui sous-tendent les comportements organisationnels vis-à-vis des enjeux environnementaux. Comment les structures de pouvoir ou les cultures des organisations pourraient-elles influencer la perception des politiques de décarbonation en SI ? Quelles résistances sociales ou culturelles pourraient freiner l'adoption de pratiques numériques plus responsables ? Ces questions invitent à croiser différentes perspectives pour comprendre plus précisément les processus de transformation numérique durable.

Enjeux théoriques et méthodologiques : les nouveaux territoires de l'IA et de la durabilité

Pour répondre à certaines de ces interrogations, cet ouvrage s'articule autour de trois parties principales selon une progression structurée : il débute par l'analyse des dynamiques de transformation organisationnelle, se poursuit par l'exploration des modalités concrètes de mise en œuvre de la décarbonation des systèmes d'information (SI), et s'ouvre enfin sur une réflexion élargie autour des enjeux de l'anthropocène. Cette dernière partie interroge l'impact des recherches en SI sur l'environnement du chercheur, en posant les fondements d'une dialectique entre responsabilité scientifique et durabilité sociétale. La première partie « Se transformer : défis et opportunités de la décarbonation », explore les stratégies d'alignement des SI avec les objectifs climatiques (Chapitre 1), la mise en œuvre de la sobriété numérique (Chapitre 2) et les transformations organisationnelles associées (Chapitre 3).

Ces réflexions permettent de réfléchir au rôle de l'IA comme acteur social : comment ces systèmes façonnent-ils les comportements organisationnels vis-à-vis de la durabilité ? Quelles résistances, notamment au sein des organisations, pourraient freiner l'acceptation d'une IA plus frugale en énergie ? Ces questionnements ouvrent des pistes pour des analyses croisées entre IA, SI et durabilité. Étudier les enjeux de pouvoir, les résistances au changement ou encore certaines normes sociales peut éclairer les mécanismes par lesquels certaines pratiques numériques sont maintenues, transformées ou contestées au sein des organisations. Il s'agit non seulement de repenser les cadres théoriques, mais également de se doter d'outils méthodologiques permettant de capter ces logiques complexes.

Ainsi, dans la deuxième partie « Se digitaliser durablement », les chapitres 4 à 7 interrogent le rôle des technologies émergentes dans l'écologisation des comportements. La contribution des technologies telles que la *Blockchain* et la réalité augmentée (Chapitre 5), ou encore les *datacenters* et la quête de frugalité énergétique (Chapitre 6), sont autant de terrains de recherche. En parallèle, le cadre d'analyse du travail numérique en situation de handicap (Chapitre 7) invite à croiser les perspectives technologiques, sociales et prosociales.

La troisième partie « Organiser, déployer et piloter la décarbonation », aborde les dimensions opérationnelles et stratégiques de la décarbonation des SI. Les chapitres 8 à 11 examinent la logistique durable (Chapitre 8) et les stratégies d'achats décarbonés (Chapitre 9). Les lecteurs y trouveront des pistes pour relier leurs recherches aux pratiques organisationnelles tout en intégrant des méthodologies d'évaluation financière de la décarbonation (Chapitre 10).

Les chercheurs contribuent également à initier et renforcer des collaborations interdisciplinaires, non seulement entre disciplines au sein des sciences du management mais également avec des chercheurs en sociologie, en anthropologie ou encore en sciences politiques. Cette transversalité permet d'élargir le champ des analyses et d'explorer de nouvelles pistes de recherche et de réflexion.

La quatrième et dernière partie, « Mettre en œuvre : retours d'expérience et analyse de cas pratiques », constitue une plongée concrète dans les dynamiques de décarbonation des SI. Elle explore la mise en œuvre de la sobriété numérique dans les entreprises françaises (chapitre 11), les paradoxes du secteur bancaire (chapitre 12), l'élaboration d'une feuille de route du numérique responsable au sein d'un contexte particulier (chapitre 13), le rôle du système d'information « décarboné » de gestion technique dans le secteur du bâtiment (chapitre 14), les défis du port intelligent à Nantes Saint-Nazaire (chapitre 15) et se termine par une chapitre en contexte pédagogique et plus précisément ludopédagogique abordant la question de la frugalité technologique (chapitre 16). Ces cas offrent des repères pertinents pour les chercheurs, cadres ou professionnels du chiffre cherchant à opérationnaliser la transition vers des SI plus durables.

Un appel à l'engagement collectif des chercheurs et des professionnels du numérique, ou comment apprendre des retours d'expérience

Cet ouvrage est une invitation à réfléchir ensemble, à collaborer étroitement et à mobiliser toutes les communautés impliquées dans la transformation durable du numérique. Ensemble, chercheurs académiques, cadres d'entreprise, professionnels du chiffre (experts-comptables, auditeurs), acteurs du numérique et décideurs politiques peuvent agir efficacement pour relever les défis environnementaux majeurs de notre époque. Par ailleurs, cette transition impose une prise de conscience accrue des coûts cachés et des externalités négatives liés à la gestion des SI, nécessitant ainsi une collaboration étroite entre les chercheurs en SI, les auditeurs et les experts-comptables pour évaluer, piloter et accompagner la mise en œuvre de pratiques numériques plus sobres et durables.

Comme l'écrivait Gramsci, « le vieux monde se meurt, le nouveau tarde à apparaître, et dans ce clair-obscur surgissent les monstres ». La décarbonation des systèmes d'information se déploie précisément dans cet entre-deux : un moment de bascule où les certitudes techniques s'effondrent, mais où les alternatives restent inachevées, fragmentaires, parfois utopiques. À l'instar des habitants de *Flatland*, enfermés dans leur vision bidimensionnelle du monde, nous persistons souvent à appréhender nos infrastructures numériques selon des logiques linéaires, quantitatives, désincarnées. Or, comme le rappelle Douglas Adams dans *Le Guide du voyageur intergalactique*, il est inutile de paniquer – mais encore faut-il apprendre à voir au-delà des surfaces, à imaginer des dimensions d'action plus profondes. Penser les SI à l'ère de l'anthropocène, et comme le soulignent les auteurs du chapitre conclusif, c'est précisément cela : dépasser l'évidence fonctionnelle pour y réinsuffler du sens, de la responsabilité, et peut-être une forme de gravité éthique face à un monde que nous avons trop longtemps cru pouvoir modéliser sans le transformer.

Entretien

Thierno Diallo - Staff Engineer, Green Software Champion/GreenIT Evangelist chez AXA France

Dans ce témoignage inspirant, Thierno Diallo, Green Software Champion chez AXA France, partage son engagement personnel et professionnel pour des systèmes d'information plus sobres. Au croisement de l'écoconception, de la gouvernance responsable et de la mobilisation collective, il illustre comment les entreprises peuvent allier performance numérique et durabilité. Une entrée en matière concrète pour comprendre les leviers d'action des MSI durables.

Pourquoi vous intéressez-vous à la décarbonation des systèmes d'information chez AXA ?

C'est un enjeu multiple, à la fois environnemental, économique, social et réglementaire. Le numérique représente aujourd'hui près de 4 % des émissions mondiales de gaz à effet de serre. Avec la croissance exponentielle attendue dans les années à venir, il devient impératif d'avoir des SI aussi sobres que possible. Les datacenters, en particulier, sont extrêmement énergivores.

Chez AXA, nous considérons la décarbonation des SI comme un pilier essentiel de notre responsabilité sociale et environnementale. Cela passe par des actions concrètes pour réduire notre empreinte carbone et lutter contre le changement climatique.

Mais cet engagement est aussi rationnel économiquement : consommer moins de ressources et d'énergie, c'est faire des économies significatives. Enfin, il ne faut pas oublier l'enjeu réglementaire : nos SI doivent aussi répondre aux exigences croissantes en matière de durabilité.

Des pratiques concrètes déjà à l'œuvre chez AXA France

AXA France, comme beaucoup de grandes entreprises, a mis en place un programme ambitieux, baptisé GreenIT. Il regroupe toutes nos initiatives pour réduire l'impact environnemental de nos systèmes d'information.

Quelques exemples d'actions concrètes :

• Priorisation des équipements reconditionnés et allongement de leur durée de vie.

• Formations régulières à destination des collaborateurs sur le climat et l'impact du digital.

• Sessions d'initiation à l'écoconception pour toutes les parties prenantes du SI : architecture, développement, exploitation, métiers.

• Lancement du programme Green Champions, mobilisant tous les métiers.

• Passage massif au *cloud* et adoption de la conteneurisation, au détriment des serveurs physiques ou de la virtualisation traditionnelle.

• Promotion des bonnes pratiques de greencoding pour concevoir des SI plus sobres.

• Intégration systématique d'un questionnement sur la valeur ajoutée et les coûts énergétiques à chaque ajout fonctionnel dans le SI.

Un engagement personnel fort et cohérent

En tant que *Tech Lead*, je mets en œuvre et diffuse les pratiques d'écoconception dans mes projets. J'écris régulièrement des articles pour sensibiliser mes collègues.

Mon engagement va aussi au-delà de la technique.

Je contribue à la féminisation des métiers du développement via les initiatives WomenTechIT et WomenCodeIT. Je participe à des actions de mentorat et d'accueil de stagiaires de 3ème pour encourager la mixité sociale et l'accès à l'emploi. En tant que Green Champion, je collabore avec d'autres collègues pour mettre en place des indicateurs fiables d'évaluation de l'impact des applications. Sur le terrain, j'adopte des gestes concrets : limiter l'usage des écrans multiples, éteindre systématiquement les équipements après usage, faire le tour du plateau avec des collègues pour s'assurer que rien ne reste inutilement en veille.

À titre personnel, j'ai allongé la durée de vie de mes appareils électroniques de deux à cinq ans. Je privilégie systématiquement le reconditionné, je veille à éteindre et débrancher mes appareils après usage. Ce sont des gestes simples, mais essentiels.

Des ressources solides au service de l'action

Chez AXA France, le programme GreenIT est soutenu au plus haut niveau. Il s'accompagne d'un ensemble de ressources pédagogiques et communautaires :

• Formations internes et externes sur le GreenIT et l'écoconception.

• Plateforme AXA Climate School.

• Communautés actives comme Digital Sustainability, GreenIT France ou encore Le Collectif AXA pour la Planète.

• Conférences régulières sur la tech durable.

Des résultats mesurables et encourageants

Cette mobilisation commence à porter ses fruits. Par exemple, nous avons mis en place le *dailyclean*, une routine de nettoyage automatisé sur certaines applications. Résultat : sur 13 applications, nous sommes passés d'un coût annuel de 9 000 euros à seulement 2 534 euros. Soit près de 6 500 euros d'économies, avec en prime une baisse significative de la consommation énergétique. L'effet d'entraînement est réel. Même en mon absence, mes collègues continuent de faire le tour du plateau pour éteindre les écrans. La prise de conscience collective progresse.

Quels défis reste-t-il à surmonter ?

Certains obstacles subsistent. Tous les collaborateurs ne sont pas encore sensibilisés à l'importance de la décarbonation des SI. Il y a aussi des résistances au changement, souvent alimentées par une vision à court terme ou des inquiétudes sur les coûts initiaux. Pour avancer, il est crucial de rester factuel, de présenter des données concrètes, de démontrer les bénéfices économiques et environnementaux, de montrer des réussites et d'impliquer toutes les parties prenantes dès le départ. La communication doit être positive, claire, transparente… sans jamais minimiser les difficultés.

Un futur en accélération

Ce qui est certain, c'est que les mentalités évoluent. Chez AXA France, comme ailleurs, les comités de direction se saisissent de plus en plus activement de ces sujets. La transition est bien entamée, et les perspectives sont extrêmement prometteuses.

Pour aller plus loin

Je partage régulièrement sur ce sujet. Voici les trois premiers volets d'une série d'articles sur le *greencoding* :

• Diallo, T. (Sept. 2023). Green coding : comment construire des logiciels durables. *Just-Tech-IT.* https://medium.com/just-tech-it-now/green-coding-ou-comment-construire-des-logiciels-durables-66742cb27e2b.

• Diallo, T. (Nov. 2023). Green Coding 2/7 : Principe de la gestion durable des données. *Just-Tech-IT.* https://medium.com/just-tech-it-now/green-coding-2-8-principe-de-la-gestion-durable-des-donn%C3%A9es-a9a351e79adf.

• Diallo, T. (Nov. 2023). Green Coding 3/7 : Les images natives pour réduire notre impact environnemental. *Just-Tech-IT.* https://medium.com/just-tech-it-now/green-coding-3-7-les-images-natives-pour-r%C3%A9duire-notre-impact-environnemental-e3a2d06d9ad8.

Partie 1

Se transformer : défis et opportunités de la décarbonation

Décarbonation et alignement stratégique des systèmes d'information

Abdeslem CHOUKHI – Aix Marseille Université, CERGAM, Aix-en-Provence
Johanna HABIB – Aix Marseille Université, CERGAM, Aix-en-Provence

1. L'intégration de la décarbonation dans la stratégie des organisations : quel rôle pour les systèmes d'information ?

La décarbonation s'impose aujourd'hui comme une volonté politique, un défi sociétal et un impératif économique. À l'échelle d'un pays, cela se traduit par la notion de bilan carbone qui comptabilise les émissions de CO_2 générées dans les frontières dudit pays par les activités humaines. À l'échelle d'une organisation, la décarbonation consiste à définir une stratégie qui regroupe un ensemble de politiques et d'actions ayant pour but de réduire ou d'éliminer les émissions de carbone générées (Block *et al.*, 2023). Une stratégie de décarbonation consiste dès lors à définir des objectifs quantifiables de réduction de rejet de carbone et à les monitorer sur des échéances déterminées. Les organisations optent, en général, pour deux formes de stratégie (Damert *et al.*, 2017), l'une symbolique et l'autre substantive. La première vise à maintenir l'activité même si elle contribue gravement aux rejets carboniques mais en contrebalançant par des actions en dehors de l'organisation comme le fait de planter des arbres, ou l'acquisition de permis d'émettre du CO_2. Cette première forme vise à communiquer sur les actions en faveur de l'environnement pour rendre moins visibles les activités qui ont des effets néfastes. La seconde forme de stratégie de décarbonation, qualifiée de substantive, se traduit par des actions concrètes menées pour réduire réellement les émissions de CO_2. Cette dernière forme manifeste la volonté de l'organisation de s'engager activement dans la réduction de son empreinte environnementale.

Ainsi, pour les organisations qui adoptent une stratégie substantive, et qui nous intéressent ici, l'identification des impacts/empreintes carbone de chaque activité est un enjeu décisif. Les systèmes d'information (SI) peuvent jouer un rôle crucial pour accompagner cette stratégie. D'une part, au même titre que les autres activités, les SI ont un impact en termes de rejet de CO_2. Il peut être assigné à cette fonction des objectifs de réduction chiffrés, notamment à travers la réduction de la consommation électrique, la réutilisation des anciens matériels, la réduction de la taille des boîtes de messagerie... D'autre part, les SI peuvent contribuer à mieux quantifier les rejets de manière fine par activité mais ils peuvent aussi être source d'innovations en améliorant les processus et le modèle économique de l'organisation. Enfin, au-delà de soutenir la réalisation de la stratégie, les SI peuvent également l'influencer. Dans ce cas, ce sont les évolutions technologiques (*green IT, blockchain...*) qui façonnent les stratégies métiers, voire la stratégie d'ensemble. De ce fait, l'alignement entre la stratégie de l'organisation et la stratégie SI prend tout son sens dans un contexte de décarbonation. Les deux sont intimement liées et s'influencent mutuellement. Dès lors, la stratégie de décarbonation peut amplement s'appuyer sur les SI pour gagner en efficacité.

2. Fondements conceptuels de l'alignement stratégique des SI

2.1 Définition de l'alignement stratégique des SI

La définition de la stratégie d'une organisation a pour finalité de déterminer les domaines d'activité dans lesquels l'organisation souhaite mobiliser ses ressources pour s'y développer (*Corporate strategy*). Au niveau d'un domaine d'activité (*Business strategy*), la stratégie consiste à prendre des décisions et à coordonner les actions pour atteindre le ou les objectifs assignés à ce domaine. Dans une perspective classique, la stratégie SI consiste à adopter une vision organisationnelle du SI que ce soit à travers les choix d'investissements, les déploiements, l'utilisation et le management du SI (Chen *et al.*, 2010). Cette vision s'inscrit dans la durée puisqu'il s'agit de définir un SI cible sur le long terme et de déterminer les moyens d'y parvenir. L'alignement stratégique est une démarche caractérisée par une interaction entre la stratégie de l'organisation et celle du SI.

Depuis de très nombreuses années, l'alignement stratégique des SI est un sujet de première importance tant dans la littérature académique (Henderson et Sifonis, 1988) que professionnelle (Luftman *et al.*, 2004). Pour une organisation, l'enjeu est d'exploiter pleinement le potentiel offert par les technologies de l'information (TI) et les SI en pilotant leur adéquation avec les objectifs stratégiques *corporate* et *business*. « Les entreprises ne peuvent pas être compétitives si leurs stratégies d'affaire et les stratégies en matière de technologies de l'information ne sont pas alignées » (Avison *et al.*, 2004, p. 223).

Si plusieurs définitions de l'alignement stratégique des SI coexistent dans la littérature académique, nous proposons de retenir la définition suivante : « L'alignement est le degré d'adéquation et d'intégration entre la stratégie d'entreprise, la stratégie TI, l'infrastructure d'entreprise et l'infrastructure TI » (Henderson et Venkatraman, 1993). Cette définition fait directement référence au modèle d'alignement stratégique que les auteurs ont développé (*Strategic Alignment Model* – SAM). Il s'agit du modèle le plus influent et le plus utilisé en management des SI (Avison *et al.*, 2004) ayant donné lieu à plusieurs extensions dans la littérature (Chan et Reich, 2007).

2.2 Le modèle SAM (*Strategic Alignment Model*) de Henderson et Venkatraman

Le modèle d'alignement de Henderson et Venkatraman (1993) propose de mettre en cohérence les choix de quatre domaines de l'entreprise :

(1) la stratégie d'entreprise : orientations à long terme sur les produits et services de l'entreprise, positionnement sur le marché, compétences distinctives et pilotage stratégique,

(2) la stratégie des TI : grandes orientations technologiques et règles de gouvernance du SI,

(3) l'infrastructure et les processus organisationnels : conception de l'organisation et de ses structures opérationnelles,

(4) l'infrastructure et les processus liés aux TI : architectures techniques et applicatives, compétences de la DSI.

Ce modèle intègre à la fois les contextes interne et externe de l'organisation, et reconnaît le rôle stratégique des TI en tant qu'outil de soutien et de détermination de la stratégie organisationnelle. En effet, le cadre conceptuel s'articule selon une double dynamique d'adéquation : l'intégration (ou *fit*) stratégique qui se concentre sur l'articulation entre les aspects internes et externes, et l'intégration fonctionnelle qui se focalise sur l'articulation entre les domaines de l'entreprise et les domaines SI.

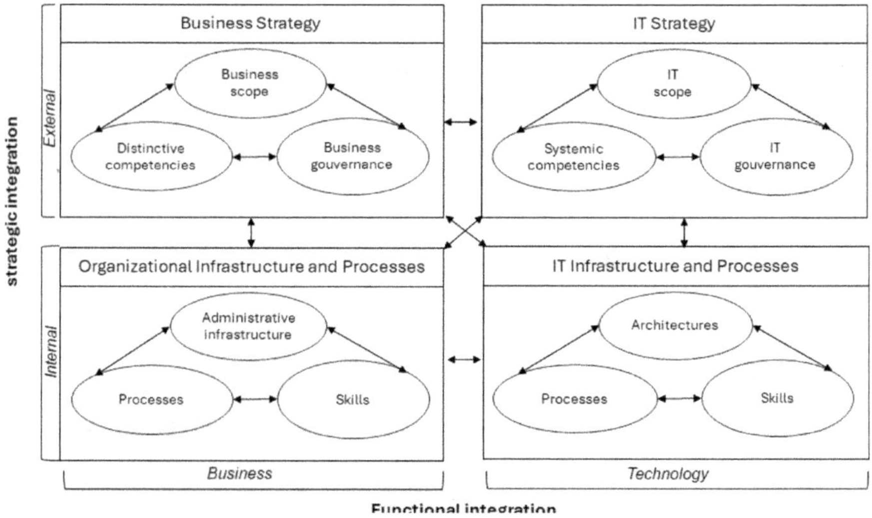

● Figure 1. Modèle d'alignement stratégique, adapté de Henderson et Venkatraman (1993, p. 476).

2.3 Quatre perspectives d'alignement stratégique de SI

En soulignant l'interdépendance entre les dimensions stratégiques et structurelles de l'organisation et les choix relatifs aux SI, quatre perspectives d'alignement sont distinguées par Henderson et Venkatraman (1993). Pour chaque perspective, trois domaines du modèle sont concernés et appréhendés tour à tour comme domaine d'ancrage de l'alignement (à l'initiative de la transformation), domaine pivot (intermédiaire de la transformation) et domaine d'impact (objet de la transformation).

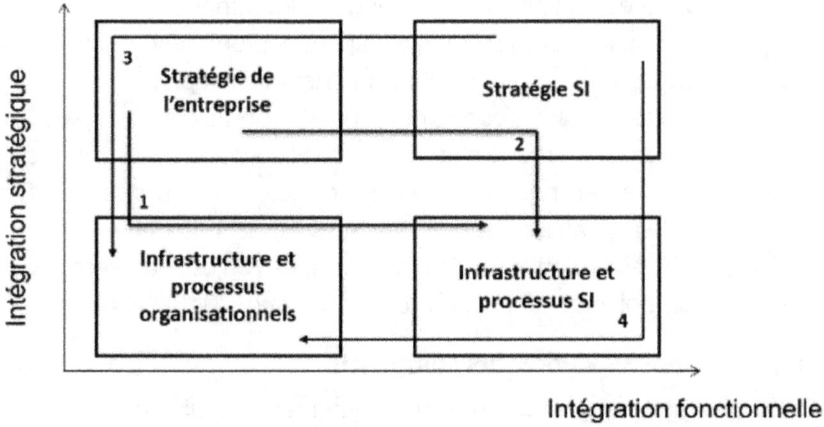

Figure 2. Les quatre perspectives d'alignement stratégique - adapté de Henderson et Venkatraman (1993).

En fonction de l'entreprise, de son secteur d'activité, de l'intensité concurrentielle, de sa maturité SI…, l'alignement stratégique pourra prendre différentes formes (Henderson et Venkatraman, 1993 ; Venkatraman, Henderson et Oldach, 1996). Dans les deux premières perspectives d'alignement (perspectives 1 et 2), la stratégie de l'entreprise (domaine d'ancrage) est le moteur de l'alignement (« *driving force* ») tandis que dans les deux suivantes (perspectives 3 et 4), l'alignement se structure à partir de la stratégie SI.

Perspective no. 1 – « Exécution de la stratégie »

La stratégie d'entreprise guide ici les choix de conception de l'infrastructure et des processus organisationnels qui eux-mêmes structurent les choix relatifs à l'infrastructure des SI. Cette perspective reflète les approches traditionnelles de la planification stratégique et appréhende les SI comme le support (ou l'exécutant) de la réalisation des objectifs stratégiques.

Perspective no. 2 – « Potentiel technologique »

Cette perspective d'alignement implique d'identifier les meilleures orientations possibles pour la stratégie SI pour soutenir l'évolution de la stratégie d'entreprise. Ces orientations amènent l'entreprise à identifier sur le marché des TI, les opportunités pour répondre à ses objectifs stratégiques et à structurer une architecture SI source de performance. Ici, la stratégie de l'entreprise se décline directement en stratégie SI. Ainsi, redéfinir la stratégie de l'entreprise conduit à implémenter des projets techniques et applicatifs ambitieux dans l'objectif d'exercer un leadership technologique (Luftman, 1996 ; Renaud, 2018).

Perspective no. 3 – « Potentiel compétitif »

Il s'agit de la première perspective où l'alignement est initié directement par la stratégie SI. Il s'agit de se concentrer sur l'exploitation des capacités TI émergentes (*blockchain*, IA, *big data*, IoT, robotique, ...) afin d'influencer l'offre de nouveaux produits et services (source de potentiel nouveaux business modèles) et de façonner les nouvelles compétences distinctives. Ici, la transformation organisationnelle est impulsée par les opportunités SI, ce qui nécessitera des adaptations ou des évolutions potentiellement radicales de la stratégie d'entreprise.

Perspective no. 4 – « Niveau de service »

La quatrième perspective, axée sur le niveau de service, met l'accent sur le développement d'une DSI de premier rang en termes de compétences, de structuration, de *process* et d'infrastructure afin de répondre aux besoins évolutifs des utilisateurs métiers de l'organisation. Ici, le rôle de la stratégie générale est indirect dans l'alignement stratégique. La direction générale priorise néanmoins les choix technologiques en fonction des propositions de la DSI. La mission de la DSI est ainsi d'assurer la performance commerciale des différents métiers de l'entreprise en satisfaisant au mieux leurs demandes. Elle se positionne comme un prestataire de services IT opérationnels auprès des clients internes de l'organisation. En instaurant une approche de contractualisation de services IT, le critère de performance devient la satisfaction clients. La stratégie SI implique ici des évolutions fréquentes de l'infrastructure et processus SI pour saisir les opportunités technologiques puis l'évolution des processus métiers.

3. Décarbonation et perspectives d'alignement stratégique des SI

Après avoir présenté chacune de ces perspectives, nous proposons maintenant de les illustrer à l'aune de la problématique de la décarbonation. En effet, les SI sont porteurs de solutions pour piloter plus efficacement la transition écologique. Ils peuvent ainsi être appréhendés tant comme un soutien à la réalisation de la stratégie de l'entreprise incluant la décarbonation du numérique ainsi que comme l'élément central de la stratégie de l'entreprise décarbonée.

3.1 Perspective no. 1
Exécution de la stratégie générale de décarbonation

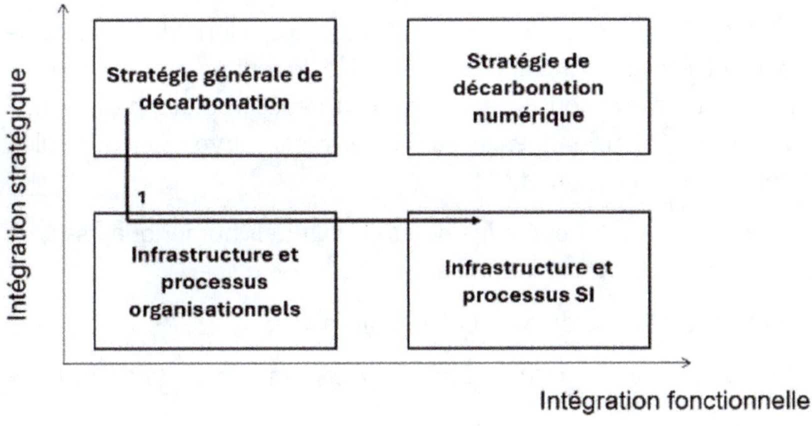

● Figure 3.1. Perspectives d'alignement stratégique revisitées à l'aune de la décarbonation, perspective no. 1.

Dans cette perspective, une stratégie générale de décarbonation engendre des changements au niveau des infrastructures et processus tant organisationnels que technologiques. Tout d'abord, dans l'objectif de diminuer l'empreinte carbone des activités de l'entreprise, les SI doivent évoluer pour mesurer les activités et assurer un *reporting* fiable aux différentes fonctions de l'entreprise. Comprendre les émissions de CO_2 constitue le fondement de la mise en œuvre d'une stratégie de décarbonation. Les SI se positionnent ici en soutien de la réalisation de cette stratégie et répondent aux demandes des métiers engagés dans la transformation. Ensuite, la DSI elle-même, au même titre que les autres fonctions, doit s'engager dans la décarbonation de ses activités. En effet, selon une étude de l'ADEME-Arcep (2022-2023), le numérique représente 10 % de la consommation électrique et 2,5 % de l'empreinte carbone en France. Pour structurer ce champ de pratiques émergentes, des labels ont vu le jour tels que le label NR de référence développé par l'INR (Institut Numérique Responsable) ou encore des référentiels tels le NegaOctet validé par l'ADEME, qui permet le calcul des impacts environnementaux du numérique tout au long du cycle de vie. Les objectifs d'efficacité environnementale et économique définissent ainsi les conditions de mise en œuvre de SI plus verts.

Illustration : La décarbonation numérique du système de santé français

Dans la feuille de route de la « Planification écologique du système de santé », l'objectif no. 7 « Élaborer une feuille de route pour verdir le numérique en santé »[2] concerne directement la décarbonation du numérique en santé. Plusieurs engagements et perspectives sont formulés, en voici un extrait synthétisé :

- Promouvoir l'achat des équipements et matériels numériques issus de l'économie circulaire par la mise en place d'un écolabel.
- Favoriser l'achat de dispositifs éco-conçus.
- Lutter notamment contre l'« obésiciel » et promouvoir la désinstalla-

■ [2] Source : https://sante.gouv.fr/IMG/pdf/planification-ecologique-du-systeme-de-sante-feuille-de-route-mai-2023.pdf.

tion des services inutilisés et le nettoyage des serveurs et ordinateurs afin d'éviter l'accumulation de déchets numériques.

• Promouvoir les démarches d'écoconception et favoriser l'élaboration de logiciels moins énergivores en modifiant la manière de coder par la formation des professionnels du logiciel.

• Calculer et contrôler les impacts environnementaux des services numériques en santé (mise à disposition de services de calcul d'éco-scores des applications de santé).

• Lutter contre l'obsolescence en proposant de ne pas renouveler le matériel toujours fonctionnel, de privilégier le réemploi dans le cadre d'opérations de solidarité, et de systématiser le recyclage des dispositifs en fin de vie.

• Promouvoir les actions permettant de maîtriser la consommation énergétique des *datacenters* et de certains matériels médicaux ■

3.2 Perspective no. 2 - Potentiel technologique de décarbonation

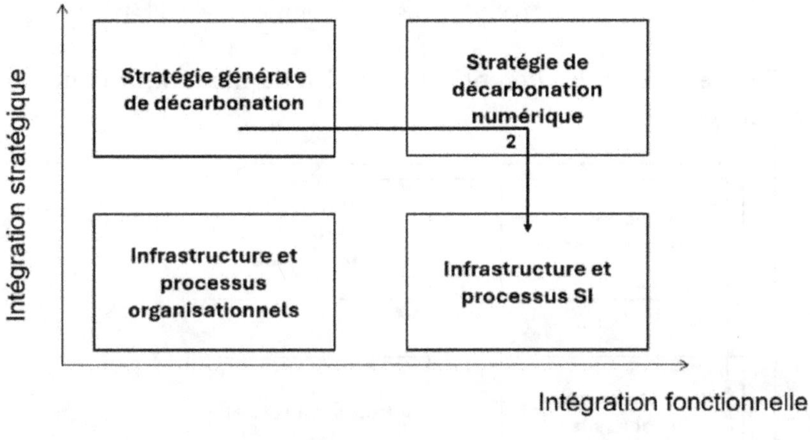

● Figure 3.2. Perspectives d'alignement stratégique revisitées à l'aune de la décarbonation, perspective no. 2.

La stratégie de décarbonation de l'organisation se décline ici directement en stratégie SI ambitieuse dépassant les problématiques de décarbonation des activités numériques. En effet, l'organisation cherche à se différentier par des technologies émergentes et des solutions innovantes (IA, solutions de stockage de l'énergie, ...) pour obtenir un leadership technologique et environnemental. Pour ce faire, la DSI identifie des solutions digitales de décarbonation susceptibles d'être au service de l'ensemble des métiers de l'entreprise et de ses produits et services pour les clients. Cet alignement conduit l'organisation à structurer une infrastructure IT verte de pointe, source d'avantage concurrentiel.

Illustration : Equans digitale, l'heure de la décarbonation

Equans, acteur historique de l'énergie, a développé ces dernières années une expertise dans le domaine du numérique pour accompagner la construction d'équipements intelligents capable de sobriété énergétique. La marque « Equans digital » (créée en 2022) rassemble une gamme d'offres numériques s'appuyant, notamment sur l'IA. Ainsi, dans le domaine du *smart building*, Equans digital propose une solution qui assure la gestion des bâtiments. C'est un outil d'aide à la décision qui assure un pilotage intelligent du bâtiment en fonction de son occupation et des services demandés. Ses capacités de simulation permettent d'intervenir sur plusieurs paramètres d'optimisation du pilotage (gestion des flux, installations d'équipements, réemploi des matériaux)[3]. ■

3.3 Perspective no. 3 – Potentiel compétitif du numérique pour décarboner

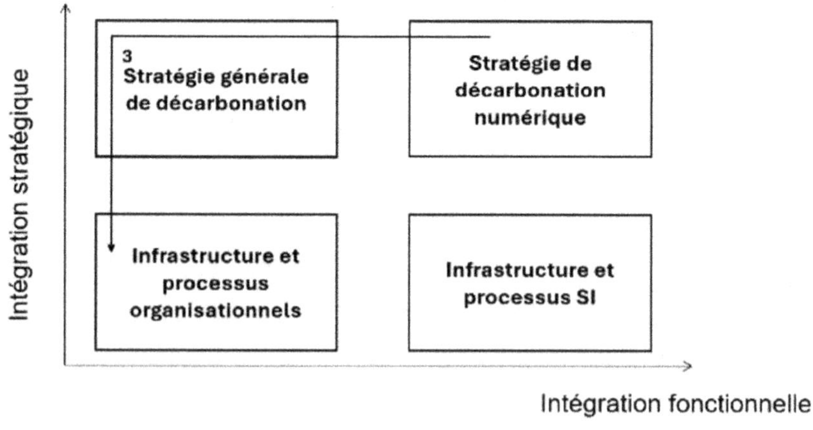

● Figure 3.3. Perspectives d'alignement stratégique revisitées à l'aune de la décarbonation, perspective no. 3.

■ **[3]** Site officiel Equans et articles lemoniteur.fr.

La stratégie de décarbonation numérique structure ici la démarche d'alignement stratégique. Il s'agit de développer des innovations numériques plutôt radicales susceptibles d'être transformées en nouveaux produits et services pour l'organisation et de construire de nouveaux *business models*. La stratégie SI influence ici la stratégie générale de l'entreprise et les nouvelles pratiques innovantes numériques modifient fondamentalement l'infrastructure et les processus organisationnels.

Illustration : Impakt éditeur de logiciels et bureau d'études

Impakt travaille en collaboration avec plus de 200 organisations pour les aider à mettre en œuvre leur stratégie climatique. Grâce à son expertise à la fois numérique et climatique, Impakt a développé une solution complète pour les aider à mettre en œuvre leur stratégie environnementale. Cette solution comprend des outils et un accompagnement adaptés à différents niveaux de maturité. Impakt a développé Ekyo, une plateforme en mode SaaS qui permet à toute organisation de réaliser facilement son bilan carbone. Ekyo est l'une des premières solutions à être officiellement reconnue conforme à la méthodologie Bilan Carbone par l'ABC (l'Association pour la transition Bas Carbone)[4]. ■

3.4 Perspective no. 4 - Prestation de services IT pour l'entreprise décarbonée

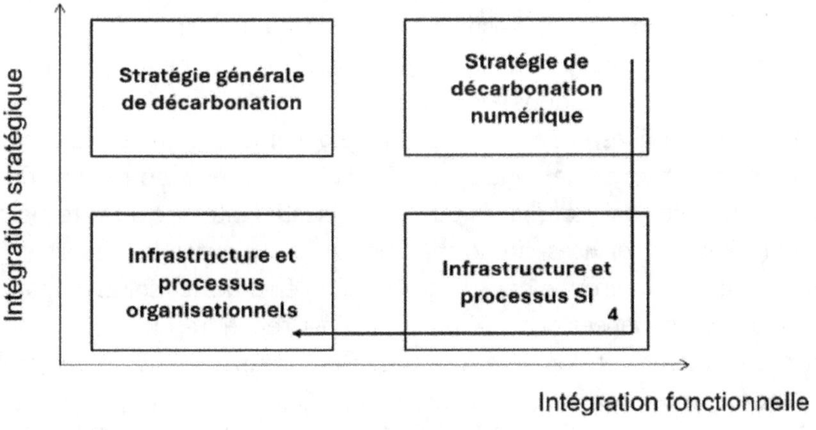

● Figure 3.4. Perspectives d'alignement stratégique revisitées à l'aune de la décarbonation, perspective no. 4.

■ [4] https://www.inextenso-innovation.fr/partenariat-avec-impakt/.

La stratégie SI de décarbonation encourage un engagement environnemental exceptionnel et des investissements permettant des réductions d'émissions supplémentaires. Cela confère à l'entreprise un avantage de pionnier dans le domaine de la durabilité, influençant le comportement d'achat des clients et contribuant à une réputation d'entreprise exemplaire en termes environnemental. Cette perspective permet de développer une stratégie numérique environnementale de leader. Sa portée s'étend à l'ensemble des processus internes afin de se positionner sur une différenciation compétitive basée sur la durabilité. Les critères de performance clés sont orientés vers la satisfaction des parties prenantes internes et/ou externes. Ici, l'infrastructure numérique de pointe et à faible impact améliore l'efficacité des processus de toute l'organisation, et peut constituer le socle de la création de valeur dans l'organisation.

Illustration : Schneider Electric, une stratégie digitale moteur de la performance durable

Depuis sa création en 1836 en tant qu'entreprise industrielle sidérurgique, et au gré des diverses acquisitions qui ont jalonné son histoire, le groupe Schneider Electric s'est spécialisée dans les solutions numériques de gestion de l'énergie et des automatisations pour la performance environnementale. En plus de ses activités historiques de distribution électrique, d'automatismes et de contrôle industriel, Schneider Electric s'est orienté vers des activités parallèles : le développement de systèmes d'installations électriques, la sécurité des bâtiments, les centres de données et réseaux... Le développement durable étant au cœur de la stratégie de l'entreprise, le digital doit être au service de la transition écologique tant en termes d'objectifs internes qu'externes (i.e. produits et services sur le marché). Afin d'assurer le leadership technologique du groupe dans la gestion de l'énergie, les solutions numériques développées par l'IT doivent ainsi répondre au besoin des différents métiers et domaines d'activités du groupe en termes de gestion intelligente et optimale de l'énergie. En 2018, la DSI Europe de Schneider Electric s'est réorganisée pour engager un désilotage de l'IT et mieux répondre aux besoins des utilisateurs métiers en instaurant une organisation plus transversale. L'entité « Schneider Digital » a ainsi été créée pour réunir la DSI, les entités en charge des solutions digitales et du e-commerce. Robert Auffray, CIO et Digital Transformation Europe, explique la stratégie IT du groupe : « Globalement, notre stratégie numérique s'appuie sur deux grands axes : *digitize* et *digital*. Il s'agit d'une part de réévaluer l'ensemble de nos processus en se demandant où le digital peut être une opportunité en termes d'agilité, d'efficacité et d'excellence opérationnelle (« *digitize* ») – c'est sur cette partie que porte la majorité des actions de la DSI –, et d'autre part à créer un vrai business digital en plaçant le client au centre de notre proposition de valeur (« *digital* »)[5]. ■

4. Le numérique au cœur de la décarbonation des entreprises ?

4.1 Une nécessaire imbrication de la stratégie générale et de la stratégie SI

L'alignement stratégique est révélateur du degré de partage et d'appui par la stratégie du SI des missions, des objectifs, des plans contenus dans la stratégie de l'organisation (Chan *et al.*, 2006). Malheureusement, dans bien des cas les organisations se contentent de mesures cosmétiques lorsqu'il s'agit de mettre en place des actions de réduction de l'impact environnemental des SI. Ce sont souvent des actions ponctuelles, très limitées, par exemple, le recyclage des cartouches d'encre, le déploiement d'imprimantes réseau. Ces mesures ne sont pas suffisantes pour impacter de manière significative les rejets de CO_2. Selon le rapport 2023 du Boston Consulting Group (BCG et CO_2 AI) : « Seules 14 % [des entreprises interrogées (1850 responsables)] ont réduit leurs émissions conformément à leurs ambitions sur les cinq dernières années ». Ce chiffre très faible, en baisse par rapport à 2022 (-3 %), montre que les ambitions ne suffisent pas. Pour inverser la tendance, il est impératif que la décarbonation devienne une stratégie claire et que cette

■ [5] https://www.itforbusiness.fr/la-dsi-europe-sorganise-pour-accelerer-et-accompagner-la-transformation-digitale-30916.

stratégie s'accompagne de moyens et d'actions. De plus, ce rapport met en évidence le peu de fiabilité des outils de mesure des rejets carbone des entreprises interrogées. Comment une organisation peut réduire ses rejets de CO_2 si elle ne sait pas les quantifier de manière précise ?

Ainsi, les SI peuvent contribuer grandement à répondre à ces défis. Mais cela implique un alignement stratégique qui doit se produire à un haut niveau et ne peut se contenter de mesures partielles. Une vision d'ensemble des stratégies de l'organisation et du SI et de leur alignement est nécessaire pour mener à bien une réelle stratégie de décarbonation (voir figures 3.1 à 3.4 et la stratégie adoptée par Grenoble Alpes Métropole).

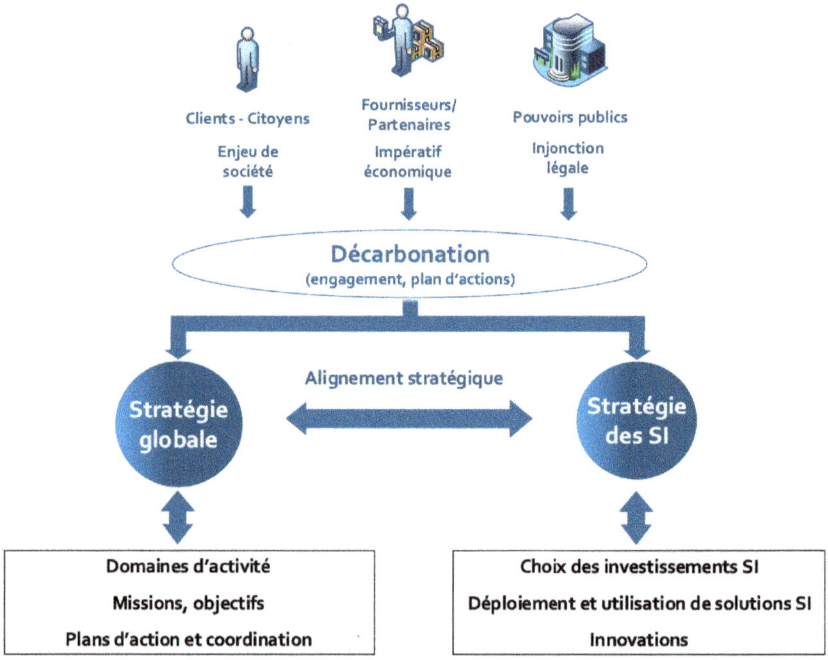

Figure 4. Impact potentiel de la décarbonation sur la stratégie de l'entreprise et la stratégie SI.

Illustration : Grenoble Alpes Métropole

La métropole grenobloise s'est très tôt engagée dans une démarche responsable, notamment en assignant à sa DSI de contribuer dans ses activités à adopter une démarche plus respectueuse de l'environnement. Des actions ciblées avaient été mises en œuvre, comme l'allongement de la durée de vie des matériels par le maintien en exploitation jusqu'à ce qu'ils cessent de fonctionner ou encore la réduction des tailles des boîtes de messagerie électronique. Cependant, un contexte complexe caractérisé par 600 sites, 6 000 agents répartis sur le territoire, ne permettait pas une prise en compte pleines et efficientes des problématiques environnementales. Les représentants de la métropole ont alors développé une stratégie globale plus harmonieuse. Celle-ci repose sur un équilibre entre le confort des utilisateurs, les contraintes environnementales et les impératifs de sécurité pour une collectivité locale qui doit garantir la continuité du service public dans des conditions optimales. Les enjeux environnementaux, notamment à travers la décarbonation ne doivent pas connaître leur essor au détriment du public, ni des collaborateurs[6]. ■

4.2 L'intelligence artificielle (IA) dans la boucle

La problématique de la mesure efficace des rejets de CO_2 s'explique notamment par la difficulté à évaluer les activités en amont et à l'extérieur de l'organisation, par exemple chez les fournisseurs… La complexité du suivi du processus de fabrication d'un produit depuis le prélèvement des ressources nécessaires (matières premières) jusqu'à la mise à disposition au client, rend difficile cet impératif de mesure des rejets. L'IA avec ses algorithmes complexes et ses capacités à gérer des données volumineuses pourrait constituer une solution. Les organisations qui déploient l'IA pour les aider à évaluer les émissions de CO_2 ont plus de chance d'obtenir une mesure plus fiable, selon le rapport 2023 de Boston Consulting Group. Cependant, la contrepartie du recours à l'IA est le fait de disposer de machines surpuissantes pour le stockage des données et les calculs, gourmandes en consommation électrique. Cette consommation électrique augmente aujourd'hui avec le recours

■ **[6]** https://www.itforbusiness.fr/sobriete-numerique-grenoble-alpes-metropole-avance-pas-a-pas-66200.

à l'IA générative dont l'adoption est massive et trouve des débouchés dans beaucoup de domaines d'activités. Alors, les organisations se retrouvent face à un dilemme : faut-il mettre en sourdine le déploiement de l'IA par souci de préservation de la planète ? Ou s'engager plus pour tirer le meilleur de l'IA et disposer d'un avantage concurrentiel quitte à avoir un impact néfaste sur les émissions de CO_2 ?

4.3 Les écueils liés à la décarbonation des SI

Les technologies numériques évoluent très vite ce qui peut influencer la DSI ou éventuellement les utilisateurs d'une organisation et les engager dans une course effrénée à la recherche de la dernière innovation numérique. Les industriels du secteur encouragent cet engouement pour les dernières innovations en programmant l'obsolescence de leurs matériels. La recherche de la rationalisation des investissements SI, notamment sous l'impulsion de lois (REEN, 2021 : Réduire l'Empreinte Environnementale du Numérique ; AGEC, 2020 : Anti-Gaspillage et Économie Circulaire) impose la lutte contre l'obsolescence des équipements et la nécessité de développer le recyclage. Néanmoins, le maintien de matériels vieillissants peut en contrepartie avoir une incidence sur la performance d'une organisation et porter préjudice à sa pérennité.

La recherche d'équipements ou de solutions toujours plus performants, en particulier ceux qui permettent de réduire la consommation énergétique, peut contribuer à construire un avantage concurrentiel. Cependant, les innovations actuelles s'accompagnent souvent de l'exploitation de ressources rares (minerais) utilisées dans les composants électroniques de dernières générations. Sous prétexte de réduire la consommation énergétique, le déploiement de ces équipements et de ces solutions peut mettre en péril la conservation des ressources terrestres.

Le développement de nouveaux usages liés à l'incorporation des enjeux de décarbonation dans le numérique appelle à une prise en considération des nouvelles compétences associées. En effet, les personnels et les collaborateurs s'ils ne sont pas suffisamment accompagnés et formés peuvent développer de mauvais usages contre-productifs en termes de sobriété des SI. Cette dimension doit être prise en compte pour tirer profit de manière optimale des outils mis à disposition tout en ayant un impact positif sur le plan de la décarbonation.

Illustration : OVH acteur majeur de la sobriété numérique

OVH est une entreprise française qui fait partie des leaders mondiaux de l'hébergement. Son *cloud* accueille 450 000 serveurs répartis dans 33 centres de données (*datacenter*) situés sur 4 continents. Il est accessible à 1,6 million de clients dans 140 pays. Depuis une vingtaine d'années, OVH se préoccupe des enjeux environnementaux pour développer ses infrastructures de centre de données. Elle a opté très tôt pour un système de refroidissement basé sur l'eau en maintenant une température sans excès proche de la normale pour un fonctionnement optimal de ses serveurs. Ces mêmes serveurs sont entièrement montés et démontés par ses équipes en leur offrant une seconde vie, voire même une troisième. Enfin, OVH se soucie des rejets en carbone générés par ses fournisseurs et ses partenaires. Elle souhaite atteindre le « zéro émission nette » en 2030. OVH a placé les enjeux de décarbonation au cœur de sa stratégie[7]. ■

5. Références

- Avison, D., Jones, J., Powell, P. & Wilson, D. (2004). Using and validating the strategic alignment model. *The Journal of Strategic Information Systems, 13*(3), 223-246. https://doi.org/10.1016/j.jsis.2004.08.002.

- Block, J. H., Sharma, P. & Benz, L. (2024). Stakeholder pressures and decarbonization strategies in Mittelstand firms. *Journal of Business Ethics, 193*(3), 511-533. https://doi.org/10.1007/s10551-023-05576-w.

- Chan, Y. E., & Reich, B. H. (2007). IT alignment: What have we learned? *Journal of Information Technology, 22*(4), 297-315. https://doi.org/10.1057/palgrave.jit.2000109.

- Chen, D. Q., Mocker, M., Preston, D. S. & Teubner, A. (2010). Information systems strategy: Reconceptualization, measurement, and implications. *MIS Quarterly, 34*(2), 233-259. https://doi.org/10.2307/20721426.

■ [7] https://www.usine-digitale.fr/article/innovation-confiance-durabilite-les-ambitions-d-ovhcloud-pour-l-avenir.N2063947.

- Damert, M., Paul, A. & Baumgartner, R. J. (2017). Exploring the determinants and long-term performance outcomes of corporate carbon strategies. *Journal of Cleaner Production, 160*(7), 123–138. https://doi.org/10.1016/j.jclepro.2017.03.206.

- Henderson, J. C. & Sifonis, J. G. (1988). The value of strategic IS planning: Understanding consistency, validity, and IS markets. *MIS Quarterly, 12*(2), 187–200. https://doi.org/10.2307/248843.

- Henderson, J. C. & Venkatraman, N. (1993). Strategic alignment: Leveraging information technology for transforming organizations. *IBM Systems Journal, 38*(2–3), 472–484. https://doi.org/10.1147/sj.382.0472.

- Henderson, J. C., Venkatraman, N. & Oldach, S. (1996). Aligning business and IT strategies. In J. Luftman (Ed.), *Competing in the information age: Strategic alignment in practice* (p. 21–42). Oxford University Press.

- Luftman, J. (Ed.). (1996). Competing in the information age: Strategic alignment in practice. *Harvard Journal of Law & Technology, 10*(3), 695-705. Oxford University Press.

- Luftman, J. (2004). Key issues for IT executives 2004. *MIS Quarterly Executive, 4*(2), 89–104.

- Renaud, A. (2018). XXVIII. John C. Henderson et N. Venkat Venkatraman – L'alignement stratégique ou le changement de dimension des systèmes d'information dans les organisations. Dans A. Renaud & D. Kalika (Eds.), *Les grands auteurs en systèmes d'information* (p. 547–566). EMS Éditions.

Implémenter la sobriété numérique au sein des organisations

Julien DE BENEDITTIS - Mines Saint-Étienne, Laboratoire CoActis
Jessica GÉRARD - Université Grenoble Alpes, Grenoble INP, CERAG
Céline PÉRÉA - Université Grenoble Alpes, Grenoble INP, CERAG
Abir FEKIH - Scientific officer chez Scalian

Ce chapitre présente les enjeux et les paradoxes liés à l'implémentation de la sobriété numérique. À partir d'une étude réalisée auprès de salariés d'Entreprise de Services Numériques (ESN), une première section présente les perceptions et les attitudes des utilisateurs de Technologies de l'Information (TI) vis-à-vis de cette sobriété numérique. Ces différents constats permettent de discuter des principes et objectifs des ESN ainsi que ceux de la recherche en Management des Systèmes d'Information (MSI). Une seconde section présente les démarches de sobriété numérique au sein des organisations sous le prisme de la théorie des paradoxes. Chaque aspect des paradoxes est ainsi spécifié au regard de la sobriété numérique. Cette perspective permet notamment de discuter du rôle aussi constructif que détracteur de la Direction des Systèmes d'Information dans ces démarches. La transition vers la sobriété numérique est ainsi présentée comme une transition difficile et sujette à de nombreuses tensions contradictoires.

1. Implémenter la sobriété numérique : un sujet complexe

De prime abord, nous pourrions caractériser le sujet de la sobriété numérique comme une simple facette du *Green IT*, qui vise un usage modéré et raisonné des technologies de l'information afin de réduire l'empreinte carbone du numérique. Nous verrons dans ce chapitre comment ce sujet, en apparence simple, est finalement porteur de grandes transformations, amorçant notamment une décroissance technologique qui n'est pas sans questionner les missions des Entreprises de Services Numériques (ESN) ainsi que celles de la recherche en Management des Systèmes d'Information (MSI).

1.1. Étudier la mise en œuvre de la sobriété numérique au sein des ESN

Pour étudier l'implémentation de la sobriété numérique dans les organisations, nous nous appuyons sur 33 entretiens semi-directifs réalisés entre janvier et juillet 2021 (Péréa *et al.*, 2023). Les personnes interrogées occupent différents postes au sein des entreprises étudiées, couvrant un large éventail de fonctions, de responsabilités et de pouvoirs de décision (informatique, Responsabilité Sociale des Entreprises (RSE), marketing, etc.). Ces personnes peuvent être des utilisatrices de TI, des décideurs, voire les deux dans certains cas. Ces personnes proviennent de neuf organisations françaises de tailles hétérogènes (de moins de 10 à plus de 5 000 salariés), qui opèrent dans différents domaines des TI (réseaux, opérateurs de télécommunications, fournisseurs d'accès à Internet, conseil, développement de logiciels, etc.). Les entretiens ont tous été enregistrés puis intégralement retranscrits. Leur durée s'étend de 14 à 75 minutes. Les données ont été collectées jusqu'à saturation théorique (Rowlands et al., 2016 : 43). Chaque entretien traite les trois thèmes suivants : « Qu'est-ce que la sobriété numérique ? », « Comment est-elle implémentée dans les organisations ? », et « Comment est-elle perçue par les utilisateurs de TI dans les organisations ? ».

Dans cette étude, la sobriété numérique est définie comme une forme de modération des usages des TI dans une phase de post-adoption. Cela se traduit, par exemple, dans l'évolution de l'usage des e-mails, lorsque les utilisateurs diminuent la quantité de destinataires, évitent l'envoi de pièces jointes volumineuses, et minimisent le nombre d'e-mails stockés, tout ceci dans le but de diminuer l'empreinte carbone liée aux usages du numérique. Nous assimilons ainsi la sobriété numérique à la discontinuité des usages des TI, soit une thématique de l'adoption des TI (Bhattacherjee et Premkumar, 2004 ; Turel, 2015). À noter que les travaux portant sur la discontinuité des usages n'ont pas encore intégré des facteurs liés aux préoccupations environnementales des utilisateurs. En prolongement de ces études, nous identifions différentes attitudes et intentions des utilisateurs vis-à-vis de cette sobriété numérique.

1.2. De la simple prise de conscience de l'empreinte numérique parmi les utilisateurs, jusqu'aux démarches de désadoption des TI

Différentes perceptions sont identifiées parmi les utilisateurs de TI, notamment au niveau de l'utilité de la sobriété numérique : « Il y a les gens convaincus déjà parce qu'à titre personnel ils sont convaincus par l'état de la planète en général. Et puis il y a ceux qui ne sont même pas conscients, qui sont même dans le déni. » (Entretien 20). Nous relevons ainsi le déni de certains individus face à l'utilité des démarches de sobriété numérique, soit une posture semblable au déni de l'industrie numérique, tel qu'il a été décrit dans les travaux de Flipo (2022). Au-delà du déni, certains ne perçoivent pas l'intérêt de la sobriété numérique, caractérisée comme un « grain de riz » (Entretien 1) dont les retombées sont minimes « quand je regarde mon fils qui passe ses journées à regarder des vidéos à jouer à Minecraft et tout ça, et que je sais qu'il n'est pas le seul à faire ça je me dis que le tri des mails c'est un peu peanuts » (Entretien 31). À l'opposé, d'autres personnes font part de l'utilité avérée d'adopter des usages plus sobres des TI : « diminuer la quantité de mails, supprimer ce qui est inutile et tout, voire carrément bloquer les expéditeurs, pour moi ça, c'est une évidence que ça a un impact positif » (Entretien 4), renvoyant à la métaphore du colibri, présentée par Rabhi (2019). Malgré des positionnements divergents, la sobriété numérique est majoritairement perçue comme un effort nécessaire, à faire collectivement pour faire face à une tension environnementale. Par ailleurs, certains notent également l'avantage d'une réduction de la charge cognitive liée à ces démarches, induisant une plus grande sérénité, comme le souligne Bordage (2021).

Au-delà des perceptions, certains font état des efforts requis dans ces démarches de sobriété numérique, où même des petites actions peuvent être perçues comme difficiles : « Je ne vais pas prendre le temps d'aller utiliser l'outil de transfert de fichier qu'on a en interne, parce qu'il est trop lourd à utiliser tel quel » (Entretien 14). Ensuite, l'abondance et l'omniprésence des outils ne semblent pas faciliter les démarches de sobriété numérique des employés : « On est dans un contexte qui fait que c'est bien de se donner des objectifs [...] de dire "[...] je me limite dans l'utilisation de mes outils numériques" mais ils sont toujours à ma disposition, toujours, toujours, toujours » (Entretien 13). En parallèle, l'une des difficultés proviendrait du besoin de rester connecté pour prouver une certaine activité professionnelle : « Ils ont besoin d'envoyer un mail à 19h en sachant qu'il ne sera pas traité avant le lendemain matin ? Pourquoi ? C'est pour montrer qu'ils travaillent à 19h » (Entretien 7).

Globalement, les intentions des utilisateurs interrogés sont variables et s'inscrivent sur un continuum allant d'intentions peu marquées jusqu'aux volontés fortes. Si des individus sont réticents, « Il y a des résistances encore un peu en interne. » (Entretien 20), d'autres ont dépassé la phase d'intention et ont déjà fait évoluer leurs usages : « Je me suis dit "oh là là, je conserve beaucoup trop de mails, j'archive trop de choses". Donc là, j'ai fait un grand ménage dans ma boite aux lettres. » (Entretien 15). Si certains déclarent des intentions marquées, on note parfois une certaine dissonance avec leurs actions : « Je suis la première à demander un nouvel ordinateur par exemple. J'ai bien conscience qu'il y a une dichotomie entre ce que je dis et ce que je fais. » (Entretien 29). La théorie du « *attitude-behavior gap* » traite justement des divergences entre attitudes et comportements. Cette approche relève, en effet, les écarts potentiels entre ce que les individus déclarent valoriser d'un point de vue environnemental et ce qu'ils font concrètement pour le préserver.

Au-delà des perceptions extrêmes identifiées dans cette étude, nous identifions cinq niveaux de sobriété numérique que sont : la réfutation ; l'inaction ; la substitution ; l'optimisation ; la désadoption allant du moins prononcé au niveau le plus intense. Le tableau 1 décrit ces niveaux de sobriété numérique.

Niveaux de sobriété numérique	Description
Réfutation	Ces personnes sont réticentes à l'idée de changer leurs habitudes et leurs comportements à l'égard des TI parce qu'elles ne croient pas aux avantages d'une démarche de sobriété numérique ou parce qu'elles nient les effets négatifs d'une utilisation excessive de ces TI.
Inaction	Certains utilisateurs de TI attendent des actions ou des initiatives de la part d'acteurs externes, tels que le gouvernement, les entreprises ou les particuliers, plutôt que de prendre eux-mêmes des mesures individuelles. Par ailleurs, elles ignorent comment amorcer une démarche de sobriété numérique.
Substitution	Ces personnes fixent des priorités et sélectionnent les solutions technologiques les plus efficaces et les plus durables en fonction de leur impact environnemental.
Optimisation	Ces individus modèrent et réduisent la fréquence d'utilisation des TI afin de minimiser leurs effets négatifs.
Désadoption	Ces individus cessent d'utiliser des TI, ou évitent de les adopter dans le cadre d'une approche de sobriété numérique qui privilégie un mode de vie plus simple et plus durable. Cela peut également résulter de préoccupations relatives à la vie privée, à la sécurité ou à l'impact des technologies sur leur bien-être.

Tableau 1. Présentation des niveaux de sobriété numérique.

1.3 Des postures contradictoires au sein des ESN pour implémenter la sobriété numérique

Nous présentons ici les contradictions que nous avons relevées d'abord en interne au sein des ESN puis celles identifiées dans leurs interactions avec leur environnement externe.

En interne, les organisations tendent à proposer pléthore de TI visant à faciliter les flux d'informations. Or, une injonction contradictoire apparaît : l'organisation invite ses salariés à mobiliser ces TI tout en leur demandant d'en faire un usage plus sobre : « Quand moi j'ai pris la casquette de RSE, tout le monde est venu me voir en disant "faut tous les calmer sur le numérique" et là je me suis dit je vais devenir schizophrène parce que si je leur dis "utilisez la visio plutôt que de prendre l'avion et surtout n'utilisez pas la visio parce que ça fait du CO_2". Il y a comme une contre-indication. Il y a comme une injonction contradictoire dans le message » (Entretien 10).

Dans le cadre des ESN, la posture est d'autant plus ambiguë. En effet, la raison d'être de ces structures s'appuie sur les TI : « Pour nous les télécoms, c'est quand même pas évident de dire : "on va prôner la sobriété numérique" » (Entretien 1). Des postures techno-optimistes et techno-sceptiques s'opposent ici, montrant ainsi la complexité de la mise en place de démarche de sobriété numérique dans les ESN : « c'est un peu contradictoire, on a plus l'aspect Start-up nation de "il faut absolument créer des nouvelles solutions numériques, il faut s'aider de l'IA pour tout résoudre". [...] On a encore le réflexe de "la technologie va tout résoudre" et on commence à se rendre compte que ben non, la technologie apporte aussi son lot de problèmes et peut-être que la valeur ajoutée ne vaut pas les impacts qui vont avec. » (Entretien 30)

Ensuite, dans leurs interactions avec leur environnement externe, parmi les parties prenantes des ESN, le salarié est au cœur des contradictions. La frontière entre la vie professionnelle et la vie personnelle étant devenue poreuse, notamment par la mise à disposition de TI, dont l'usage initial est professionnel, mais qui dérive vers un usage personnel : « La problématique de sobriété numérique et le droit à la déconnexion [...] ça a complètement fait éclater les frontières entre la vie personnelle et la vie professionnelle. » (Entretien 30). La sobriété numérique ravive ainsi les tensions entre vie privée et professionnelle.

Il apparaît ensuite que les ESN disposeraient d'un rôle éducatif auprès de leurs clients pour les inciter à utiliser plus sobrement les technologies, ce que remarque une employée d'un opérateur de télécommunications qui pense que son entreprise : « par son activité, à une vraie responsabilité à non seulement éduquer, certes peut-être ses salariés, ses clients etc. et à proposer des offres qui soient peut-être plus responsables, mais aussi d'aller éduquer des enfants. Peut-être que les forfaits de demain en téléphone, les forfaits Internet ne seront plus des forfaits illimités et ce n'est pas une restriction, c'est juste une responsabilisation en fait. » (Entretien 2).

Les demandes des clients des ESN semblent pourtant aussi entrer en contradiction avec la sobriété numérique. Si certains clients souhaitent être accompagnés dans une démarche de sobriété numérique, ils demandent aussi des solutions toujours plus efficientes, permettant de gagner en compétitivité : « On est chez des clients qui veulent toujours une solution toujours plus vite » (Entretien 30).

1.4 La sobriété numérique questionne la finalité des ESN et celle des recherches en MSI

Jusqu'à présent, la majorité des recherches traitant de l'adoption des TI s'est concentrée sur le succès de ces adoptions (Laumer et Eckhardt, 2012). Bien que le rejet des TI soit un résultat potentiel, il est plutôt perçu négativement. En effet, les travaux qui traitent de la discontinuité des usages laissent supposer une situation d'échec lorsque les TI sont rejetées par les utilisateurs (Xu *et al.*, 2017). Quelques rares études ont toutefois déjà reconnu la discontinuité d'usage comme souhaitable, notamment dans le cadre d'usages addictifs et malsains qui diminuent le bien-être des usagers (Almourad *et al.*, 2021). À noter que ces études se concentrent sur des usages réalisés dans la sphère privée comme l'usage du smartphone et des réseaux sociaux, laissant ainsi de côté les usages professionnels. Globalement, ces usages déviants sont reconnus comme problématiques et comme une situation d'échec pour les tenants des TI concernées. Or, nous l'avons constaté : la modération, voire le rejet des TI pour des raisons écologiques, peuvent être perçus positivement. De ce fait, la sobriété numérique semble redéfinir la notion de succès dans le domaine de l'usage des TI. Les critères d'évaluation habituels de ce succès qui mesurent par exemple la fréquence d'usage et de la quantité de fonctionnalités utilisées pourraient ainsi être revisités en évaluant l'empreinte des usages.

Plus globalement, cette modération souhaitable et raisonnable de l'usage des TI rejoint les objectifs de décroissance technologique qui discutent l'utilité sociétale des TI et cherchent à diminuer leur importance dans notre quotidien (Heikkurinen, 2018 ; Slaughter, 2018). Par exemple, Samerski (2018) s'appuie sur les travaux d'Illich (1975), auteur reconnu pour ses critiques formulées vis-à-vis des technologies, pour inciter un certain ascétisme technologique. Face à cette tendance, le rôle de la recherche en MSI peut être questionné. Si la place des TI doit être réduite au sein de notre société, quelle orientation devons-nous donner aux recherches portant sur leur conception et leurs usages ? Se pose ainsi la question de la finalité, si ce n'est de l'essence même, des recherches dans ce domaine. En effet, ces recherches peuvent-elles réellement prendre l'orientation d'une décroissance technologique ? Si c'était le cas, ces travaux pourraient revêtir un caractère techno-sceptique où les avancées technologiques ne seraient plus nécessairement associées au progrès (Pansera *et al.*, 2019). Ceci dépasserait ainsi le positionnement actuel des recherches en MSI qu'elles soient descriptives, prédictives ou prescriptives, pour favoriser et accompagner la sobriété numérique.

Ce n'est d'ailleurs pas le seul modèle qui est remis en question avec la sobriété numérique, car le modèle lié aux activités des ESN l'est également. Nous avons noté le positionnement décrit comme « schizophrène » des organisations lorsqu'elles favorisent l'adoption de technologies auprès de leurs clients et collaborateurs tout en leur conseillant des démarches de sobriété numérique. Ces finalités antinomiques semblent amorcer une bascule vers un modèle de décroissance technologique où les ESN auraient un rôle à jouer. À ce stade, les ESN présenteraient des modèles d'affaires hybrides partagés entre les deux objectifs antinomiques. Ceci note peut-être l'amorce d'une transition vers des modèles d'affaires plus soutenables. Ces modèles soutenables se positionneraient comme une alternative à ceux qui visent la maximisation du profit, avec notamment la volonté de diminuer l'impact environnemental des activités. Cet objectif environnemental n'est qu'un aspect parmi d'autres, comme ceux de la gouvernance démocratique, de la création de valeurs sociales plutôt que financières, soient les objectifs des modèles d'affaires décroissants (Khmara et Kronenberg, 2018). Toutefois, le rôle positif ou négatif des TI dans ces modèles d'affaires décroissants reste à préciser.

Dans cette section, nous avons vu que la sobriété numérique est un sujet en apparence discret qui s'avère finalement porteur de changements importants. L'ampleur de ces changements est à l'image de la transformation de la société qui est en cours en lien avec la catastrophe écologique et l'atteinte des limites du modèle économique actuel. La section suivante approfondit le processus d'implémentation de la sobriété numérique en se focalisant sur les paradoxes de cette transition en interne.

2. Transition numérique et écologique : une injonction paradoxale pour les organisations ?

Les recherches actuelles sur les intersections entre transitions numériques et écologiques se situent à la croisée de plusieurs disciplines, comme les sciences de gestion, de l'environnement, l'informatique et la sociologie des technologies. Les études environnementales évaluent les impacts des biens et services numériques, soulignant les effets globaux du numérique sans fournir aux entreprises de directives précises sur les conséquences environnementales de leur transition numérique.

De leur côté, les recherches en gestion examinent les moteurs de l'adoption de technologies plus respectueuses de l'environnement et les bénéfices attendus, tels que la réduction des coûts et l'optimisation des ressources. Cependant, peu d'études ont analysé les répercussions de la sobriété numérique au niveau organisationnel, notamment les tensions paradoxales qu'elle peut générer.

Dans cette section, nous mettons en lumière les paradoxes qui émergent lorsqu'une entreprise concilie transition numérique et approche environnementale dans son système d'information. Nous présentons d'abord le cadre théorique des paradoxes, puis explorons comment les entreprises peuvent composer avec ces tensions.

2.1 La théorie des paradoxes : une approche pour comprendre la difficulté à concilier les transitions numériques et écologiques

Smith et Lewis (2011) définissent les paradoxes comme des éléments contradictoires mais interreliés, coexistant et persistant dans le temps.

Schad et al. (2016) soulignent également cette interdépendance et persistance des tensions. Chauvey et Naro (2013) insistent sur les « tensions sous-jacentes », des éléments logiques individuellement mais incohérents ensemble. Ainsi, un paradoxe est caractérisé par une contradiction, une interdépendance et une persistance. Les paradoxes émergent des interactions complexes et ambiguës des systèmes organisationnels, et sont inhérents à la vie des organisations. Ils résultent également des réponses cognitives et sociales des individus face à ces contradictions (Smith et Lewis, 2011).

La littérature distingue quatre types principaux de paradoxes. Les paradoxes d'appartenance représentent les conflits inhérents entre l'identité d'un individu, les valeurs de son groupe de référence et celles propres à l'organisation. Ces tensions sont particulièrement prononcées dans les organisations aspirant à la durabilité, où des divergences de valeur peuvent surgir, telles que celles observées entre les managers au sein d'une entreprise, notamment en ce qui concerne les valeurs environnementales. L'étude menée par Vandangeon-Derumez et al. (2018) sur les paradoxes émergents lors d'un projet de changement lié au déploiement d'une nouvelle norme a mis en évidence les conflits entre les valeurs défendues par l'entreprise et celles des employés. Ces derniers perçoivent souvent la norme comme un instrument imposant une contrainte et une normalisation des comportements. Les paradoxes d'appartenance renvoient également aux tensions entre les affiliations et les rôles concurrents au sein des organisations (Sommer, 2019). Dans le contexte de la transformation numérique d'Audi, le changement du rôle du service informatique identifié par Dremel *et al.* (2017) illustre un autre exemple de paradoxe d'appartenance. En effet, afin de tirer pleinement parti des nouvelles technologies mises en place par l'entreprise, le service informatique a été appelé à s'impliquer dans d'autres domaines de compétences. Les évolutions du SI visant à promouvoir la sobriété constituent également une source de paradoxes d'appartenance. Alors que l'organisation s'efforce de promouvoir des valeurs communes de sobriété numérique, des tensions saillantes peuvent émerger avec les valeurs individuelles devant se conformer à cette orientation organisationnelle. Cette dynamique soulève la question de l'intégration de la considération environnementale dans le numérique au sein de l'organisation, afin d'harmoniser les valeurs environnementales des individus et celles de l'entreprise. À travers les orientations stratégiques émanant de la direction (suivant une approche *top-down*), les employés pourraient ainsi percevoir le changement comme une double contrainte (adopter les pratiques et l'obligation de le faire), ce qui pourrait entraver l'adoption de pratiques numériques sobres.

Les paradoxes d'apprentissage trouvent leur origine dans les dynamiques de changement organisationnel. Ces paradoxes se manifestent à travers des tensions découlant des choix stratégiques entre l'exploitation et l'exploration, l'innovation incrémentale et l'innovation radicale, le changement continu et discontinu, la continuité et le changement. Dans ces scénarios, des conflits émergent entre la nécessité de révolutionner les pratiques et le maintien de celles existantes. Dans leur analyse des tensions paradoxales au sein des PME orientées vers la durabilité, Bérard *et al.* (2015) ont identifié des tensions entre deux formes d'apprentissage : l'exploration, caractérisée par l'expérimentation de concepts radicalement nouveaux, et l'exploitation, centrée sur l'amélioration de l'efficacité, des compétences et des connaissances existantes. Cette double exigence peut engendrer des tensions, surtout dans le contexte des PME où les ressources sont plus restreintes que dans les grandes entreprises, et où les perspectives à court et à long terme sont perçues différemment (Sommer, 2019). La transition numérique n'est pas exempte de ces paradoxes et présente des conséquences environnementales. Alors que la direction de l'entreprise peut s'efforcer d'améliorer les performances en modernisant le SI, les utilisateurs, enracinés dans leurs pratiques, peuvent freiner leur adoption des nouveaux outils, ce qui peut conduire à une utilisation clandestine simultanée des anciens et des nouveaux systèmes, créant ainsi un paradoxe entre le changement et la continuité. Cet effet millefeuille peut avoir un impact environnemental significatif, car il entraîne une duplication des données à la fois dans l'ancien et le nouveau système.

Les paradoxes d'organisation émergent de la structure de l'entreprise ainsi que des décisions prises par le top management, et ils englobent une multiplicité de processus concurrents visant à atteindre divers objectifs organisationnels. Lorsque les activités relatives aux aspects sociaux et environnementaux sont intégrées dans les pratiques et les routines, cela peut générer des tensions si elles ne sont pas pleinement alignées avec les autres activités ou semblent entrer en conflit avec celles-ci. Selon Hahn *et al.* (2015), ces tensions peuvent se manifester soit au niveau individuel (chez les salariés), soit au niveau systémique, concernant la société dans son ensemble, lorsque les réponses apportées par l'entreprise à des enjeux de durabilité ne correspondent pas aux attentes sociétales. Ces tensions soulèvent des questions de légitimité et peuvent entraîner des risques de réputation pour l'entreprise, surtout lorsque le cœur de métier de celle-ci est associé négativement à des attentes sociales fortes. Au niveau organisationnel, les recherches de Smith et Beretta (2020) sur les paradoxes de la transformation numérique ont mis en lumière des tensions entre le contrôle et l'autonomie. Bien que la création d'un environnement autonome, où les employés peuvent expérimenter différentes technologies numériques, puisse être bénéfique pour l'entreprise afin d'adapter ses solutions numériques aux demandes des clients, une telle autonomie peut néanmoins entraîner des problèmes d'intégration et d'alignement. Cela peut conduire à une disjonction entre les différents niveaux de l'organisation, accentuant ainsi les tensions entre les objectifs fixés par la direction en matière de sobriété numérique et leur mise en œuvre opérationnelle. Cette disparité entre attentes et réalité déclenche le paradoxe d'organisation, susceptible de compromettre la capacité de l'entreprise à atteindre ses objectifs de durabilité et à maintenir sa légitimité sociale. En effet, lorsque les attentes sociétales divergent des pratiques opérationnelles, cela peut entraîner une perte de confiance de la part des parties prenantes et une détérioration de la réputation de l'entreprise. De plus, le paradoxe d'organisation peut également générer des inefficacités internes, telles que des conflits internes, une résistance au changement et une diminution de la cohésion organisationnelle.

Enfin, les paradoxes de performance surgissent lorsque les critères de succès de la mission sociale et/ou environnementale d'une entreprise entrent en conflit avec sa mission économique. Ces paradoxes se manifestent souvent lors de périodes de restructuration, lorsque de nouveaux objectifs sont fixés, les rôles redéfinis, et les relations entre les parties prenantes réévaluées. Les recherches menées par Sommer (2019) indiquent que les petites entreprises, en raison de leurs ressources limitées, rencontrent des difficultés à résoudre les problèmes sociaux et environnementaux tout en assurant la pérennité et la compétitivité de leurs activités. Cela engendre des tensions entre leurs objectifs économiques et non-économiques. Ce type de paradoxe est particulièrement répandu lorsqu'il s'agit de motivations environnementales, les entreprises se retrouvant partagées entre la réalisation de leurs objectifs économiques (coûts, efficacité opérationnelle et commerciale) et non-économiques (objectifs écologiques). Ce paradoxe peut se manifester par un écart entre, d'une part, le discours institutionnel mettant en avant les objectifs environnementaux et la réduction de l'empreinte numérique comme des priorités majeures, et d'autre part, la réalité opérationnelle montrant que les acteurs tendent à présenter les outils numériques comme des solutions écologiques sans que cela ne soit démontré. De plus, cela peut également se traduire par une absence de réflexion préalable sur l'intégration des enjeux environnementaux et la définition d'une stratégie de sobriété numérique applicable à tous les niveaux de l'organisation.

Nous synthétisons dans le tableau 2 ci-dessous les tensions soulevées par les différentes formes de paradoxes et leurs effets potentiels sur la sobriété numérique.

Paradoxes	**Tension entre...**	**... et**	**Conséquences pour la sobriété numérique**
Paradoxe d'appartenance	Identité individuelle et valeurs du groupe de référence	Valeurs organisationnelles	Entrave de l'adhésion des employés aux changements de pratiques numériques, compromettant ainsi les efforts pour promouvoir la sobriété numérique.
Paradoxe d'apprentissage	Continuité	Changement	Génère des situations où les anciens et les nouveaux systèmes sont utilisés simultanément (effet millefeuille), entraînant une duplication des données et un impact environnemental négatif.
	Exploration	Exploitation	Ralentissement de l'adoption de nouvelles technologies numériques et entrave du progrès vers des solutions plus durables.
	Innovation incrémentale	Innovation radicale	Influence la direction de la transition numérique, affectant ainsi son impact sur l'environnement.
Paradoxe d'organisation	Divergence	Convergence	Compromission de la capacité à maintenir des pratiques numériques sobres et responsables si cela freine les objectifs de croissance ou de compétitivité.
Paradoxe de performance	Indicateurs économiques	Indicateurs non-économiques	Décisions favorisant les gains économiques immédiats au détriment des considérations environnementales à long terme, affectant ainsi la sobriété numérique de l'organisation.
	Discours institutionnel	Réalité opérationnelle	Manque d'engagement réel envers la réduction de l'empreinte numérique peuvent entraîner une communication incohérente et des actions insuffisantes pour promouvoir la sobriété numérique.

|| Tableau 2. Tensions générées par les types de paradoxes concernant la sobriété numérique. (Source auteurs.)

2.2 Résoudre ou vivre avec les paradoxes dans les entreprises

Lorsque les organisations sont confrontées à des paradoxes inhérents à leur fonctionnement, la façon dont elles les abordent peut déterminer leur succès à long terme. Les stratégies de gestion des paradoxes varient entre une approche constructive, axée sur l'acceptation et l'exploitation des contradictions, et une approche défensive, caractérisée par la tentation d'éviter ou de masquer les paradoxes.

A. Les modes de résolution des paradoxes : les gestions défensives et constructives

S'agissant des réponses à apporter aux paradoxes, la littérature a identifié deux types de réponses : constructives et défensives (Chauvey et Naro, 2013). Dans une perspective de gestion à long terme, les acteurs adoptent un état d'esprit paradoxal pour exploiter les potentialités positives des paradoxes et déploient ainsi une gestion constructive. Selon Chauvey et Naro (2013), cette gestion se décline en trois stratégies principales. Les stratégies de séparation temporelle visent à répondre aux exigences contradictoires en les gérant à des moments différents. Par exemple, une entreprise peut se concentrer sur des aspects non économiques pour améliorer sa performance environnementale à un moment donné, puis sur sa performance économique à un autre moment. Tahar (2018) illustre cette stratégie avec l'exemple d'un établissement public hybride (le Crous). Dans son étude, l'auteure a analysé le paradoxe entre les logiques sociale (service public) et commerciale (service au client). Elle a mis en lumière une stratégie de séparation temporelle pour l'activité d'hébergement en proposant des logements universitaires vacants à de nouveaux publics en fin d'année universitaire. Cette stratégie permet ainsi à l'organisation de réaliser des gains économiques en dehors de la période universitaire et d'assurer une mission sociale auprès d'autres publics (les travailleurs saisonniers, les organismes d'éducation populaire, etc.). Les stratégies de séparation spatiale impliquent de dissocier les pôles opposés dans différents domaines fonctionnels, favorisant ainsi des logiques différenciées. Cette séparation peut être verticale, avec la création de niveaux hiérarchiques, ou horizontale, en établissant des espaces distincts entre les unités opérationnelles. Bollecker et Nobre (2016) démontrent cette approche avec des pratiques de séparation spatiale au sein d'une unité fonctionnelle qui consiste à mobiliser une équipe d'audit interne dans le but de mettre en évidence la nature contradictoire de certaines situations. Cette pratique a permis aux managers d'initier un débat constructif autour de la cohérence des attentes exprimées par sa hiérarchie. Enfin, les stratégies de synthèse permettent de prendre simultanément en compte les dimensions contradictoires et inséparables des paradoxes. Cette approche vise à réaliser des efforts sociaux et environnementaux dans le cadre d'une amélioration globale des performances à court et à long terme. Sommer *et al.* (2018) illustrent cette stratégie en soulignant comment les PME agricoles ont adopté une approche collective pour surmonter les freins à l'intégration des enjeux environnementaux (tels que le manque de moyens ou l'insuffisance de capacités).

Dans une gestion à court terme, les dirigeants ont tendance à éviter les paradoxes en déployant trois types de stratégies défensives distinctes. Les stratégies de séparation temporelle impliquent de mettre l'accent sur un seul aspect en fonction des pressions institutionnelles du moment, sans reconnaître la complémentarité des contradictions présentes. Cela se traduit par une dissociation temporaire des éléments contradictoires, basée sur des compromis tactiques entre les différentes options disponibles. Les stratégies de séparation spatiale consistent à dissocier les fonctions internes au sein de l'organisation. Par exemple, les managers de proximité donnent la priorité à la relation client au détriment de leur rôle de régulation de l'activité quotidienne pour éviter les tensions internes. Enfin, les stratégies de synthèse visent à masquer les contradictions en mettant en place des concepts synthétiques, comme celui de la « performance globale », pour maintenir l'illusion d'une harmonie entre les différents aspects. Cela se traduit par une approche instrumentale où les aspects non économiques sont abordés uniquement s'ils s'alignent avec les objectifs économiques à court terme, laissant de nombreux problèmes non résolus.

Le tableau 3 ci-dessous propose pour chaque stratégie de gestion constructive et défensive une application à la sobriété numérique.

Type de stratégie	Définition	Applications de la gestion constructive à la sobriété numérique	Application de la gestion défensive à la sobriété numérique
Stratégie de séparation temporelle	Répondre aux exigences contradictoires en les gérant à des moments différents.	Une organisation peut consacrer des périodes spécifiques à des actions de sobriété numérique, par exemple en limitant l'utilisation des appareils numériques (les mails par exemple) pendant certaines heures de la journée ou de la semaine, tout en préservant l'efficacité opérationnelle à d'autres moments.	Cette stratégie peut se traduire par des actions ponctuelles de réduction de la consommation numérique en réponse à des critiques publiques ou des réglementations temporaires, sans réelle intégration dans une démarche durable (ex. : la semaine du numérique responsable).
Stratégie de séparation spatiale	Dissocier les pôles opposés dans différents domaines fonctionnels pour favoriser des logiques différenciées.	Une entreprise peut dédier des espaces physiques spécifiques à des activités numériques sobres, créant ainsi une séparation entre les zones de travail numérique intensif (un bureau) et celles où l'utilisation est limitée (une salle de réunion), favorisant ainsi une prise de conscience de la sobriété numérique.	Une entreprise pourrait segmenter ses activités numériques, en assignant à certains départements la responsabilité de limiter la consommation numérique, tandis que d'autres départements peuvent continuer à opérer sans contrainte, créant ainsi des silos numériques et limitant la cohérence des efforts de sobriété.
Stratégie de synthèse	Prendre simultanément en compte les dimensions contradictoires et inséparables des paradoxes.	Une approche de sobriété numérique intégrée dans la stratégie globale de l'entreprise, où la réduction de la consommation numérique s'inscrit dans une démarche plus large de durabilité et de responsabilité sociale, tout en maintenant la performance opérationnelle.	Une approche de sobriété numérique superficielle où des indicateurs synthétiques sont utilisés pour prétendre à une réduction de la consommation numérique, sans réelle transformation des pratiques et sans considération pour les aspects non économiques de la sobriété numérique, tels que le bien-être des utilisateurs ou l'impact environnemental.

|| Tableau 3. Stratégies de gestion constructive et défensive des paradoxes appliquées à la sobriété numérique.

B. Rôle de la DSI : alliée ou ennemie de la gestion des paradoxes ?

La DSI peut jouer un rôle crucial en tant qu'alliée dans la résolution des paradoxes organisationnels, y compris ceux liés à la transition vers la sobriété numérique. En facilitant la communication et la coordination entre les diverses parties prenantes de l'organisation, elle contribue à dissiper les tensions et à promouvoir la collaboration. En encourageant l'échange d'informations et la coopération entre les équipes, elle favorise la résolution des défis organisationnels. De plus, la DSI peut stimuler l'innovation et l'adaptabilité au sein de l'entreprise. En encourageant l'expérimentation de nouvelles technologies et pratiques, elle crée un environnement propice à l'innovation. En identifiant les opportunités d'amélioration et en proposant des solutions technologiques novatrices, elle aide l'organisation à s'adapter aux changements et à relever les défis posés par les paradoxes organisationnels. Par ailleurs, la DSI peut concevoir des solutions sur mesure pour répondre aux besoins spécifiques de l'organisation. En comprenant les enjeux de chaque département ou équipe, elle peut proposer des solutions personnalisées qui contribuent efficacement à résoudre les paradoxes organisationnels. Enfin, la DSI peut exercer un leadership éclairé en matière de technologie et fournir une vision stratégique pour l'ensemble de l'organisation. En alignant les initiatives technologiques avec les objectifs stratégiques de l'entreprise, elle guide l'organisation dans la résolution des paradoxes et dans l'atteinte de ses objectifs globaux.

Cependant, la DSI peut parfois agir comme un frein à la résolution des paradoxes organisationnels. La rigidité des processus et des systèmes existants peut entraver l'innovation et la flexibilité. Si les systèmes informatiques sont trop complexes ou obsolètes, cela peut limiter la capacité de l'organisation à s'adapter aux changements et à résoudre les paradoxes organisationnels. De plus, un manque de collaboration interne au sein de la DSI peut créer des silos informationnels et des barrières à la résolution des paradoxes. Une communication inefficace et un manque de coordination peuvent compromettre les efforts visant à surmonter les tensions organisationnelles. Une orientation exclusivement technique peut également constituer un obstacle à la résolution des paradoxes. Si la DSI se concentre uniquement sur les aspects techniques des problèmes sans tenir compte des implications organisationnelles et humaines, elle risque de proposer des solutions inadaptées. Enfin, un manque de vision stratégique de la part de la DSI peut contribuer à perpétuer les paradoxes organisationnels plutôt que de les résoudre. Un leadership et une direction stratégique insuffisants peuvent entraîner des initiatives technologiques disjointes et inefficaces qui ne parviennent pas à adresser les défis organisationnels fondamentaux.

3. Conclusion

Ce chapitre a permis d'identifier la manière dont les utilisateurs perçoivent la sobriété numérique et se l'approprient. Il met en évidence que tous les utilisateurs n'ont pas le même degré de maturité face à cet objectif de sobriété. Abordée sous l'angle des ESN, la sobriété numérique questionne la raison d'être de ces entreprises, invitant à procéder à des transformations structurelles majeures. Implémenter la sobriété numérique dans les organisations apparaît alors comme un sujet complexe, soulevant tensions et paradoxes. La deuxième partie de ce chapitre propose une lecture de la sobriété numérique par le prisme de la théorie des paradoxes. Ainsi, quatre paradoxes peuvent survenir quand une organisation cherche à mener à sa transition numérique toute en veillant à adopter une approche plus respectueuse de l'environnement. Des modes de résolution de ces paradoxes, appliqués à la sobriété numérique sont alors présentés afin de proposer des solutions aux organisations.

4. Références

• Almourad, M. B., Alrobai, A., Skinner, T., Hussain, M., & Ali, R. (2021). Digital wellbeing tools through users lens. *Technology in Society*, *67*(4), 101778.

• Bhattacherjee, A., & Premkumar, G. (2004). Understanding changes in belief and attitude toward information technology usage: A theoretical model and longitudinal test. *MIS quarterly*, *28*(2), 229-254.

• Bérard, C., Bruyère, C., & Saleilles, S. (2015). Les PME axées sur la durabilité et à forte croissance: une approche par les paradoxes 1. *Revue internationale PME, 28*(3), 195-223.

• Bollecker, G., & Nobre, T. (2016). Les stratégies de gestion des paradoxes par les managers de proximité: une étude de cas. *Recherches en Sciences de gestion, 113*(2), 43-62.

• Bordage, F. (2021). *Tendre vers la sobriété numérique*. Éditions Actes Sud.

• Chauvey, J. N., & Naro, G. (Mai 2013). Reporting et Pilotage Sociétaux : Repenser la Performance Globale à l'aune des Paradoxes de la RSE. In *Comptabilité sans frontières... The French Connection* (p. cd-rom).

• Dremel, C., Wulf, J., Herterich, M. M., Waizmann, J. C., & Brenner, W. (2017). How AUDI AG established big data analytics in its digital transformation. *MIS Quarterly Executive, 16*(2).

• Flipo, F. (2022). L'enjeu de la sobriété numérique: état des lieux en France. *Sens public*, 1-35. https://doi.org/10.7202/1098405ar.

• Hahn, T., Pinkse, J., Preuss, L., & Figge, F. (2015). Tensions in corporate sustainability: Towards an integrative framework. *Journal of business ethics, 127*(2), 297-316.

• Heikkurinen, P. (2018). Degrowth by means of technology? A treatise for an ethos of releasement. *Journal of Cleaner Production, 197*(2), 1654-1665.

• Khmara, Y., & Kronenberg, J. (2020). Degrowth in the context of sustainability transitions: In search of a common ground. *Journal of Cleaner Production, 267*, 122072.

• Laumer, S., & Eckhardt, A. (2011). Why do people reject technologies: a review of user resistance theories. Dans Y. K. Dwivedi (dir.), *Information Systems Theory: Explaining and Predicting Our Digital Society* (p. 63-86). Springer.

• Pansera, M., Ehlers, M. H., & Kerschner, C. (2019). Unlocking wise digital techno-futures: Contributions from the Degrowth community. *Futures, 114*, 102474.

• Péréa, C., Gérard, J., & de Benedittis, J. (2023). Digital sobriety: From awareness of the negative impacts of IT usages to degrowth technology at work. *Technological Forecasting and Social Change, 194*, 122670.

• Rabhi, P. (2018). *La part du colibri: l'espèce humaine face à son devenir*. Éditions de l'Aube.

• Rowlands, T., Waddell, N., & McKenna, B. (2016). Are we there yet? A technique to determine theoretical saturation. *Journal of Computer Information Systems, 56*(1), 40-47.

• Samerski, S. (2018). Tools for degrowth? Ivan Illich's critique of technology revisited. *Journal of cleaner production, 197*(2), 1637-1646.

• Schad, J., Lewis, M. W., Raisch, S., & Smith, W. K. (2016). Paradox research in management science: Looking back to move forward. *Academy of management annals, 10*(1), 5-64.

• Slaughter, R. A. (2018). The IT revolution reassessed part one: Literature review and key issues. *Futures, 96*, 115-123.

• Smith, P., & Beretta, M. (2021). The gordian knot of practicing digital transformation: Coping with emergent paradoxes in ambidextrous organizing structures. *Journal of product innovation management, 38*(1), 166-191.

• Smith, W. K., & Lewis, M. W. (2011). Toward a theory of paradox: A dynamic equilibrium model of organizing. *Academy of management Review, 36*(2), 381-403.

• Sommer, M. (2019). *Systèmes de management collectifs et gestion des tensions de la durabilité en petite entreprise: une approche par les paradoxes appliquée au contexte agricole* (Doctoral dissertation, Montpellier SupAgro).

• Sommer, M., Gauche, K., & Temri, L. (2018). Petites entreprises en système de management collectif. *Revue française de gestion, 274*(5), 111-125.

• Tahar, C. (2018). Des recettes marchandes pour un service public, une stratégie paradoxale? Une recherche intervention au sein d'un Crous. *Revue française de gestion, 274*(5), 77-90.

• Turel, O. (2015). Quitting the use of a habituated hedonic information system: a theoretical model and empirical examination of Facebook users. *European Journal of Information Systems, 24*(4), 431-446.

• Vandangeon-Derumez, I., Grimand, A., & Schäfer, P. (2018). *Gérer les paradoxes organisationnels en construisant du sens lors d'une conduite paradoxale du changement* (No. hal-01765040).

• Xu, X., Thong, J. Y., & Tam, K. Y. (2017). Winning back technology disadopters: testing a technology readoption model in the context of mobile internet services. *Journal of Management Information Systems, 34*(1), 102-140.

Transformation organisationnelle : vers un SI décarboné

François DELTOUR - IMT Atlantique, Laboratoire Lemna
Aymeric HEMON-HILDGEN - ESSCA School of Management
Gwenaëlle LAIRET - ESSCA School of Management
Virginie LETHIAIS - IMT Atlantique, Laboratoire LEGO

Parmi les nombreux enjeux de la décarbonation du système d'information, la question de la mise en œuvre des changements tient une place spécifique. En effet, la transformation organisationnelle adresse les questions concrètes et les modalités que doivent choisir les organisations pour atteindre leur(s) objectif(s).

Quelle que soit la terminologie retenue au sein de l'entreprise (système d'information décarboné, informatique responsable, numérique éco-responsable, sobriété numérique...), il est important de distinguer deux dimensions complémentaires du lien entre le numérique et ses impacts environnementaux : d'un côté, on trouve la question de l'empreinte écologique des TIC (*Green for IT*) et de l'autre côté la question des retombées induites par le numérique (*IT for Green*). La perspective retenue pour ce chapitre s'inscrit dans la *Green for IT*, avec pour objectif de comprendre de quelle manière, dans quelles conditions, et dans quelle mesure les organisations - et notamment les entreprises - opérationnalisent l'objectif de réduire ou maîtriser les coûts induits par leur adoption souvent massive du numérique.

Selon les rapports du Shift Project et du GIEC, la consommation d'énergie du numérique augmente de 9 % par an, mais il serait possible de la ramener à 1,5 % par an en adoptant des pratiques de sobriété numérique. Les entreprises ont un rôle à jouer sur la transition numérique sociétale pour un modèle numérique plus sobre et plus durable (Bohas *et al.*, 2014 ; Deltour, 2016 ; Trid *et al.*, 2019). Cette démarche de sobriété numérique pour un SI décarboné nécessite en premier lieu la sensibilisation des individus sur l'impact environnemental de leurs usages des technologies et leur formation sur les pratiques numériques vertueuses. L'organisation dans sa transition vers un modèle plus soutenable se doit aussi d'identifier les contraintes, les opportunités et les leviers du changement. Il est également important d'aligner la culture organisationnelle à l'objectif de décarbonation du SI. Nous développons ces différentes facettes de la transformation organisationnelle dans les sections de ce chapitre.

Afin d'illustrer ces différentes transformations, nous mobilisons de façon complémentaire deux approches : quantitative et qualitative. La première approche quantitative est issue d'une enquête par questionnaire menée par le GIS Marsouin, dans le cadre des investigations statistiques récurrentes menées auprès des acteurs socio-économiques de la région Bretagne. Il s'agit donc d'une enquête régionale menée en 2023 auprès de 992 établissements issus d'entreprises de toutes tailles qui ont été interrogées par questionnaire sur leurs usages numériques, dont leur appréhension des enjeux environnementaux liés au numérique (voir annexe 1). La seconde approche est qualitative et porte sur des entretiens qui ont été menés en 2023 auprès de professionnels en position de management dans des entreprises de plus de 50 salariés. Les entretiens ont été réalisés dans le cadre d'une formation en management des systèmes d'information et portent exclusivement sur la notion de *Green IT* (voir annexe 2). Les données quantitatives et qualitatives présentées offrent un éclairage complémentaire pour illustrer et comprendre les notions abordées dans le chapitre. Les données statistiques apportent une vision large sur certains verbatims qui illustrent de façon concrète les notions abordées.

1. La sensibilisation des utilisateurs et la transformation par les usages

Au sein des organisations, de multiples acteurs peuvent être des acteurs de la mise en place d'actions de décarbonation (Loeser *et al.*, 2017 ; Péréa *et al.*, 2023). En nous focalisant sur les utilisateurs, nous identifions cinq actions internes aux organisations qui participent à la décarbonation du SI en sensibilisant les utilisateurs des technologies : la formation ; la communication ; l'engagement participatif ; l'intégration dans les processus métiers ; le *monitoring* et le *feedback* individuel.

1.1 La formation

La sensibilisation est étroitement liée à la connaissance des utilisateurs. Le déficit de connaissance sur les enjeux environnementaux des usages numériques individuels à titre personnel (Rodhain *et al.*, 2017) se transpose également dans la sphère professionnelle, d'où le besoin de formations. L'organisation de sessions de formations régulières sur les principes de la *Green for IT*, les impacts environnementaux des technologies de l'information et de la communication et les bonnes pratiques à adopter est un premier pas vers la décarbonation des SI. Il est pertinent d'utiliser des exemples concrets de pratique et des cas d'étude pour illustrer l'importance de la contribution des utilisateurs à la durabilité environnementale.

La Directrice des services au sein de la direction des finances dans une grande collectivité locale s'étonne sur la notion : « *Green IT* ? Non, je n'ai jamais entendu ce terme ». Le Directeur des Systèmes d'Information dans la Grande Distribution est à l'inverse très au fait de la décarbonation et explique ce qui est mis en place dans son entreprise : « Actuellement plusieurs missions sont menées, d'abord des missions de formation et d'informations données aux utilisateurs. On explique aux utilisateurs comment on contribue par leur gestion de données à la pollution, donc ça va être au sujet des mails ou du stockage des données. Donc on explique aux utilisateurs l'équivalent en énergie que va avoir un mail stocké dans sa boite aux lettres ».

De nombreux MOOC (*Massive Open Online Courses*) sont aujourd'hui proposés sur les impacts environnementaux du numérique[8] afin de sensibiliser à la démarche numérique responsable : le numérique devient alors le support de formations aux limites du numérique (Péréa *et al.*, 2023). Des sessions de formation ludique et collaborative sur la méthode du *serious game* peuvent également être organisées au sein même de l'organisation[9]. Des conférences régionales ou nationales sont régulièrement proposées sur la thématique du *Green IT*[10].

En questionnant un grand nombre de répondants sur la connaissance de formations visant à réduire l'impact écologique du numérique (Tableau 1), il apparaît qu'une majorité des personnes interrogées n'a jamais entendu parler de leur existence (54 %) ou préfère ne pas se prononcer (33 %). Parmi la minorité des répondants ayant connaissance de formations, celle-ci est répartie de façon plutôt égale entre ceux qui déclarent avoir une vague connaissance (6 %) et une connaissance plus approfondie (7 %).

Non, jamais	538 (54 %)
Oui, vaguement	60 (6 %)
Oui, j'ai une vision claire	65 (7 %)
Ne se prononce pas	328 (33 %)

Tableau 1. Connaissance de l'existence de formations visant à réduire l'impact écologique du numérique (N=992).

De manière complémentaire au Tableau 1, le Tableau 2 montre que le suivi effectif de formation concerne une proportion de répondants en-

[8] L'Institut du Numérique Responsable (INR) s'est associé à des entreprises pour proposer le MOOC du numérique responsable : https://www.academie-nr.org/sensibilisation/#/.

[9] La Fresque du Numérique est un atelier d'une demi-journée avec une pédagogie similaire à la Fresque du Climat : https://www.fresquedunumerique.org/.

[10] *The Green IT day* est une journée dédiée au numérique responsable et durable : https://thegreenitday.fr/org/.

core plus réduite, de l'ordre de 5 % qui affirment qu'eux-mêmes ou des collègues de leur établissement ont suivi une formation sur la réduction de l'impact écologique du numérique (Tableau 2).

Non	879 (89 %)
Oui	55 (5 %)
Ne se prononce pas	58 (6 %)

Tableau 2. Suivi d'une formation visant à réduire l'impact écologique du numérique par le répondant ou certains membres de l'établissement (N=992).

1.2 La communication

La communication régulière sur les initiatives et les actions mises en œuvre en faveur de la *Green IT* au sein de l'organisation est un élément constitutif de la sensibilisation des utilisateurs (Trid *et al.*, 2019).

Le Directeur du Déploiement industriel dans le secteur de la gestion énergétique confirme l'importance de la communication sur les pratiques à adopter : « Dans mon entreprise, il y a une initiative, une partie de la stratégie clairement identifiée est décomposée. On a une politique d'économie d'énergie. On a des communications régulières sur les bonnes pratiques à adopter ».

L'utilisation de canaux de communication variés tels que des newsletters, des affichages dans les espaces de travail, des courriels ou des réunions est un moyen pour sensibiliser les utilisateurs aux enjeux environnementaux liés aux technologies de l'information. Des rapports de recherche, des études d'impact ou des guides de bonnes pratiques sont disponibles et permettent de soutenir la communication interne. L'Agence de la transition écologique (ADEME) propose de nombreux guides permettant une communication éclairée des bonnes pratiques à adopter au sein de l'environnement de travail[11].

En interrogeant un grand nombre de répondants sur la communication effectuée en diffusant d'un guide de bonnes pratiques numérique au

[11] Librairie ADEME : https://librairie.ademe.fr/, exemple du guide « Écoresponsable au bureau ».

sein de l'établissement, un quart des répondants (24 %) répond positivement (Tableau 3).

Non	693 (70 %)
Oui	239 (24 %)
Ne se prononce pas	60 (6 %)

Tableau 3. Action de diffusion d'un guide des bonnes pratiques numériques (N=992).

1.3 L'engagement participatif

L'engagement participatif des utilisateurs en les impliquant dans des initiatives vertes est également un médium de sensibilisation. L'organisation peut favoriser l'engagement de chacun en créant un environnement propice à l'échange d'idées et à la collaboration (Trid *et al.*, 2019).

Le Directeur de Projet de Transformation dans le secteur des assurances explique que « Grâce à des organismes comme le collectif Green IT, l'entreprise a participé à la 7ème édition du Benchmark greenIT.fr et les analyses se sont portées sur l'environnement de travail des collaborateurs (smartphone, ordinateurs, etc.), sur les impressions, sur le réseau local, le cloud, ou encore les centres informatiques ».

Les activités peuvent s'articuler autour de campagnes de sensibilisation, des concours pour réduire la consommation d'énergie ou des projets de réduction des déchets électroniques. Moins d'un quart des 62 millions de tonnes de déchets électroniques produits en 2022 ont été recyclés, entraînant des pollutions de métaux lourds, de plastiques et de produits chimiques toxiques[12].

Les déchets électroniques sont symboliques de la diversité des pratiques possibles et du niveau variable d'engagement de l'entreprise et des collaborateurs. En questionnant un grand nombre de répondants sur quatre équipements largement diffusés dans les entreprises (ordinateurs fixes, ordinateurs portables, tablettes et téléphones portables),

[12] Source : Étude 2024 de l'Institut des Nations unies pour la formation et la recherche (Unitar) et l'Union internationale des télécommunications (UIT).

il apparaît que les deux solutions les plus courantes reposent sur la reprise par un prestataire (entre 16 % et 33 %) et la conservation dans les murs de l'établissement (entre 10 % et 28 %) : la première solution reflète une approche « organisée » basée sur la délégation de ces questions à un tiers, dans le cadre d'une contractualisation globale de son système d'information, alors que la seconde solution est le reflet d'une « non-organisation » des déchets, puisque les équipements restent entreposés, au moins temporairement, sans finalité. Parmi les autres pratiques relatives aux anciens équipements numériques, le don aux salariés reste moins fréquent que le dépôt en point de collecte ou le don à des associations ou des organismes de valorisation (Tableau 4).

	Ordinateurs fixes	**Ordinateurs portables**	**Tablettes**	**Téléphones portables**
Conservé pour le moment	278 (28 %)	226 (23 %)	104 (10 %)	218 (22 %)
Don à des associations/organismes pour reconditionnement/recyclage/réutilisation	119 (12 %)	88 (9 %)	45 (5 %)	73 (7 %)
Don aux salariés	47 (5 %)	54 (5 %)	22 (2 %)	55 (6 %)
Dépôt dans un point de collecte dédié	143 (14 %)	114 (11 %)	65 (7 %)	151 (15 %)
Reprise par un prestataire	329 (33 %)	265 (27 %)	161 (16 %)	231 (23 %)
Autre	29 (3 %)	45 (5 %)	46 (5 %)	53 (5 %)
Non concerné	22 (2 %)	86 (9 %)	210 (21 %)	66 (7 %)
Ne se prononce pas	121 (12 %)	181 (19 %)	359 (36 %)	180 (18 %)

Tableau 4. Politique vis-à-vis des anciens équipements numériques (matériel qui n'est plus utilisé, hors d'usage, démodé ou ayant un mauvais fonctionnement). (Plusieurs réponses possibles.)

1.4 L'intégration dans les processus métier

L'intégration des considérations environnementales dans les processus métier et les outils informatiques utilisés au quotidien est un moyen simple et concret de sensibiliser les utilisateurs.

Le Directeur de magasin dans le secteur de la grande distribution explique sa stratégie de sensibilisation à l'empreinte carbone des outils numériques : « Nous travaillons activement à sensibiliser et à impliquer l'ensemble de nos équipes quant à l'adoption de bonnes pratiques concernant nos équipements informatiques. [...] On a conscience que nos collaborateurs jouent un rôle essentiel pour réduire les émissions de carbone de nos systèmes d'information. On les sensibilise aussi aux achats responsables afin d'éviter la surconsommation d'objets électroniques. En effet, parfois il est possible d'utiliser un seul ordinateur pour plusieurs individus surtout dans notre secteur d'activité (la plupart des employés sont sur le terrain et ont besoin d'un ordinateur que pendant une période très limitée de la journée) ». De nombreuses entreprises limitent aujourd'hui l'impression papier ou paramètrent par défaut les imprimantes pour une impression recto verso. Des codes de conduite sur le bon usage du courriel sont aussi courants dans les organisations.

Le processus métier des achats est particulièrement concerné lorsqu'il s'agit d'appliquer des pratiques ou des critères intégrant l'impact environnemental du numérique (Loeser *et al.*, 2017). Il peut s'agir d'achats d'équipements reconditionnés ou la prise en compte de critères environnementaux, comme les écolabels. En questionnant un grand nombre de répondants sur l'intégration de dimensions environnementales dans les politiques d'achat informatique, le recours à du matériel reconditionné et la prise en compte d'écolabels sont adoptés dans des proportions plutôt similaires correspondant environ à un quart des répondants (Tableau 5).

	Oui	**Non**	**Ne se prononce pas**
Recours à du matériel informatique et/ou téléphonique reconditionné et/ou d'occasion	294 (30 %)	614 (62 %)	85 (9 %)
Prise en compte des écolabels dans la politique d'achat de matériel informatique et/ou téléphonique (de type Écolabel européen, EPEAT, TCO, Écolabel nordique, Ange bleu, etc.)	229 (23 %)	623 (63 %)	140 (14 %)

Tableau 5. Actions d'achats IT incluant les enjeux environnementaux (N=992).

1.5 Le monitoring et le feedback individuel

À l'instar de ce qui peut être fait pour les autres formes de consommation énergétique sur le lieu de travail (Bedwell *et al.*, 2014), le fait de fournir aux collaborateurs des outils de suivi de leur consommation énergétique et de leur empreinte carbone personnelle liée à l'utilisation des technologies de l'information leur permet de mieux comprendre l'impact individuel. La mise en évidence de ces éléments favorise l'action et les encourage et à prendre des mesures pour le réduire.

Le Directeur de Projet de Transformation dans le secteur des assurances précise que « L'entreprise a mis en place des mesures qui touchent d'abord la gouvernance et la communication, avec la mise en place d'un outil de suivi des indicateurs d'impacts environnementaux et en continuant à sensibiliser les collaborateurs ».

Les équipements informatiques sont responsables de 21 % de la consommation d'électricité d'une entreprise de bureau selon l'ADEME et un quart de cette consommation pourrait être évitée[13]. Ainsi la mise en veille des appareils est un geste important et peut être rappelée aux utilisateurs via des notifications et/ou un affichage sur le poste de travail.

L'investigation auprès d'un grand nombre de répondants montre que les actions visant à maîtriser la consommation des appareils électroniques (par optimisation ou extinction) sont largement adoptées dans les entreprises. Trois quarts des entreprises interrogées dans l'enquête répondent affirmativement (Tableau 6), ce qui en fait l'action la plus diffusée afin de réduire l'empreinte écologique liée au numérique. Cependant, l'enquête ne permet pas de savoir si un outil individuel de monitoring est associé à cette optimisation.

Non	197 (20 %)
Oui	747 (75 %)
Ne se prononce pas	48 (5 %)

Tableau 6. Action d'optimisation de la mise en veille et/ou d'extinction des appareils électroniques (N=992).

[13] Source : ADEME Magazine, avril 2022.

De manière similaire, un *monitoring* peut être mis en place en vue de réduire le volume de données stockées. Cette réduction peut passer par exemple par de l'optimisation de l'archivage ou de la suppression des données obsolètes. L'enquête quantitative montre que la moitié des établissements répondants pratiquent des actions de réduction des volumes de données (Tableau 7).

Non	422 (43 %)
Oui	495 (50 %)
Ne se prononce pas	74 (7 %)

Tableau 7. Action de réduction du volume de données stockées (N=992).

2. Contraintes et opportunités des leviers de changement

La transformation des systèmes d'information passe par la maîtrise des contraintes et l'activation de leviers de changement (Godé-Sanchez, 2008), transposables au cas de la transformation vers le SI décarboné. Ces leviers ont pour objectif d'influencer des politiques, d'influencer les comportements, de modifier des processus ou d'influer sur les choix technologiques à retenir afin d'atteindre cette décarbonation du SI. De nombreuses contraintes, organisationnelles, environnementales, technologiques, peuvent amener une organisation à initier une transition vers le SI décarboné.

2.1 Contraintes environnementales

Les premières contraintes qui affectent souvent les organisations sont issues de l'environnement externe à l'organisation considérée. Le cas d'usage fréquent est l'obligation pour une organisation à se conformer à un nouveau cadre réglementaire. L'application du RGPD (règlement général de protection des données) depuis mai 2018 a eu un impact sur la plupart des entreprises et organisations au niveau des systèmes d'information et plus particulièrement sur leurs processus. Aussi, dans un contexte de réglementation et législation de plus en plus strictes, l'adoption de la sobriété numérique peut aider les organisations à anticiper l'impact de ces réglementations afin de ne pas être prises au dépourvu. De plus, cet environnement légal qui évolue régulièrement peut rendre la compréhension et la maîtrise des réglementations environnementales complexes et gourmandes en ressources. Il en résulte une volonté pour les entreprises d'afficher en premier lieu un objectif de conformité avec leurs obligations réglementaires sur les enjeux environnementaux, notamment dans le secteur numérique (Deltour, 2016).

Dans le sillage d'engagements pour lutter contre le changement climatique et décarboner la société, le législateur français a récemment mis en place un ensemble de dispositifs relatifs au numérique responsable. Il s'agit par exemple depuis 2022 du Haut Comité pour le Numérique Responsable ou de lois concernant directement et indirectement les entreprises. En 2020, la loi anti-gaspillage et économie circulaire inclut notamment l'affichage d'un indice de durabilité des produits numériques. En 2021, la loi dite Climat et Résilience prévoit l'établissement d'une feuille de route pour chaque secteur fortement émetteur de gaz à effet de serre. La feuille de route pour le numérique s'inscrit plus largement dans la Stratégie nationale bas carbone. Enfin, la loi de 2021 visant à réduire l'empreinte environnementale du numérique (loi REEN) propose un ensemble de dispositifs dont certains concernent les organisations : limitation du renouvellement des appareils numériques ; création d'un référentiel général d'écoconception ; incitations pour des centres de données et des réseaux moins énergivores, etc.

Les entretiens réalisés montrent le faible niveau de connaissance des personnes interrogées, qui n'ont peu ou pas la capacité de s'exprimer sur les cadres réglementaires spécifiques aux technologies de l'information. L'enquête quantitative menée auprès des entreprises confirme le niveau généralement faible – voire très faible – des connaissances des dispositifs régulateurs spécifiques au numérique. Les répondants au questionnaire affirment avoir une connaissance un peu plus élevée de la Stratégie nationale bas carbone – qui touche tous les pans de la société – comparativement à la loi pour la réduction de l'empreinte environnementale du numérique, très peu connue. Ainsi, 9 répondants sur 10 n'ont pas connaissance de cette loi (Tableau 8).

	Pas de connaissance	Connaissance limitée	Connaissance modérée	Connaissance approfondie
La Stratégie nationale bas carbone	544 (58 %)	224 (24 %)	146 (15 %)	29 (3 %)
La loi REEN	838 (89 %)	75 (8 %)	20 (2 %)	7 (1 %)

Tableau 8. Connaissance de cadres régulateurs (N=942)

En outre, les entreprises sont de plus en plus impactées par les attentes de leurs différentes parties prenantes (salariés, fournisseurs, clients, actionnaires, ONG, etc.), et le numérique responsable en est un élément constitutif. Les engagements RSE (Responsabilité Sociétale des Entreprises) s'inscrivent de façon croissante dans les plans stratégiques des organisations, et les actions de numérique responsable s'insèrent et s'appuient sur la politique générale RSE des entreprises : plus l'engagement dans une démarche de RSE est avancé, plus les pratiques de *Green IT* sont avancées (Bohas *et al.*, 2014).

Parmi les parties prenantes externes qui mènent des actions sur la lutte contre le changement climatique, certaines se penchent spécifiquement sur la décarbonation du numérique. C'est le cas de l'Institut du numérique responsable, qui propose de labelliser les organisations engagées dans la sobriété numérique. C'est également le cas du laboratoire d'idées The Shift Project dont l'ambition est de réduire la dépendance de nos sociétés aux énergies fossiles et qui a publié plusieurs rapports significatifs sur l'impératif de sobriété numérique. L'enquête auprès des entreprises montre que 8 à 9 répondants sur 10 n'ont pas connaissance de ces organisations (Tableau 9).

	Pas de connaissance	Connaissance limitée	Connaissance modérée	Connaissance approfondie
Les travaux du Shift Project	837 (89 %)	49 (5 %)	40 (4 %)	16 (2 %)
L'Institut Numérique Responsable	746 (79 %)	149 (16 %)	44 (5 %)	4 (0 %)

Tableau 9. Connaissance de parties prenantes non gouvernementales (N=942).

2.2 Contraintes organisationnelles

Des contraintes organisationnelles peuvent limiter cette transition vers le SI décarboné. Le volet financier constitue souvent l'une des principales contraintes. En effet, les investissements initiaux dans les technologies vertes économes en énergie, dans la mise à niveau du matériel et dans les sources d'énergie renouvelables peuvent s'avérer coûteux. Par conséquent, les organisations fonctionnant avec des budgets serrés ou privilégiant d'autres priorités et investissements peuvent être dissuadées d'effectuer les changements nécessaires.

Un directeur des Systèmes d'information dans le secteur des assurances indique : « C'est un peu comme tout, tout ce qui touche à l'écologie c'est qu'il faut faire une croix, sur le bénéfice financier. Il faut faire l'effort d'aller vers une solution qui coûte plus cher et qui est plus vertueuse écologiquement, et dans une économie tendue comme nous on vit, c'est compliqué de faire le pas. »

Au-delà de l'aspect financier, les ressources humaines peuvent générer plusieurs contraintes. Premièrement, une pénurie de compétences techniques limitera cette transition. En effet, un manque de professionnels formés à la fois aux technologies de l'information et aux pratiques durables peut entraver le développement et la mise en œuvre d'une décarbonation des SI ou la mise en place de SI écologiques. Deuxièmement, la résistance au changement au sein d'une organisation peut ralentir ou faire dérailler les initiatives conduisant vers des SI plus écologiques. L'épisode du Covid 19 a eu un impact sur les pratiques professionnelles et virtualisé certaines activités malgré une résistance organisationnelle. Par exemple, le passage à de nouvelles pratiques appréhendées comme générant des bénéfices écologiques (par exemple, des réunions virtuelles remplaçant des réunions physiques) peut nécessiter de surmonter la résistance des utilisateurs.

2.3 Contraintes technologiques

Les contraintes liées aux systèmes existants (*legacy system*) affectent également cette transition vers le SI décarboné. Les systèmes plus anciens peuvent être moins économes en énergie et plus difficiles à mettre à niveau ou à intégrer de nouvelles technologies plus vertes.

Un directeur des Systèmes d'information dans le secteur de l'édition témoigne : « ce qu'on est en train de faire, c'est de travailler sur les stockages de données. (...) des *clouds* qui mutualisent au maximum les choses sur des matériels beaucoup plus récents, beaucoup moins énergivores que nos machines (...) On a vu qu'on était 6 fois moins consommateur en énergie en mettant notre puissance informatique actuelle chez Amazon qu'en les conservant chez nous. »

De plus, la mise à niveau ou le remplacement de systèmes d'information obsolètes et inefficaces peut s'avérer complexe et perturbateur d'une part, et n'est pas toujours possible d'autre part. Il existe d'autres contraintes technologiques qui portent plus sur la sécurité ou bien sur la gestion des données. Par exemple, gérer efficacement l'augmentation significative des données provenant des technologies vertes intégrées et en garantir la confidentialité et la sécurité peut représenter un véritable défi (Szymanski, 2017).

De nombreuses contraintes limitent donc ou ralentissent les organisations dans leur transformation vers un SI décarboné. Cependant, il existe également de nombreuses opportunités qui constituent de véritables leviers pouvant aider ces mêmes organisations à atteindre leurs objectifs de décarbonation.

2.4 Opportunités économiques

Les leviers d'ordre économique se concentrent avant tout sur la volonté de faire des économies. En effet, opter pour des pratiques numériques plus responsables implique en partie de réduire la consommation d'énergie. Par conséquent, cette réduction des émissions de CO_2 se traduit également par une réduction des coûts, ainsi que par des gains d'efficacité. La recherche d'efficacité énergétique constitue aussi un levier : la mise en œuvre d'un matériel et d'une infrastructure plus économe en énergie (par exemple, solutions *cloud*, virtualisation) réduit la consommation d'énergie et les coûts opérationnels. En outre, l'optimisation de l'utilisation du matériel (ex. : par mutualisation ou bien par extension du cycle de vie du produit), l'adoption du *cloud computing* et l'utilisation de matériels économes en énergie peuvent réduire considérablement la consommation d'énergie et donc générer des économies de coûts. Enfin, le levier de l'innovation constitue également une opportunité économique. En effet, il est possible d'utiliser cette transition vers le SI décarboné pour développer de nouveaux modèles commerciaux ou offres de services qui seraient susceptibles de générer des sources de revenus supplémentaires.

Une chargée de développement RH du secteur de la livraison explique : « Je n'ai pas entendu vraiment parler d'innovation qui pourrait nous aider à décarboner complètement les systèmes d'information, mais je pense que certaines innovations comme l'intelligence artificielle par exemple, pourraient nous aider à mieux au moins optimiser nos systèmes et pourquoi pas grâce à cette optimisation, réduire nos émissions de carbone et il faudrait aussi des innovations en termes de production des outils électroniques comme des serveurs pour permettre que la production de ces serveurs soit moins polluante et devienne plus responsable envers l'environnement. »

La transition vers des technologies vertes peut donc constituer un moyen innovant de créer, capturer ou livrer de la valeur et l'optimisation des ressources numériques ouvre la voie à l'innovation et à la recherche constante d'une plus grande efficacité.

2.5 Opportunités technologiques

Les organisations peuvent orienter leurs sources d'énergie vers des options renouvelables (solaire, éolienne) pour les opérations des *datacenters*. La mise en œuvre de stratégies d'optimisation du refroidissement et l'utilisation de sources d'énergie renouvelables pour ces *datacenters* peuvent réduire considérablement leur impact environnemental et par conséquent accentuer ou accélérer cette transition vers la décarbonation du SI. La virtualisation forme aussi un autre levier. En effet, l'utilisation de machines et de postes de travail virtuels peut permettre de consolider les ressources existantes et de minimiser les besoins en matériel physique. Enfin, l'ingénierie logicielle verte (*Green Software Engineering*) permet de modifier les perspectives et les habitudes des programmeurs en les amenant à concevoir des logiciels et des algorithmes qui nécessitent moins de puissance de calcul et, par conséquent, moins d'énergie (Manotas *et al.*, 2016).

Le directeur des systèmes d'information dans le secteur de l'édition souligne cette importance d'un développement logiciel vert et montre ses limites : « On travaille aussi beaucoup sur les conceptions de nos sites web parce qu'en plus c'est vertueux, dans la mesure où plus ils sont écoconçus, plus ils sont rapides pour nos internautes quoi (...) On pousse naturellement à ce que nos sites ne soient pas avec des images de taille gigantesque ou ce genre de choses ou des *sliders*, des vidéos qui se déclenchent à tout moment. Mais on sait par ailleurs quand même que développer les podcasts ou les vidéos sur nos sites, notamment nos sites d'actualité, c'est ce qui attire les gens. Donc parfois on a des choix un peu impossibles à faire. »

2.6 Opportunités organisationnelles

Premièrement, les approvisionnements en informatique durable forment un levier intéressant pour les organisations. L'achat d'équipements économes en énergie, la prise en compte du cycle de vie (production, utilisation, élimination) des produits informatiques et la mise en œuvre de pratiques appropriées d'élimination des déchets électroniques contribuent à une organisation plus écologique.

Un consultant IT exerçant pour l'un des plus grands cabinets de conseil illustre cet intérêt pour l'achat d'équipements économes en énergie : « On a recours à des produits certifiés Energy Star et Greenguard ». Un directeur de magasin du secteur de la distribution témoigne sur ce principe de réduction des déchets et d'allongement du cycle de vie des produits : « Nous privilégions dans certains cas les ordinateurs d'occasion reconditionnés lorsqu'ils sont proposés par la centrale ».

Deuxièmement, il existe un autre levier à partir de l'adoption de politiques informatiques vertes : par exemple, l'établissement de politiques de réduction des impressions, l'encouragement des vidéoconférences plutôt que des déplacements et la promotion de pratiques d'économie d'énergie de la part des employés peuvent réduire considérablement l'empreinte environnementale.

Troisièmement, la préparation de rapports sur le développement durable au sein des organisations peut constituer également un levier. En effet, des systèmes d'information améliorés peuvent optimiser la collecte de données, son analyse et le *reporting* sur les indicateurs de développement durable, favorisant ainsi la conformité et la transparence. D'autre part, l'analyse des données peut permettre d'identifier des inefficacités, optimiser l'allocation des ressources et suivre les progrès vers les objectifs de développement durable.

Ces opportunités organisationnelles, une fois traduites en stratégies *Green IS*, peuvent générer des avantages organisationnels sous la forme de réductions de coûts, d'amélioration de la réputation de l'entreprise et de capacités d'innovation verte (Loeser *et al.*, 2017).

2.7 Opportunités humaines

Deltour (2016) souligne que l'accent porte souvent sur des enjeux techniques et réglementaires de production de *Green IT* au détriment des problématiques sociétales liées aux usages des outils numériques. Cependant, les volets sociétaux et humains constituent également de véritables opportunités. En effet, les leviers humains sont toujours très importants dans les projets de transformation organisationnelle. Il est par exemple possible d'exploiter la transformation comme une opportunité d'impliquer les employés dans les efforts de développement durable, en stimulant le moral et en favorisant une culture de conscience écologique ou une « *awareness* » (Albreem *et al.*, 2021). La formation et l'éducation constituent souvent des prérequis à cet engagement des employés.

Le DSI du secteur de l'édition souligne l'importance de « quelqu'un qui peut aider à éveiller les gens sur les écogestes ». Le consultant IT précise : « L'éducation à une consommation responsable aussi en premier lieu (...) le fait d'avoir des technologies toujours plus performantes entraîne une consommation excessive et exponentielle. (...) Ce n'est pas que les entreprises qui doivent faire du numérique responsable. Si tu n'éduques pas les jeunes générations à la consommation des "*devices*" ou quoi que ce soit. Tu peux faire tout ce qu'il y a de mieux (...) c'est que tu auras plus de consommation demain et du coup finalement, ce que t'as gagné d'un côté, tu vas le perdre en usage ».

Enfin, la relation entre l'organisation, la marque et l'humain forme aussi un levier. Ici, l'attractivité d'une organisation et d'une marque employeur dépendent en partie ou intégralement d'indicateurs liés à la RSE. Par conséquent, aborder cette question est également un moyen efficace de promouvoir la marque, en particulier auprès des jeunes talents qui sont de plus en plus sensibles à la responsabilité sociale des entreprises.

La décarbonation des systèmes d'information est certes contrainte par de nombreux facteurs internes et externes. Aussi, celle-ci peut bénéficier de diverses opportunités internes et externes également, qu'elles soient technologiques, économiques, organisationnelles ou humaines.

3. Vers une culture organisationnelle du SI décarboné ?

La dynamique de transformation organisationnelle qui s'incarne dans des actions de sensibilisation menées au niveau individuel, ainsi que la saisie de différentes contraintes et opportunités par les organisations, se traduit par l'émergence d'une culture organisationnelle nouvelle qui tend vers un système d'information décarboné. Cette culture apparaît comme le fruit de compromis.

3.1 Des priorités mises en perspective

Les entreprises sont soumises à des injonctions multiples (voir la section précédente présentant différentes contraintes et opportunités) parmi lesquelles la réussite de la transformation numérique de l'entreprise et son engagement dans les transitions environnementales tiennent une place significative. En conséquence, les choix opérationnels comme stratégiques reflètent des compromis réalisés dans l'organisation considérée, ainsi que les priorités retenues.

À titre d'illustration, un Directeur des Systèmes d'information dans la grande distribution indique : « C'est-à-dire qu'effectivement, plus on a de données, plus on est polluants, donc on doit trouver un juste compromis entre les besoins de *big data* de l'entreprise et les contraintes de pollution associée ».

Niveau de priorité accordé à :	**Prioritaire**	**Secondaire**	**Sans importance**	**Ne se prononce pas**
La réduction de l'impact environnemental des équipements et usages numériques	394 (40 %)	398 (40 %)	157 (16 %)	44 (4 %)
Développer l'usage du numérique pour la gestion interne de l'établissement (exploitation de données, optimisation des processus)	523 (53 %)	306 (31 %)	127 (13 %)	35 (4 %)
Former les salariés de l'établissement au numérique	378 (38 %)	420 (42 %)	164 (16 %)	30 (3 %)
Investir dans le numérique pour faciliter le télétravail	150 (15 %)	388 (39 %)	405 (41 %)	49 (5 %)
Améliorer votre visibilité sur internet (réseaux sociaux, référencement) de l'entreprise	524 (53 %)	318 (32 %)	120 (12 %)	30 (3 %)
Développer la vente en ligne de l'entreprise	197 (20 %)	223 (22 %)	521 (53 %)	51 (5 %)

Tableau 10. Niveaux de priorité de différentes actions reliées au numérique (N=992).

En s'appuyant sur l'enquête menée auprès des entreprises, il est possible de mettre en comparaison la priorité de réduction de l'impact environnemental du numérique avec d'autres priorités d'activités liées au numérique (Tableau 10). Parmi une liste de six enjeux et objectifs que peut avoir une entreprise relativement à ses usages numériques, la réduction de l'impact environnemental des équipements et usages numériques apparaît comme faisant partie des activités modérément prioritaires, au même titre que la formation des salariés au numérique. Ces deux activités apparaissent comme moins prioritaires aux yeux des répondants que le développement du numérique pour la gestion interne de l'établissement et l'amélioration de la visibilité de l'entreprise sur internet : ces deux actions ressortent comme étant la plus forte priorité numérique des répondants. Enfin, les entreprises associent une priorité basse à investir dans le numérique pour faciliter le télétravail et développer la vente en ligne de l'entreprise.

La culture organisationnelle du SI décarboné semble donc avoir une place au sein des entreprises, mais à un niveau encore modéré.

3.2 Les profils sectoriels

Afin de compléter la compréhension de la place de la culture organisationnelle du SI décarboné, nous proposons une approche contingente s'appuyant sur des distinctions sectorielles où les usages et les ambitions peuvent différer selon les secteurs.

En distinguant l'appartenance à 4 grands secteurs d'activité économique (commerce, transports, hébergement et restauration ; construction ; industrie et agriculture ; services), il est possible de mettre en évidence la manière dont est priorisée la réduction de l'impact environnemental des équipements et usages numériques (Tableau 11). L'objectif de réduction de l'impact environnemental du numérique ressort comme significativement plus fréquemment prioritaire parmi les entreprises du secteur des services (48 %, contre 40 % pour l'ensemble de l'échantillon), tandis que cet objectif est significativement considéré plus fréquemment comme sans importance dans le secteur de la construction (25 %, contre 16 % pour l'ensemble de l'échantillon).

	Prioritaire	**Secondaire**	**Sans importance**	**Ne se prononce pas**	**Total**
Commerce, transports, hébergement et restauration	118 (42 %)	102 (37 %)	47 (17 %)	12 (4 %)	279 (100 %)
Construction	57 (30 %)	78 (42 %)	46 (25 %)	6 (3%)	187 (100 %)
Industrie et agriculture	60 (30%)	104 (51%)	32 (16%)	6 (3%)	202 (100%)
Services	136 (48%)	105 (37%)	24 (8%)	19 (5%)	284 (100%)

Tableau 11. Niveau de priorité accordée à la réduction de l'impact environnemental des équipements et usages numériques selon les secteurs (N= 952).

Les six pratiques de numérique responsable, investiguées par questionnaire, peuvent être analysées de plusieurs manières. Premièrement, on peut opérer un classement décroissant de la fréquence des différentes pratiques (% de « oui ») : Optimisation de la veille et/ou extinction (75 %) ; limitation de la fréquence de renouvellement du matériel (65 %) ; réduction du volume de données stockées (50 %) ; recours à du matériel informatique et/ou téléphonique reconditionné et/ou d'occasion (30 %) ; diffusion d'un guide des bonnes pratiques numériques (24 %) ; prise en compte des écolabels dans la politique d'achat de matériel (23 %). Il ressort de ce classement le constat d'une fréquence d'actions plus marquée lorsque l'initiative a possiblement des incidences financières positives, c'est-à-dire que l'initiative permet à l'entreprise de réduire certains postes de dépense.

Une illustration du raisonnement tenu tient dans le témoignage d'un Directeur des Systèmes d'Information dans la grande distribution : « Si les systèmes qu'on leur propose sont moins énergivores, sont mieux conçus, sont éco-conçus par définition fatalement l'entreprise va y aller, bien sûr. C'est une balance économique c'est-à-dire que on y va dans la mesure où le système n'est pas économiquement pénalisant. »

Les actions pour un numérique responsable sont donc fréquemment et prioritairement orientées vers les actions ayant de possibles bénéfices financiers. On retrouve un résultat préalablement identifié dans la littérature qui distingue clairement les stratégies d'entreprises en termes de *Green IT* qui sont focalisées sur les coûts et celles focalisées sur l'environnement (Saldanha *et al.*, 2022).

Deuxièmement, une analyse des pratiques secteur par secteur met en évidence quelques rares différences significatives dans les pratiques sectorielles : sur les principales pratiques de numérique responsable (optimisation de la veille, limitation de renouvellement...), aucune différence significative ne ressort. Cependant, on constate que le secteur de la construction diffuse moins de guides des bonnes pratiques numériques (16 %) contrairement au secteur des services qui en diffuse plus (29 %). Également, les entreprises du secteur Commerce, transports, hébergement et restauration prennent plus fréquemment en compte les écolabels dans la politique d'achat de matériel (29 %). Les pistes explicatives de ces différences reposent tout d'abord sur la manière dont sont réalisées les activités dans ces secteurs, avec une plus ou moins grande diffusion des équipements parmi les salariés. Concernant l'attention plus importante portée aux labels, celle-ci peut possiblement s'expliquer par l'effet d'affichage recherché auprès du client final, renforçant ainsi l'effet de réputation d'entreprise vertueuse auprès des clients particuliers. Enfin, il n'a pas été possible d'isoler dans l'échantillon les entreprises directement rattachées au « secteur numérique », alors que ces dernières sont réputées plus engagées dans les questions d'éco-responsabilité numérique, puisque le numérique constitue le cœur même de leur activité (Péréa *et al.*, 2023).

4. Conclusion

Ce chapitre consacré à la transformation organisationnelle vers le SI décarboné s'est appuyé sur des investigations à la fois quantitative et quantitative afin d'identifier et de présenter les enjeux et les actions mises en place afin de créer une véritable culture du SI décarboné au sein des organisations.

Ainsi, le niveau individuel peut être mobilisé par le biais de différentes actions de sensibilisation. Pour autant, le niveau organisationnel s'avère également essentiel, puisque les organisations se trouvent à la fois pressées d'agir suite à de nombreuses contraintes, tout en ayant la possibilité de saisir des opportunités de différentes natures. Les organisations commencent alors à adopter une nouvelle culture organisationnelle qui favorise le SI décarboné. Cette culture émerge d'un équilibre de priorités, notamment entre la nécessité d'une transformation numérique et d'engagements environnementaux. Cette culture SI décarbonée se caractérise par une combinaison de préoccupations environnementales, d'avantages économiques et de facteurs sectoriels spécifiques.

Afin de soutenir le déclenchement, le maintien et le développement de cette culture, il est important que les entreprises prennent conscience de l'écosystème d'acteurs qui se cristallise actuellement autour du numérique responsable (Kotlarsky *et al.*, 2023). Ainsi, le fort engagement actuel des sociétés de conseil et les fournisseurs d'équipements et de services numériques ne peut que participer à renforcer l'avènement d'une culture organisationnelle du SI décarboné, mêlant aussi bien actions internes qu'initiatives externes aux entreprises.

5. Références

• Albreem, M. A., Sheikh, A. M., Alsharif, M. H., Jusoh, M., & Yasin, M. N. M. (2021). Green internet of things (GIoT): Applications, practices, awareness, and challenges. *IEEE Access, 9*, 38833-38858. https://doi.org/10.1109/ACCESS.2021.3061697.

• Bedwell, B., Leygue, C., Goulden, M., McAuley, D., Colley, J., Ferguson, E., Banks, N., & Spence, A. (2014). Apportioning energy consumption in the workplace: A review of issues in using metering data to motivate staff to save energy. *Technology Analysis & Strategic Management, 26*(10), 1196-1211.

• Bohas, A., Dagorn, N., & Poussing, N. (2014). Responsabilité sociale de l'entreprise : Quels impacts sur l'adoption de pratiques de Green IT ? *Systèmes d'Information et Management, 19*(2), 9-43. https://doi.org/10.3917/sim.142.0009.

• Deltour, F. (2016). Les équipementiers TIC et l'environnement : Analyser les priorités managériales dans la production d'éco-TIC. *Revue de l'Organisation Responsable, 11*(2), 64-73. https://doi.org/10.3917/ror.112.0064.

• Godé-Sanchez, C. (2008). Les TIC comme leviers du changement organisationnel : Une analyse du cas des armées américaines en Afghanistan. *Systèmes d'Information et Management, 13*(1), 7-30.

• Kotlarsky, J., Oshri, I., & Sekulic, N. (2023). Digital sustainability in information systems research: Conceptual foundations and future directions. *Journal of the Association for Information Systems, 24*(4), 936-952. https://doi.org/10.17705/1jais.00825.

• Loeser, F., Recker, J., vom Brocke, J., Molla, A., & Zarnekow, R. (2017). How IT executives create organizational benefits by translating environmental strategies into green IS initiatives. *Information Systems Journal, 27*(4), 503-553. https://doi.org/10.1111/isj.12136.

• Manotas, I., Bird, C., Zhang, R., Shepherd, D. C., Jaspan, C., Sadowski, C., Pollock, L. L., & Clause, J. (2016). An empirical study of practitioners' perspectives on green software engineering. In *Proceedings of the 38th International Conference on Software Engineering* (p. 237–248). ACM.

• Péréa, C., Gérard, J., & de Benedittis, J. (2023). Digital sobriety: From awareness of the negative impacts of IT usages to degrowth technology at work. *Technological Forecasting and Social Change, 194*, 122670. https://doi.org/10.1016/j.techfore.2023.122670.

• Rodhain, A., Rodhain, F., Fallery, B., & Galy, J. (2017). TIC et/ou développement durable : Le paradoxe écologique vécu par les utilisateurs. *Gérer & Comprendre, 128*(3), 48–61.

• Saldanha, T. J., Mithas, S., Khuntia, J., Whitaker, J., & Melville, N. P. (2022). How green information technology standards and strategies influence performance: Role of environment, cost and dual focus. *MIS Quarterly*, *46*(4), 2367–2386.

• Szymanski, T. H. (2017). Security and privacy for a green internet of things. *IT Professional, 19*(5), 34–41.

• Trid, S., Corbett, J., & Bouchard, L. (2019). Modèle théorique de projets de Green IS : Une spécification des relations entre objectifs, compétences et culture environnementale. *Systèmes d'Information et Management, 24*(1), 7–45.

6. Annexes

Annexe 1 – Approche quantitative : présentation de l'enquête

L'enquête a été administrée au printemps 2023 par le Groupement d'Intérêt Scientifique (GIS) Marsouin dans le cadre de l'observatoire du numérique (https://www.marsouin.org/) et le questionnaire a été co-construit avec des chercheurs membres du GIS Marsouin.

Le répondant au questionnaire était une personne responsable au sein de l'établissement interrogé. Il lui était possible de répondre au questionnaire en version papier (courrier postal) ou en ligne, ou par téléphone. Plus de 11 000 établissements d'entreprises de plus de 10 salariés localisés dans la région Bretagne ont été sollicités via les bases de recensement de la CCI de Bretagne. 992 établissements ont répondu et renseigné leurs équipements et usages numériques, dont leur appréhension des enjeux environnementaux liés au numérique. Un redressement par calage sur marge a été effectué afin de respecter la représentativité en termes de département de localisation, de nombre de salariés par établissement et de secteur d'activité de l'établissement. Les chiffres présentés dans ce chapitre sont calculés sur les données redressées.

Les répondants appartiennent pour 29 % au secteur des services, 28 % au secteur « commerce, transports, hébergement et restauration », 20 % au secteur « industrie et agriculture » et 19 % au secteur de la construction (4 % des répondants n'ont pas renseigné leur secteur d'activité). 59 % des répondants sont dans des entreprises mono-établissement. 46 % des entreprises interrogées font partie d'un groupe. Les établissements répondants emploient pour 51 % entre 10 et 20 salariés, pour 30 % entre 20 et 50 salariés, pour 8 % entre 50 et 100 salariés et 12 % sont au-delà de 100 salariés.

Annexe 2 - Approche qualitative : le guide d'entretien

— Présentation de l'interviewé, description du secteur d'activité et du métier exercé

— Pouvez-vous expliquer comment vous utilisez le système d'information dans votre travail ?

— Êtes-vous sensibilisé aux questions de décarbonation des systèmes d'information ou à la notion de Green IT ? Lesquelles ? Par exemple : la consommation d'énergie, les énergies renouvelables, les déchets électroniques, la conception durable, l'informatique verte, le stockage et la gestion des données, le cloud, la politique et la réglementation.

— Selon vous, quelles sont les sources les plus importantes d'émissions de carbone dans vos systèmes d'information ? Comment peut-on y remédier ?

– Votre organisation mesure-t-elle les émissions de carbone du système d'information ? Si oui, comment les mesure-t-elle ?

– Comment votre organisation encourage-t-elle l'adoption de pratiques durables dans le choix et l'utilisation de votre système d'information (appareils, logiciels, utilisation, formation, appareils reconditionnés...) ?

– Quelles sont les nouvelles technologies et les innovations qui peuvent aider à décarboner les systèmes d'information dans votre organisation ?

– Quelles sont les réglementations ou les politiques qui peuvent contribuer à décarboner les systèmes d'information dans votre organisation ?

Partie 2

Se digitaliser durablement

Vers une économie de la fonctionnalité : quelle contribution du numérique ?

Boris DESCOMBES - Université Grenoble Alpes, Grenoble INP, CERAG
Valery MERMINOD - Université Grenoble Alpes, Grenoble INP, CERAG

La numérisation de notre société s'impose massivement à tous ses acteurs et, en particulier, aux entreprises industrielles. Comme les autres, ces entreprises cherchent à tirer parti de cette transition vers un monde numérique et investissent pour ne pas se retrouver distancées par leurs concurrents, directs et indirects. À l'heure des enjeux climatiques, elles sont également questionnées sur leurs actions en faveur de l'environnement et la réduction de leur empreinte carbone. Les technologies numériques deviennent ainsi à la fois la source de nouvelles crispations écologiques, mais aussi un potentiel levier d'action en faveur de la soutenabilité. Deux grandes réflexions se dégagent alors : d'un côté, le *Green IT* (comment rendre le numérique plus soutenable ?), de l'autre le *Green by IT* (comment augmenter la soutenabilité grâce au numérique ?) (CIGREF, 2017).

Le *Green by IT* questionne la manière dont l'entreprise intègre les technologies numériques dans son modèle et les mobilise au profit d'une réduction de son empreinte environnementale. Difficile pourtant de justifier une réduction de l'impact des offres auxquelles on ajoute de technologies numériques : capteurs, connexion, intelligence embarquée, etc. Pourtant, cette numérisation de l'offre présente bien un potentiel de soutenabilité supérieur, non pas au niveau du produit, mais au niveau du modèle économique. Les technologies numériques facilitent et stimulent la vente de services qui complètent ou se substituent aux produits (Cusumano *et al.*, 2015), offrant ainsi des opportunités d'optimisation des usages et des cycles de vie. C'est l'économie de la fonctionnalité, qui « consiste à fournir aux entreprises, individus ou territoires, des solutions intégrées de services et de biens reposant sur la vente d'une performance d'usage ou d'un usage et non sur la simple vente de biens. Ces solutions doivent permettre une moindre consommation des ressources naturelles dans une perspective d'économie circulaire, un accroissement du bien-être des personnes et un développement économique. » (ADEME, 2017).

En parallèle, les mentalités évoluent avec la montée de ces modèles centrés services : les clients, professionnels ou particuliers, se concentrent moins sur la propriété des produits et privilégient leur usage. Bien que cette évolution varie selon les secteurs, la multiplication des offres de services indique une tendance en ce sens (CCI Paris Île-de-France, 2022).

Cet état des lieux nous amène à questionner la relation profonde entre numérique et modèles serviciels. Dans ce chapitre, nous tâchons de répondre à la question : en quoi les technologies numériques contribuent-elles au développement de l'économie de la fonctionnalité ? Pour adresser le sujet, nous commençons par approfondir la notion encore récente d'économie de la fonctionnalité. Nous explorons ensuite les principaux apports des technologies numériques pour la développer et la viabiliser. Enfin, nous observons les challenges et limites de cette intégration numérique-service.

1. De la servicisation à l'économie de la fonctionnalité

1.1 Servicisation de l'industrie

Les entreprises industrielles conçoivent, fabriquent et commercialisent la plupart des produits que nous utilisons au quotidien : vélos, ordinateurs, ou encore granulés de bois pour le chauffage... Elles produisent ainsi la majorité des objets physiques de notre vie quotidienne. Historiquement, puisque la vocation de ces entreprises est la fabrication, leur modèle économique reposait essentiellement sur la vente de produits. Chaque produit est vendu à un client pour un prix déterminé par le vendeur, en direct ou grâce à un distributeur, qui est un intermédiaire entre le fournisseur et son client final (supermarchés par exemple).

Pourtant, au cours du XXème siècle, les industriels ont commencé à offrir des services en complément de leurs produits. Certains services sont délivrés gratuitement : la réalisation d'une pré-étude ou la possibilité de payer en plusieurs fois sans frais (crédit) par exemple. D'autres font l'objet de contrat de vente de service, comme la vente d'une garantie additionnelle ou d'un contrat de maintenance pluriannuel. Ce phénomène, qui consiste à progressivement intégrer des services dans un modèle économique orienté produit s'appelle la « servicisation ». Malgré quelques mentions antérieures, c'est au début des années 2000 que la recherche s'empare de ce concept (Baines *et al.*, 2017), alors même que l'intérêt des industriels pour les offres de service grandit. Si cette évolution peut sembler anecdotique au premier abord, elle impacte en réalité massivement les entreprises et la société.

Le premier changement concerne le processus de création de valeur qui se transforme drastiquement. Dans un modèle industriel classique, un produit est d'abord fabriqué, puis vendu et enfin consommé. Ce processus peut facilement être illustré par un téléphone, fabriqué dans une usine, puis vendu dans un magasin, et enfin utilisé – donc consommé – par l'utilisateur. Au contraire, un service est tout d'abord vendu, puis il est ensuite produit et consommé au même moment (Moeller, 2010). Aller au cinéma consiste à acheter une place, puis à se rendre dans la salle et à visionner le film en même temps qu'il est projeté. Ce changement de processus a des impacts majeurs pour les entreprises. Premièrement, au contraire du produit, la valeur du service est co-produite avec le client, car celui-ci est nécessairement présent lors de la production du service. La relation avec le client devient ainsi un élément clé à prendre en considération. Deuxièmement, la chaîne logistique doit être transformée. Par exemple, l'achat d'un téléviseur ne nécessite pas de relation directe entre fabricant et client. En revanche, la vente d'une garantie implique la mise en place d'une chaîne logistique spécifique, soit directement par le fabricant, soit via des partenaires. Deuxième changement, les caractéristiques du cœur de la transaction commerciale sont très différentes. Nous l'avons vu, un produit est un bien physique que le client peut voir et toucher. Mais quelles sont les caractéristiques d'un service ? L'une des définitions de la notion de service les plus mobilisées est celle des « caractéristiques IHIP » : Intangibilité, Hétérogénéité, Inséparabilité et Périssabilité (table 1). Ces caractéristiques changent, là encore, considérablement la manière dont une entreprise pilote son modèle économique.

Caractéristiques	**Définition**
Intangibilité	Immatériel, non-palpable. Un bien est un objet physique, un service est une performance, un acte.
Hétérogénéité	Standardiser un service est difficile, voire impossible. Cela s'explique par 1) la variabilité du résultat attendu, 2) la performance de production, 3) la position dans le temps/dans l'espace 4) la participation du client.
Inséparabilité	La production et la consommation du service sont simultanées. Le fournisseur de service est le plus souvent présent (directement ou à travers des outils) lors de la consommation par le client.
Périssabilité	La performance du service ne peut pas se fixer sur un support utilisable ou commercialisable ultérieurement. Il n'est pas possible de stocker des services.

Tableau 1. Caractéristiques IHIP des services. Source : Adapté de Moeller (2010).

Il existe une grande variété de modèles de services différents. Cusumano *et al.* (2015) classent les services issus de la servicisation en trois grandes catégories (figure 1). *Smoothing* (faciliter) rassemble les services qui facilitent la vente ou l'usage d'un produit. Ces services sont les plus répandus et aussi les premiers à avoir été commercialisés par les industriels. Leur rôle est de capter une valeur complémentaire en proposant des services directement liés aux produits. *Adapting* (adapter) décrit les services qui transforment les produits pour les adapter aux besoins de l'utilisateur. Ces services permettent d'adresser des clients qui 1) ont des besoins spécifiques que les gammes standardisées ne peuvent satisfaire et 2) qui sont prêts à payer davantage pour que le produit soit adapté à leurs besoins. *Substituting* (substituer) rassemble les services qui deviennent le cœur de la transaction commerciale à la place du produit. Ce sont les modèles de servicisation les plus avancés car le produit ne devient qu'un élément secondaire de la proposition de valeur, un moyen pour délivrer un service. Dans la suite de ce chapitre, ce sont ces services en particulier qui vont nous intéresser, car ils ouvrent la porte vers de nouveaux modèles économiques rassemblés sous le nom « d'économie de la fonctionnalité ».

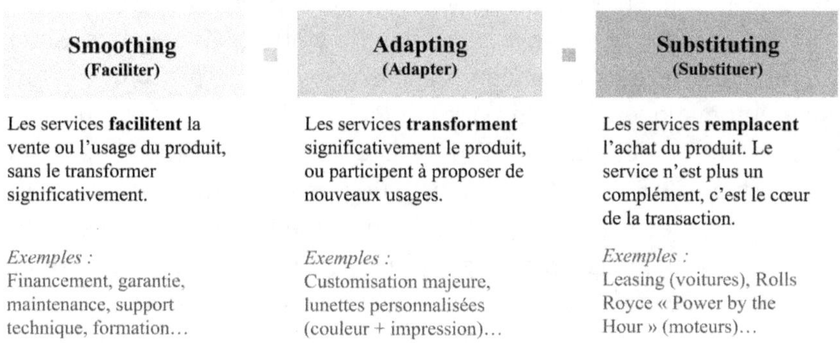

● Figure 1. Catégorisation des services issus de la servicisation. Adapté de Cusumano *et al.*, (2015).

1.2 Économie de la fonctionnalité

Pour comprendre l'économie de la fonctionnalité, il faut revenir sur les trois dimensions qui composent l'architecture de valeur du modèle économique d'une entreprise (Garcia Martin et al., 2019). La première est la création de valeur, soit l'offre proposée au client et les raisons qui le poussent à l'acheter ou non. La seconde est la délivrance de la valeur, qui regroupe toutes les activités et ressources nécessaires pour fournir cette valeur (R&D, production, logistique, etc.). La troisième est la capture de valeur. Elle désigne les mécanismes permettant de convertir la valeur ainsi créée en revenus. Ces trois dimensions sont interdépendantes et la moindre variation de l'une d'elles affecte les deux autres.

Focalisons-nous sur la capture de valeur car c'est le point de départ de l'économie de la fonctionnalité et qu'elle se trouve significativement transformée par la servicisation. Entre un modèle « centré produit » et un modèle « centré service », de nombreuses formes de capture de valeur sont imaginables : nous les résumons ici en quatre grands modèles (figure 2).

Le premier modèle, orienté produit, consiste à vendre principalement des biens auxquels sont ajoutés des services complémentaires qui viennent les compléter. La vente d'un ordinateur et d'une extension de garantie entrent dans cette catégorie. Le second modèle, orienté usage, consiste à commercialiser un droit d'utilisation pendant une période et pour un prix donné, comme la location de voiture par exemple. Cette période peut être déterminée préalablement ou elle peut être reconduite automatiquement. On parle de *Pay-to-Use* : payer pour utiliser. Le troisième modèle, orienté disponibilité, consiste à mettre un produit à disposition d'un client. Ce client peut utiliser le produit lorsqu'il le souhaite en contrepartie d'un paiement pour une unité d'usage déterminée préalablement. On parle de *Pay-per-Use* : paiement à l'utilisation. Les vélos électriques connectés disponibles dans les villes entrent dans cette catégorie : le vélo est toujours à disposition et le client ne paie que lorsqu'il l'utilise, en fonction du temps d'utilisation ou de la distance parcourue. Enfin, le quatrième modèle est orienté résultat. Il consiste pour l'industriel à promettre un résultat à son client et à s'engager sur sa capacité à atteindre ce résultat. Il est libre sur la manière de procéder, même si des contraintes spécifiques peuvent être fixées dans les contrats signés. S'il ne parvient pas à atteindre le résultat attendu, l'industriel se voit appliquer des malus. À titre d'exemple, avec son offre « Light-as-a-Service », Signify (essaimage de Philips) propose de prendre entièrement en charge l'éclairage d'un lieu, un aéroport par exemple, et s'engage sur la qualité de la lumière fournie ainsi que sur les gains d'énergie réalisés. La figure 2 révèle que, plus les modèles de capture de valeur tendent vers le service, plus le produit en lui-même devient secondaire. C'est l'usage du produit et sa finalité qui deviennent le cœur de la transaction financière. Ces modèles dits « serviciels » sont le fondement de l'économie de la fonctionnalité.

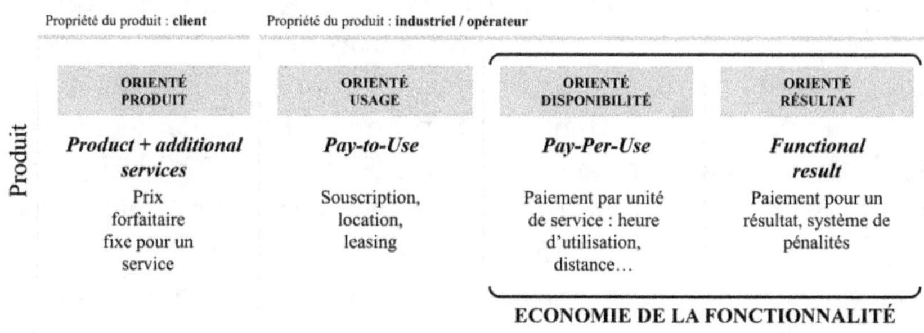

● Figure 2. Modèles de capture de valeur des offres servicisées. Adapté de Kohtamäki *et al.* (2019) et Tukker (2004).

Cette notion d'économie de la fonctionnalité n'est pas entièrement stabilisée. Tout d'abord, parce que de nombreux termes sont employés au niveau international. Suivant les approches disciplinaires et les écoles de pensée, on trouve des références aux notions d'*Advanced Services* (Baines *et al.*, 2017), de systèmes produit-service ou *product-service systems* - PSS (Tukker, 2004), de modèles *Pay-per-Use* (Gebauer et al., 2017) ou encore d'*outcome-based contracts* (Ng *et al.*, 2009). Chacune de ces terminologies aborde le phénomène avec de légères différences d'angle de vue et d'objet de recherche. Ensuite, parce que le périmètre de l'économie de la fonctionnalité n'est pas clairement défini. L'usage du terme « fonctionnalité » laisserait penser que tous les modèles qui commercialisent la fonctionnalité à la place du produit seraient concernés. Pourtant, le leasing n'entre pas dans l'économie de la fonctionnalité, principalement parce que malgré la vente d'un usage, ce modèle économique reste inscrit dans une logique volumique. La fonctionnalité n'est donc pas le seul déterminant du concept. Retenons ici que l'étude de ce phénomène reste émergente et que des progrès restent à réaliser pour mieux l'appréhender. Retenons également qu'à ce jour, en France, « économie de la fonctionnalité » est la terminologie la plus employée, et notamment par l'ADEME, l'agence française de la transition écologique.

De manière plus générale, notons que les modèles « as-a-service » se développent significativement ces dernières années. La CCI Paris Île-de-France (2022) recense des initiatives en ce sens dans de nombreux domaines : Equipement-as-a-Service, Food-as-a-Service, Fashion-as-a-Service, Mobility-as-a-Service, etc. La plupart des secteurs d'activité sont concernés par cette transformation, de sorte que l'on parle aujourd'hui « XaaS : Everything-as-a-Service ». Cette tendance semble également se confirmer dans les chiffres (Fontagné, 2021) : 25 % des entreprises manufacturières françaises ne vendent aujourd'hui que des services, 33 % vendent majoritairement des services et 80 % vendent aussi des services. Au global, la servicisation de l'économie se confirme donc, avec une orientation progressive vers les modèles « as-a-service », et donc vers l'économie de la fonctionnalité.

2. Potentiel environnemental des modèles serviciels

L'économie de la fonctionnalité est donc intimement liée à la logique de développement durable et de décarbonation : l'optimisation de l'usage des ressources naturelles et la recherche de circularité font partie intégrante de sa définition. À ce titre, elle est d'ailleurs considérée comme l'un des piliers de l'économie circulaire (OECD, 2020) car elle vise une optimisation de l'usage des ressources et une réduction des déchets. Les modèles serviciels qui en sont issus promettent ainsi un possible réalignement des enjeux économiques et environnementaux. Ils s'opposent en cela aux modèles classiques dits linéaires et volumiques.

Ces modèles traditionnels reposent sur la logique *take-make-waste* (prendre-fabriquer-jeter), ce qui signifie que les ressources naturelles sont extraites pour fabriquer des biens qui sont ensuite consommés puis jetés. Cette logique est considérée comme linéaire car le flux de matériaux va dans un sens unique, de l'extraction au déchet : elle ne prend pas en compte d'éventuelles stratégies de circularité : recyclage, réemploi etc. On dit aussi qu'elle est volumique : la réussite économique du modèle repose sur l'accroissement perpétuel du volume de vente. Résumons l'équation économique cette logique volumique. Chaque unité vendue a un coût (matières, main-d'œuvre, etc.) et génère un revenu. La différence entre le prix de vente et le coût, appelée marge, forme le profit. Pour maximiser sa rentabilité, l'industriel doit ainsi vendre le plus d'unités possible, car chaque unité supplémentaire augmente le profit total. Cela conduit à des usages de matières et donc à des déchets toujours plus importants. Cela induit aussi une certaine logique stratégique pour l'entreprise, qui a intérêt à inonder un nouveau marché le plus rapidement possible, puis, une fois ce marché arrivé à maturité, à innover sans cesse par des nouvelles fonctionnalités et technologies pour favoriser le renouvellement du parc via de nouvelles offres. C'est l'exemple du marché des téléphones portables, dont une nouvelle génération naît tous les ans ou tous les deux ans, toujours plus performante que la précédente. La majorité de l'effort de R&D de l'entreprise n'est donc pas consacrée à allonger le cycle de vie du produit, mais plutôt à accélérer son processus *take-make-waste* pour favoriser le remplacement par des nouveaux produits. Cette course au remplacement peut même conduire à certaines dérives dans lesquelles les entreprises industrielles organisent consciemment la réduction du cycle de vie d'un produit. C'est « l'obsolescence programmée », reconnue comme un délit par la loi française (article 99 de la loi n° 2015-992 du 17 août 2015 relative à la transition énergétique pour la croissance verte).

Par opposition, les modèles serviciels de l'économie de la fonctionnalité cherchent à favoriser l'augmentation de l'usage des produits tout au long de leur cycle de vie, plutôt que leur nombre. Prenons l'exemple de la société Michelin, fabricant de pneus. Dans son modèle classique, l'objectif de l'entreprise pour garantir sa profitabilité est de vendre le plus de pneus possibles. En parallèle, Michelin développe également une offre nommée Effitires, à destination des transporteurs, qui repose sur un modèle de *Pay-per-Use* : Michelin conserve la propriété des pneus et se charge de les acheminer, installer, vérifier etc. de sorte que le camion soit toujours prêt à rouler. Michelin facture ensuite un prix unitaire pour chaque kilomètre parcouru par le camion avec ses pneus. On parle de PPK, *Pay-per-Kilometer* : le kilomètre devient l'unité de service. Dans ce modèle, pour maximiser sa profitabilité, Michelin doit faire en sorte que les camions fassent un maximum de kilomètres en utilisant le moins de gomme possible. Dit autrement, les objectifs principaux de Michelin deviennent 1) de concentrer sa R&D à développer les pneus les plus durables possibles et 2) de prolonger au maximum le cycle de vie des pneus par la performance des opérations de service. Cela se traduit par exemple par un taux de rechapage et de recreusage des pneus très largement supérieur au marché.

Les modèles serviciels provoquent ainsi des situations dans lesquelles l'industriel a intérêt économique à maximiser la durée de vie de ses produits. C'est un changement fondamental dans la manière dont le modèle économique fonctionne et génère des profits. Sempels (2024) parle de transformation de la « dynamique de la performance du modèle économique » : pour être performantes, les entreprises qui mobilisent des modèles serviciels doivent absolument maximiser la durée de vie des produits qu'elles fabriquent et utilisent. D'ailleurs, dès le milieu des années 2000, Tukker (2004) avait identifié le potentiel de soutenabilité de ces modèles en présentant des résultats de recherche qui suggèrent une réduction de l'impact environnemental potentiel de l'économie de la fonctionnalité allant de 50 % à 90 % dans le cas de modèles orientés résultats.

3. Le numérique au service de l'économie de la fonctionnalité

Malgré son potentiel à réconcilier performance financière et environnementale, l'économie de la fonctionnalité ne s'est pas imposée historiquement. Cependant, elle connaît aujourd'hui un regain d'intérêt, de la part des entreprises, des pouvoirs publics et du monde de la recherche, qui peut s'expliquer par deux facteurs principaux. Premièrement, l'urgence climatique devient de plus en plus conscientisée dans la société et pousse ses différents acteurs à explorer des voies de transition. Deuxièmement, la numérisation massive de la société vient stimuler et faciliter la mise en œuvre des modèles serviciels. Dans la partie suivante, nous explorons les trois principaux apports des technologies numériques à l'économie de la fonctionnalité.

3.1 Faciliter et viabiliser les modèles « as-a-service »

Le premier impact des technologies numériques sur l'économie de la fonctionnalité est qu'elles en simplifient grandement la mise en œuvre. Lorsque nous avons introduit les modèles serviciels plus tôt dans ce chapitre, nous l'avons fait par le prisme de la « capture de valeur », car c'est effectivement cette transformation qui induit une évolution de la dynamique de la performance des modèles économiques. Nous avons également vu que les trois dimensions de l'architecture de valeur étaient interreliées et qu'une transformation même minime de l'une d'entre elles avait des répercussions sur les deux autres. Cela se vérifie tout autant dans le cas des modèles serviciels. Quelle que soit l'intention première de l'entreprise, sa première démarche est souvent marketing : comment construire une nouvelle offre qui repose sur les services pour capturer de la valeur ? Pourtant, il ne suffit pas de construire cette nouvelle offre pour être capable de la distribuer.

Puisqu'un modèle serviciel repose sur le nombre d'unité de services vendues ou sur l'atteinte du résultat contractualisé, sa réussite dépend de la capacité de l'entreprise à l'opérer, c'est-à-dire à mettre en œuvre toutes les activités nécessaires pour délivrer le service promis. Or c'est un véritable challenge, car la gestion des opérations se confronte aux caractéristiques IHIP des services (table 1). Comment gérer les nombreux facteurs d'hétérogénéité par exemple ? Reprenons le cas de l'offre Effitires de Michelin. La qualité du service repose sur la disponibilité des pneus et donc leur maintien en condition de rouler. Mais ce maintien dépend de nombreux facteurs qui ne sont pas nécessairement contrôlables par Michelin : la qualité de l'inspection et des interventions réalisées par le technicien (qui n'est pas toujours un interne Michelin), le comportement des conducteurs, le type de routes empruntées ainsi que leur état d'usure, les intempéries éventuelles etc. Les technologies numériques sont un levier pour réduire ces facteurs d'hétérogénéité, notamment par la surveillance et le contrôle à distance de certains éléments. Par exemple, pour faciliter ses opérations, Michelin a développé la technologie QuickScan : un « ralentisseur » connecté, placé à l'entrée des parkings des flottes des transporteurs, qui enregistre automatiquement la pression des pneus des camions qui entrent sur le parking. Cette technologie permet 1) de s'affranchir d'un facteur d'hétérogénéité en limitant le potentiel d'erreur humaine lors de l'inspection par un technicien et 2) de systématiser le contrôle des véhicules lors de leur entrée sur site. Ces deux leviers participent conjointement à l'optimisation des opérations, et donc à faciliter et viabiliser le modèle. Au-delà de cet exemple, les technologies numériques ont un impact potentiel sur chacune des caractéristiques des services (Table 2).

Caractéristiques IHIP	**Levier d'optimisation potentielle du numérique**
Intangibilité	• Matérialisation du service et de ses résultats par le biais de tableaux de bords visuels, indicateurs... • Matérialisation des flux grâce aux systèmes cyber-physiques/jumeaux numériques
Hétérogénéité	• Technologies de surveillance pour s'assurer de la performance du service • Technologies de contrôle à distance, d'optimisation et d'autonomie pour systématiser le service.
Inséparabilité	• Affranchissement d'une partie de la présence terrain grâce aux produits connectés (IoT) : concentration sur les interventions à forte valeur ajoutée. • Possibilité d'aide à distance grâce aux technologies de visualisation/visioconférence • Automatisation (complète/partielle) de la prise de décision.
Périssabilité	• Algorithmie pour cadencer les opérations et ainsi limiter les pertes de temps, délivrer le service au bon moment.

Tableau 2. Leviers d'impacts des technologies numériques sur les caractéristiques IHIP.

En plus de cela, les technologies numériques présentent également des opportunités d'optimisation du cycle de vie des produits, l'une des clés de la rentabilité des modèles serviciels. Le recueil de données d'usage des produits est un moyen de modéliser le processus d'utilisation et d'alimenter les phases de conception pour arbitrer des choix propices à l'augmentation de ce cycle de vie. Par exemple, ces données peuvent permettre d'identifier les pièces qui ont tendance à céder en premier lors de l'usage du produit, et donc de permettre aux concepteurs de prévoir une stratégie de réparation qui évite sa mise au rebut anticipé. Mais cet apport ne se limite pas à la conception. Lors de l'utilisation, les capacités connectées des produits permettent une surveillance constante de leurs caractéristiques physiques et de leurs conditions d'utilisation. Au moyen d'indicateurs dédiés, il est ainsi possible de vérifier en temps réel le bon fonctionnement de ces produits et même d'anticiper leurs défaillances grâce à l'analyse prédictive. Dans les aciéries, par exemple, cette approche peut prolonger le cycle de vie des machines d'environ 60 % (Bousdekis *et al.*, 2020) tout en réduisant les temps d'arrêt. En commercialisant ces machines sous un modèle serviciel facturé à l'heure d'utilisation, les industriels peuvent réaliser des gains significatifs, rendant ainsi la numérisation économiquement viable.

3.2 Augmenter l'efficience des collaborations inter-entreprises

La mise en œuvre des modèles serviciels est rarement réalisée par une entreprise unique. Premièrement, il est difficile pour une entreprise industrielle de maîtriser parfaitement la fabrication/vente de produits et la commercialisation/distribution de services en même temps. Cela représente des cultures d'entreprise et des compétences différentes qui rendent difficile l'expertise des deux domaines. Deuxièmement, la production des services requiert dans la plupart des cas du personnel dédié qui intervient sur le terrain auprès des clients (techniciens de maintenance…). Il est difficile pour une entreprise qui souhaite nationaliser ou internationaliser son marché de maintenir des équipes de personnel dédiés au service sur tous les territoires adressés. Troisièmement, le développement et la prestation de services dans des modèles avancés tels que ceux orientés résultats ou disponibilité requiert un nombre important de compétences différentes. Dès lors, la plupart des industriels qui s'engagent dans une logique d'économie de la fonctionnalité le fait en s'appuyant sur des partenaires qui participent à la réussite de ce service. Par exemple, pour délivrer son service Effitires, Michelin s'appuie majoritairement sur son réseau de distribution Euromaster.

Toutefois, même lorsque les partenaires sont de bonne foi ou s'organisent via des accords de partenariats, optimiser la collaboration entre ces entreprises reste un challenge : les objectifs institutionnels ne sont pas les mêmes, les processus ne sont pas les mêmes, la façon de traiter les demandes clients n'est pas la même etc. Dans ce contexte, les technologies numériques apportent une aide significative. Elles permettent de fluidifier le transfert d'information des partenaires entre eux et avec le client (Dalenogare *et al.*, 2022). Prenons l'exemple d'un fabricant de matériel électrique qui propose une offre de disponibilité électrique à destination des propriétaires de bâtiments tels que les lycées, les administrations etc. Le fabricant de matériel contractualise l'offre et fabrique le matériel nécessaire. Ce matériel est acheminé par un distributeur auprès d'un installateur (électricien) dont le métier est de réaliser l'installation électrique. Le réseau est ensuite utilisé et supervisé par un *facility manager* qui intervient pour le compte du client final. La maintenance régulière est réalisée par un technicien spécialisé, qui peut être l'installateur ou une tierce personne. Enfin, si l'installation doit être renouvelée, par exemple avec de nouveaux matériels, c'est éventuellement encore un autre acteur qui intervient. La coordination de l'ensemble de ces partenaires est un véritable défi dont la charge revient au fabricant, puisque c'est lui qui contractualise le service. En outre, tous les partenaires sont intéressés à la réussite du processus, car le modèle les engage. Le fabricant a donc tout intérêt à se doter d'outils qui permettent d'identifier les produits facilement (ex : RFID…), de surveiller la santé de l'installation (ex : *remote monitoring*…), de s'assurer que l'intervention des intervenants est bien réalisée et à quel moment (ex : *dashboard* de suivi…) et que les interventions sont correctement réalisées (ex : *remote control center* + lunettes connectées). Le fabricant a aussi tout intérêt à transmettre de la manière la plus fluide possible les informations nécessaires à chaque partenaire pour qu'il réalise son intervention dans les meilleures conditions. Là encore, un système d'information adapté qui facilite ou automatise ce transfert d'information est un facteur de réussite du projet. À noter, ces préoccupations n'auraient pas forcément eu lieu dans un modèle linéaire et volumique classique, dans lequel chaque intervenant aurait été responsable uniquement de sa propre intervention dans la chaîne de la valeur, sans avoir d'intérêt à se soucier de celles des autres. Les technologies numériques sont donc un levier majeur pour faciliter ces relations inter-entreprises indispensables à la mise en œuvre de l'économie de la fonctionnalité.

3.3 Favoriser le développement de nouvelles offres servicielles

Outre les leviers déjà évoqués, les technologies numériques représentent une opportunité clé pour développer des services auparavant inimaginables. De nombreuses technologies numériques sont aujourd'hui mobilisées par les industriels : l'internet des objets (IoT), l'algorithmie, le *cloud*, l'intelligence artificielle, la visualisation (réalité augmentée et virtuelle) etc. (voir Zheng *et al.*, 2021). Chacune de ces technologies peut potentiellement améliorer la performance de l'entreprise : soit en transformant ses processus internes, soit en transformant significativement sa proposition de valeur et donc son modèle économique (Wessel *et al.*, 2021). Ce renouvellement de la proposition de valeur repose notamment sur l'usage du numérique pour développer des services innovants (Barrett *et al.*, 2015) selon deux logiques.

D'une part, les technologies numériques peuvent être mobilisées pour augmenter des services déjà existants. Cette augmentation peut se traduire par une amélioration de l'efficience du service, un accroissement de sa valeur, ou les deux en même temps. Par exemple, un fabricant international d'ascenseurs dote ses techniciens de lunettes connectées. Ces lunettes sont utilisées lors des interventions pour permettre aux techniciens de bénéficier du support d'un centre de contrôle à distance qui facilite leurs interventions et en vérifie la bonne réalisation. L'objectif est d'optimiser les opérations de maintenance pour limiter les défaillances et augmenter la satisfaction client. Les études réalisées sur cette augmentation de service démontrent un accroissement significatif de l'efficience des techniciens grâce aux lunettes connectées (Dalenogare *et al.*, 2019). Ce type d'augmentation permet, entre autre, un prolongement du cycle de vie des produits et donc la possibilité de développer des modèles économiques orientés fonctionnalité.

D'autre part, des services numériques complètement nouveaux et dépendants du numérique peuvent être développés. BASF, entreprise leader dans le secteur de la chimie, fabrique des fongicides dédiés à l'agriculture qui sont commercialisés dans une logique volumique. En 2019, la filiale Xarvio de BASF a lancé une offre nommée Healthy Field : au lieu de vendre des fongicides au litre, cette offre commercialise des « hectares de cultures saines ». Dit autrement, Xarvio s'engage sur un résultat : la bonne santé fongique des champs de ses clients agriculteurs. L'offre Healthy Fields entre pleinement dans une logique d'économie de la fonctionnalité, puisque Xarvio commercialise le résultat et non le produit en lui-même. Cette approche permet, pour des résultats supérieurs, de consommer entre 20 % et 70 % de fongicide en moins selon les parcelles. Pour être opérée et être sûr d'atteindre le résultat promis, cette offre Healthy Field repose massivement sur les technologies numériques et ne pourrait pas exister sans elles. Premièrement, le cœur de l'offre repose sur l'algorithmie pour prévoir les besoins en fongicide de chaque parcelle grâce à l'acquisition et l'agrégation de données géographiques, météo, agricoles (types de cultures) etc. Deuxièmement, la plateforme technologique derrière le service bénéficie d'une logique d'apprentissage qui permet au moteur de progresser et d'améliorer ses performances progressivement. Troisièmement, la plateforme génère automatiquement les recommandations nécessaires sur l'usage des fongicides ainsi que des rapports liés. Cela permet au service de n'être opéré, d'un point de vue décisionnel – combien de litres de fongicides, à quel endroit et quand ? – que par une poignée de personne. Ce service, pleinement ancré dans l'économie de la fonctionnalité, ne pourrait pas exister sans le numérique.

De manière plus générale, plus que les technologies en tant que telles, ce sont les capacités offertes par ces technologies qui, une fois combinées entre elles, permettent le développement de nouvelles offres servicielles. Dans une étude dédiée à l'internet des objets, au *cloud* et aux analyses prédictives, Ardolino *et al.* (2018) montrent que ces trois technologies génèrent de nombreuses capacités, décrites en figure 3. Tous les cas d'usage présentés dans ce chapitre reposent sur l'intégration d'une partie de ces capacités numériques.

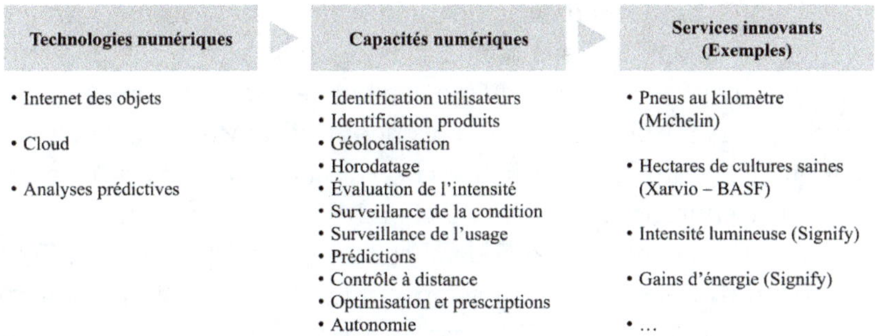

Figure 3. Technologies et technologies numériques favorisant l'innovation de service. Adapté de Ardolino *et al.*, (2018).

4. Enjeux et limites de la numérisation des modèles serviciels

Malgré l'intérêt des modèles orientés usage et l'apport du numérique pour les développer et les viabiliser, la transition vers ces modèles et la maximisation conjointe de leur soutenabilité et de leur réussite économique n'est pas toujours aisée.

4.1 Le double paradoxe de la servicisation numérique

La transition d'une entreprise manufacturière vers un modèle économique centré sur la vente de services numériques s'appelle la servicisation numérique (Coreynen *et al.*, 2017), qui est une contraction des processus de servicisation et de numérisation. La servicisation numérique est un processus de transition qui conduit l'entreprise à se confronter à des challenges majeurs dans sa mise en œuvre. Parmi ces challenges, deux sont particulièrement reconnus et se présentent sous la forme de paradoxes : le paradoxe de servicisation et celui de la numérisation.

Le paradoxe de la servicisation a été mis en évidence par Gebauer *et al.* (2005). En analysant les trajectoires de nombreuses entreprises industrielles qui se sont engagées dans une stratégie de servicisation, ces auteurs se sont aperçus que nombre d'entre elles ne parviennent pas à réellement devenir des fournisseurs de services à part entière. Elles restent plutôt bloquées dans un paradoxe de la servicisation : malgré des investissements massifs dans l'activité de service, seule une part minime du chiffre d'affaires est finalement réalisée avec la vente de services. De nombreux facteurs expliquent l'existence de ce paradoxe, notamment liés aux transformations organisationnelles fortes à mener, nous y reviendrons. Toutefois, les chercheurs retiennent trois effets secondaires majeurs qui expliquent cette situation paradoxale. Tout d'abord, un *gap* de crédibilité, qui apparait lorsque l'enthousiasme temporaire face au challenge de la transition servicielle s'estompe et que les équipes s'aperçoivent que les objectifs posés par le management sont irréalisables, démontrant leur méconnaissance des modèles orientés services. Ensuite, une érosion progressive de la qualité de service, qui s'explique par le goulot d'étranglement créé par ces activités. Celles-ci nécessitent des opérateurs pour délivrer le service, au contraire des activités produit. Or, si l'intensification du volume de services n'est pas anticipée, les opérateurs se retrouvent contraints à passer moins de temps sur chacun des services rendus, baissant par répercussion la qualité du service et donc la satisfaction client. Cette érosion de la qualité de service peut même avoir des effets pervers en donnant des arguments aux détracteurs du modèle de service qui pensent confirmer ainsi le faible potentiel économique et les risques des activités servicielles. Pourtant, l'origine du problème est bien la non-anticipation du besoin en ressources. Enfin, l'activité de service fait régulièrement face à une mauvaise gestion de l'amélioration des procédés. En effet, l'observation montre que plutôt que de se focaliser sur les causes des problèmes, les entreprises non-habituées aux modèles serviciels ont tendance à se focaliser sur leurs symptômes. Par exemple, si un client n'est pas satisfait, les actions menées vont avoir tendance à se focaliser sur la prise de contact avec le client et la résolution de son problème individuel. Or, des changements structurels plus profonds sont potentiellement nécessaires pour éviter l'apparition de nouvelles insatisfactions du même type. Cette priorisation s'explique par le caractère plus tangible et immédiat du traitement des symptômes, mais conduit in fine à une dégradation de l'activité de services. Ces trois effets favorisent fortement l'apparition du paradoxe de la servicisation.

De son côté, le paradoxe de la numérisation révèle la difficulté des entreprises à rendre la numérisation profitable (Gebauer *et al.*, 2020). Là encore, trois raisons principales expliquent ce phénomène. Premièrement, plus une entreprise investit dans la numérisation, plus elle doit générer de la valeur pour compenser ces investissements. Cela s'explique notamment par le coût des investissements : si l'achat d'un logiciel standard reste peu coûteux, dès lors que des développements sur-mesure doivent être réalisés, les investissements nécessaires augmentent de manière exponentielle. Ainsi, il devient plus difficile de rendre profitable ces investissements. Deuxièmement, l'investissement numérique peut rarement être ciblé sur une seule fonction de l'entreprise. Il nécessite la plupart du temps des investissements complémentaires dans des fonctions connexes et/ou transverses. Par exemple, l'investissement dans un CRM (*Customer Relationship Management*), pour être efficace, nécessite aussi que la chaîne logistique soit en partie numérisée, de même que la gestion financière de l'entreprise et la gestion de production. Enfin, la numérisation des outils et processus de l'entreprise nécessite des efforts de formation significatifs auprès des collaborateurs. Déjà parce que tous les collaborateurs ne sont pas forcément à l'aise avec les technologies numériques et ensuite car les nouveaux outils peuvent présenter une certaine complexité qu'il est nécessaire d'appréhender pour favoriser leur efficience. L'ensemble de ces trois challenges rend la numérisation difficile à rentabiliser, ce qui explique que de nombreuses entreprises (Gebauer *et al.*, 2020) n'ont pas de retours sur investissement à la hauteur de leurs attentes et donc tombent dans le paradoxe de la numérisation.

Dès lors, est-il vraiment raisonnable de s'engager dans une stratégie de servicisation numérique, au risque de tomber dans le paradoxe de la servicisation, dans celui de la numérisation, ou pire, dans les deux à la fois ? Si ce risque est parfaitement avéré, conduire les deux processus en parallèle peut s'avérer être un levier potentiel pour éviter ces écueils. En mobilisant les investissements numériques pour développer des services innovants, il est possible de stimuler l'innovation de service et de maximiser leur efficience, limitant donc les effets du paradoxe de la servicisation. Réciproquement, la servicisation est un moyen de créer, délivrer et capturer plus de valeur, et donc rendre profitable la numérisation. Attention toutefois, si la servicisation numérique présente ainsi une véritable opportunité, sa réussite n'est pas garantie.

4.2 Des enjeux de transformation des entreprises

Au-delà du risque de se retrouver confronté aux deux paradoxes commentés préalablement, le développement de services numériques au sein d'entreprises industrielles représente une transformation majeure de paradigme pour l'organisation. Les travaux de Tronvoll *et al.*, (2020) s'intéressent spécifiquement à ces changements organisationnels vécus par l'entreprise. Ils révèlent trois changements majeurs : l'identité, la dématérialisation et la collaboration.

La transformation d'identité amène l'entreprise à se poser la question « qui sommes-nous ? » Schneider Electric, fabricant historique de matériel électrique, réalise aujourd'hui 44 % de son chiffre d'affaires grâce aux systèmes, logiciels et services (« BFM Business », 2023). Cette transformation significative appelle à repenser entièrement l'identité de l'entreprise, qui doit légitimer cette évolution auprès des parties prenantes internes et externes. Par ailleurs, l'engagement dans une stratégie de servicisation numérique amène l'entreprise à passer d'une logique de planification industrielle à une logique de découverte et d'innovation et donc à questionner son ambidextrie exploitation/exploration.

La question de la dématérialisation est plus évidente. L'entreprise transite d'une gestion traditionnelle, majoritairement analogique, dans laquelle les données sont rares et peu exploitées, à une situation dans laquelle les données sont abondantes et porteuses de valeur. Cette transition a des impacts concrets : la cybersécurité devient un impératif, la course aux avantages concurrentiels se joue sur la base des capacités numériques et les décisions marketing de l'entreprise s'appuient de plus en plus sur son positionnement technologique. Par ailleurs, la réussite future de l'entreprise dépend moins de sa capacité à optimiser son processus industriel et davantage de sa capacité à identifier et saisir des opportunités liées à l'usage des données.

En ce qui concerne la collaboration, nous l'avons vu précédemment : elle est indispensable à la réussite des modèles de l'économie de la fonctionnalité. Les grands industriels transitent donc d'une logique hiérarchique, de donneur d'ordre, à une logique de partenariats durables et réciproquement profitables. Dès lors, le couplage multi-acteur devient clé, autant dans les activités conjointes nécessaires à la création de valeur que dans la dépendance mutuelle pour capturer de la valeur (Dalenogare *et al.*, 2023). La collaboration avec le client est également un point clé car la valeur est co-créée avec lui. Il devient ainsi nécessaire de développer une proposition de valeur réciproquement intéressante, focalisée sur une compréhension profonde des besoins du client.

4.3 Une soutenabilité potentielle mais précaire

Malgré le potentiel environnemental des modèles serviciels et l'apport du numérique pour les créer et les viabiliser, la soutenabilité de ces modèles n'est pas garantie de fait et dépend de nombreux facteurs : nous en retiendrons deux ici.

De par le fonctionnement de notre économie moderne, c'est en général plutôt le potentiel économique des modèles serviciels qui attire les entreprises industrielles dans un premier temps. Que ce soit pour rendre possible le modèle, pour en augmenter l'efficience ou pour gagner des avantages concurrentiels, elles comprennent rapidement l'intérêt d'une démarche de numérisation et la mettent en œuvre. Malheureusement, cela peut se traduire dans certains cas par une numérisation systématique des produits fabriqués : intégration de capteurs, capacités de communication et logiciels embarqués. Cette sur-connectivité a des effets délétères sur l'environnement, puisqu'elle conduit à l'utilisation importante de ressources comme des métaux et terres rares. De plus, elle conduit à une génération et un stockage massif de données qui ne seront pour certaines jamais mobilisées. Plus étonnant encore, il s'avère que certaines gammes de produits sont entièrement connectables… mais qu'elles ne sont dans la réalité presque jamais connectées, ou avec plusieurs années de retard. Dans ces cas, la numérisation des produits est non seulement délétère mais aussi parfaitement inutile. Pour garantir un impact environnemental le plus favorable possible, il est critique

que l'entreprise questionne de manière approfondie les usages de ses clients, leurs besoins et la manière la plus efficace, numérique ou non, pour y répondre. Cela présuppose de placer les enjeux environnementaux avant les objectifs économiques.

Au-delà de l'impact de la connectivité et du numérique, la soutenabilité des modèles serviciels eux-mêmes peut être challengée. Nous l'avons présenté préalablement, le potentiel environnemental de l'économie de la fonctionnalité est incitant et prometteur. Il est aussi théorique. Il nécessite en effet la prise en compte d'un certain nombre de facteurs pour être atteint. Tukker (2004) précise par exemple pourquoi le potentiel environnemental du leasing est limité. Certes, le transfert de propriété vers le fournisseur de service devrait conduire à une prolongation du cycle de vie. Toutefois, le produit est rarement conçu dans une finalité servicielle, ce qui peut limiter sa circularité *by design*. Par ailleurs, les consommations d'usage ne sont pas comprises dans le leasing (carburant par exemple, pour les voitures) et donc limitent l'intérêt du fabriquant à les optimiser. La non-propriété du produit par le client peut également conduire à une forme de déresponsabilisation et donc à des comportements qui pourraient réduire la durée de vie des produits. Bien entendu, plus le modèle s'ancre dans une logique fonctionnelle, plus l'impact de ces facteurs se trouve limité. Ils ne disparaissent pas pour autant et sont autant de points d'attention à prendre en compte pour maximiser la soutenabilité de ces modèles. Dans ce contexte toutefois, le numérique devient un atout. Par exemple, les données d'usage permettent d'optimiser la conception et les outils de surveillance à distance permettent de vérifier le bon usage des produits. Ces compensations sont-elles suffisantes pour garantir le potentiel environnemental de l'économie de la fonctionnalité ? Nous ne disposons pas à ce jour des connaissances suffisantes pour répondre à cette question. D'autant plus que ces modèles serviciels peuvent également entrainer d'éventuels des effets rebonds, tels qu'une augmentation de la consommation, qui peuvent compenser négativement les gains de soutenabilité réalisés.

5. Conclusion

Que ce soit par conviction, sous l'effet de la réglementation, ou de l'évolution des modes de consommation, l'urgence environnementale pousse les entreprises industrielles à limiter leur impact sur l'environnement. En parallèle, elles restent confrontées à une compétition toujours plus agressive et à une numérisation massive, souhaitée ou subie, de leurs marchés et de leurs processus.

Dans ce chapitre, nous avons montré que la transition numérique, malgré une possible augmentation de l'empreinte carbone des entreprises, était aussi un levier pour stimuler et viabiliser de nouveaux modèles économiques serviciels qui tendent vers l'économie de la fonctionnalité. En commercialisant l'usage à la place des produits eux-mêmes, on observe un réalignement des contraintes environnementales et des objectifs économiques. L'entreprise devient dès lors intéressée à l'optimisation de l'usage et à la prolongation maximum du cycle de vie de ses produits.

Les technologies numériques sont un véritable levier pour favoriser le développement de ces modèles. Elles aident à viabiliser les offres en optimisant leur efficience et leur performance. Elles facilitent la collaboration multi-acteurs, indispensable dans la mise en œuvre de ces modèles complexes. Elles permettent de développer des services innovants qui ne seraient pas imaginables sans l'apport de capacités et technologies spécifiques. Le numérique est donc bien un catalyseur de l'économie de la fonctionnalité.

Pourtant, la transition vers des modèles serviciels présente de véritables challenges que les industriels devront relever s'ils veulent s'inscrire dans cette démarche. Et même s'ils parviennent à relever le défi, une attention constante est nécessaire pour garantir les gains de soutenabilité des modèles serviciels par rapport aux modèles traditionnels. C'est tout l'enjeu de la transition vers les modèles économiques numériques des entreprises de demain.

6. Références

• ADEME. (2017). L'économie de la fonctionnalité : De quoi parle-t-on ?

• Ardolino, M., Rapaccini, M., Saccani, N., Gaiardelli, P., Crespi, G., & Ruggeri, C. (2018). The role of digital technologies for the service transformation of industrial companies. *International Journal of Production Research, 56*(6), 2116-2132.

• Baines, T., Ziaee Bigdeli, A., Bustinza, O. F., Shi, V. G., Baldwin, J., & Ridgway, K. (2017). Servitization: Revisiting the state-of-the-art and research priorities. *International Journal of Operations & Production Management, 37*(2), 256-278.

• Barrett, M., Davidson, E., Prabhu, J., & Vargo, S. L. (2015). Service Innovation in the Digital Age: Key Contributions and Future Directions. *MIS Quarterly, 39*(1), 135-154.

• BFM Business. (2023). [Émission]. *Tech and Co.* https://www.bfmtv.com/economie/replay-emissions/tech-and-co/les-systemes-logiciels-et-services-representent-44-du-chiffre-d-affaires-de-schneider-electric-09-05_VN-202305090981.html.

• Bousdekis, A., Apostolou, D., & Mentzas, G. (2020). Predictive Maintenance in the 4th Industrial Revolution: Benefits, Business Opportunities, and Managerial Implications. *IEEE Engineering Management Review, 48*(1), 57-62.

• CCI Paris Ile-De-France (Éd.). (2022). *Quand les produits se transforment en services. La révolution silencieuse des modèles serviciels.*

• CIGREF. (2017). *Du green IT au Green by IT. Exemples d'application dans les Grandes Entreprises.*

• Coreynen, W., Matthyssens, P., & Van Bockhaven, W. (2017). Boosting servitization through digitization: Pathways and dynamic resource configurations for manufacturers. *Industrial Marketing Management, 60*, 42-53.

• Cusumano, M. A., Kahl, S. J., & Suarez, F. F. (2015). Services, industry evolution, and the competitive strategies of product firms. *Strategic Management Journal, 36*(4), 559-575.

• Dalenogare, L. S., Baseggio, M. M., Ayala, N. F., Dain, M.-A. L., & Frank, A. G. (2019). The contribution of Smart Glasses for PSS. *Procedia CIRP, 83*(4), 318-323.

• Dalenogare, L. S., Le Dain, M.-A., Ayala, N. F., Pezzotta, G., & Frank, A. G. (2023). Building digital servitization ecosystems: An analysis of inter-firm collaboration types and social exchange mechanisms among actors. *Technovation, 124*, 102756.

• Dalenogare, L. S., Le Dain, M.-A., Benitez, G. B., Ayala, N. F., & Frank, A. G. (2022). Multichannel digital service delivery and service ecosystems: The role of data integration within Smart Product-Service Systems. *Technological Forecasting and Social Change, 183*, 121894.

• Fontagné, L. (2021). La France est-elle toujours dans la course technologique ? Comment réindustrialiser la France ? *Les cahiers du Cercle des économistes* (p. 126-131).

• Gebauer, H., Fleisch, E., & Friedli, T. (2005). Overcoming the Service Paradox in Manufacturing Companies. *European Management Journal, 23*(1), 14-26.

• Gebauer, H., Fleisch, E., Lamprecht, C., & Wortmann, F. (2020). Growth paths for overcoming the digitalization paradox. *Business Horizons, 63*(3), 313-323.

• Gebauer, H., Saul, C. J., Haldimann, M., & Gustafsson, A. (2017). Organizational capabilities for pay-per-use services in product-oriented companies. *International Journal of Production Economics, 192*, 157-168.

• Kohtamäki, M., Parida, V., Oghazi, P., Gebauer, H., & Baines, T. (2019). Digital servitization business models in ecosystems: A theory of the firm. *Journal of Business Research, 104*, 380-392.

• Moeller, S. (2010). Characteristics of services – a new approach uncovers their value. *Journal of Services Marketing, 24*(5), 359-368.

• Ng, I. C. L., Maull, R., & Yip, N. (2009). Outcome-based contracts as a driver for systems thinking and service-dominant logic in service science: Evidence from the defence industry. *European Management Journal, 27*(6), 377-387.

• OECD. (2020). Managing Environmental and Energy Transitions for Regions and Cities.

• Sempels, C. (2024). L'entreprise à visée régénérative : Fondamentaux et exemples de pionniers. *Lumiå.*

- Tronvoll, B., Sklyar, A., Sörhammar, D., & Kowalkowski, C. (2020). Transformational shifts through digital servitization. *Industrial Marketing Management, 89*, 293-305.

- Tukker, A. (2004). Eight types of product–service system: Eight ways to sustainability? Experiences from SusProNet. *Business Strategy and the Environment, 13*(4), 246-260.

- Wessel, L., Baiyere, A., Cha, J., Blegind Jensen, T., & Ologeanu-Taddei, R. (2021). Unpacking the Difference Between Digital Transformation and IT-Enabled Organizational Transformation. *Journal of the Association for Information Systems, 22*(1), 102-129.

- Zheng, T., Ardolino, M., Bacchetti, A., & Perona, M. (2021). The applications of Industry 4.0 technologies in manufacturing context: A systematic literature review. *International Journal of Production Research, 59*(6), 1922-1954.

Quel(s) rôle(s) des technologies émergentes dans les transformations pro-environnementales des comportements ? Nouveaux enjeux associés à la *blockchain* et à la réalité augmentée

Lise ARENA - Université Côte d'Azur, CNRS, GREDEG
Marta BALLATORE - PSB Paris
Barbara BULJAT RAYMOND - Université Côte d'Azur
Agnès FESTRÉ - Université Côte d'Azur, CNRS, GREDEG

Selon le dernier rapport d'évaluation du Groupe intergouvernemental d'experts sur l'évolution du climat, la crise environnementale que nous traversons se caractérise par la multiplication d'événements extrêmes de plus en plus fréquents tels que l'accentuation de la hausse de la température globale, la vulnérabilité croissante des écosystèmes et des populations et l'augmentation des gaz à effet de serre (GIEC, 2023). La transformation des comportements environnementaux apparaît comme l'une des principales solutions efficaces pour réduire la perte de biodiversité, minimiser la pollution et prévenir les effets destructeurs du changement climatique. Dans ce contexte urgent de changement, le pouvoir de transformation des systèmes d'information (SI) en tant qu'instrument clé de la création d'une société plus durable sur le plan environnemental a été identifié par la communauté en management des systèmes d'information depuis plus d'une décennie (Watson *et al.* 2010). Pourtant, la conception de systèmes d'information susceptibles de favoriser la participation et le conditionnement des comportements dans le cadre d'un objectif de durabilité environnementale pose encore de grands défis (« grand challenges ») et questionnent à la fois les praticiens et la communauté académique. Ce chapitre participe donc à mieux maîtriser ces nouveaux défis environnementaux, grâce au recours aux technologies numériques émergentes, tout en offrant de nouvelles perspectives pour résoudre des problématiques d'inertie des comportements pro-environnementaux. En particulier, nous proposons ici d'apporter des éléments de réponse à la problématique suivante : Quel(s) rôle(s) des technologies émergentes dans les transformations pro-environnementales des comportements ?

1. Des systèmes d'information aux technologies émergentes pour répondre aux défis environnementaux

Le lien entre conscience environnementale et technologie est relativement ancien. Il peut se comprendre à travers le caractère soutenable des SI (Hovorka et Corbett, 2012), mais aussi sur la base de la capacité d'un SI à mettre en place des processus (de production, par exemple) plus responsables. De manière générale, la technologie est supposée jouer un rôle crucial dans l'amélioration des performances écologiques (Melville, 2010).

1.1 Les systèmes d'information traditionnels face aux défis environnementaux

Au niveau organisationnel, les SI « verts » (« *green IS* ») impliquent la conception et la mise en œuvre de SI qui soutiennent les organisations dans leurs processus durables sur le plan environnemental.

Une première distinction s'opère ici entre deux perspectives qualifiées de « *Green IT* » (SI « verts ») et de « *IT for green* » (SI au service de l'environnement) (Faucheux *et al.*, 2011). L'encadré qui suit définit et compare les deux perspectives.

Deux approches des SI pour soutenir l'environnement peuvent se distinguer en fonction de leur portée (cf. tableau ci-dessous). D'une part, les SI « verts » (« Green IT *») caractérisent l'activité propre du secteur des technologies de l'information et de son impact sur l'efficacité environnementale. Ces dispositifs numériques font référence à des technologies à faible impact environnemental. Les SI au service de l'environnement («* IT for green *») sont caractérisés par la manière dont les SI participent à la soutenabilité environnementale dans d'autres secteurs que l'industrie informatique, en particulier en termes d'efficacité énergétique et d'empreinte carbone. Dans cette deuxième catégorie, il s'agit davantage de s'intéresser aux effets que l'usage des SI peut avoir sur des choix environnementaux.*

Perspective	Champs d'action	Objectif
Green IT	Secteur des technologies de l'information	L'efficacité environnementale comme levier pour la conception de technologies à faible impact
IT for Green	Tout secteur	La technologie comme levier des choix environnementaux

Encadré n° 1. Distinction entre les notions de « green IT » et de « IT for green ».

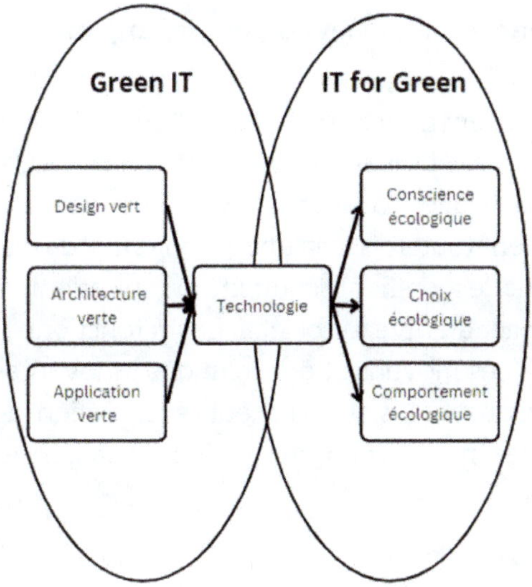

Les approches orientées autour du *Green IT* se situent principalement aux niveaux du développement, de l'implémentation et de l'usage des technologies dans une démarche d'amélioration de son efficacité environnementale via un meilleur design et/ou application. Les perspectives autour de l'*IT for green* font, quant à elles, référence à la manière dont des dispositifs numériques peuvent motiver un changement en termes de comportement. La figure ci-dessus montre cette distinction terminologique.

Ce chapitre s'inscrit dans la deuxième perspective puisque l'efficacité énergétique, la construction soutenable, les énergies renouvelables, ou les transports non polluants sont autant de processus augmentés aujourd'hui par des technologies numériques au service de l'environnement. Si l'adoption de ces technologies dans des perspectives de soutenabilité environnementale a suscité l'intérêt de toute une série de chercheurs depuis les années 2000, encore peu d'études inscrites dans le champ du MSI proposent une analyse systématique de la manière dont ces technologies sont susceptibles de faire évoluer les comportements pro-environnementaux. Le rôle des SI dans la transformation des comportements pro-environnementaux s'est particulièrement prononcé depuis la diffusion de technologies qualifiées « d'émergentes ». Ces technologies sont des composantes caractéristiques de la transformation digitale que nous traversons et qui a récemment fait l'objet d'une conceptualisation approfondie dans la littérature en MSI (cf. numéro spécial JAIS, 2023, Markus et Rowe). Ces technologies sont elles-mêmes caractérisées par leur caractère radicalement nouveau et leur potentiel d'exercer un impact considérable dans les sphères socio-économiques (Rotolo *et al.*, 2016).

1.2 Les technologies émergentes comme levier pour les enjeux environnementaux

Des nouvelles technologies numériques sont considérées comme « émergentes » lorsque leurs usages et leurs effets ne sont pas encore stabilisés sur le marché, en particulier car leur conception évolue encore. Ces technologies présentent toutefois déjà un fort potentiel de disruption, capable non seulement de modifier le contexte organisationnel, mais aussi de produire un impact au niveau sociétal. Leurs fonctionnalités fournissent, en effet, déjà des moyens et des solutions innovantes pour relever des défis écologiques. Plus précisément, en fonction de leurs différentes fonctionnalités, nous proposons ici de les catégoriser sous trois grandes dimensions.

Catégorie	Fonctionnalité	Perspective
Technologies industrielles	Outils opérationnels pour l'amélioration de la performance/productivité (ex. réduire la consommation d'énergie/coûts) Référence : Touzard, 2017	Green IT
Nudges digitaux	Outils d'aide à la décision (ex. modifier le comportement avec des incitations) Références : Watson, 2017 ; Bailey *et al.* 2022	IT for Green
Technologies institutionnelles	Outils apportant des changements de gouvernance/coordination (ex. création de nouveaux systèmes institutionnels) Références : Beck *et al.*, 2018 ; Catalini et Gans, 2016	IT for Green

‖ Tableau 1. Catégorisation des technologies émergentes selon leur fonctionnalité.

Le tableau 1 montre les différences en termes de fonctionnalité et de perspective environnementale. La première catégorie, technologies industrielles, est caractérisée par tout mécanisme et outil capables d'impacter la productivité industrielle d'une entreprise. Par conséquent, la technologie industrielle « verte » contribue à la poursuite de l'amélioration de la productivité et de la performance, tout en prenant en compte l'écologie comme un objectif structurant pour l'organisation. La deuxième catégorie, « *nudges* digitaux », s'inscrit dans une génération « cognitive » de technologies capables d'aider à la décision (Watson, 2017), elles présentent également la caractéristique d'orienter les comportements individuels et de groupes avec leurs fonctionnalités de suivi et de contrôle des activités humaines. Les *nudges* digitaux « verts » proposent ainsi des mécanismes d'incitation pour une prise de conscience et une prise de décision plus écologiques. La dernière catégorie, « technologies institutionnelles », fait référence à des technologies émergentes capables de proposer de nouveaux mécanismes de coordination, favorisant ainsi l'émergence de collaborations inédites ou la transformation d'échanges existants. Une technologie institutionnelle « verte » est donc considérée comme capable de réduire les coûts de transaction, sous ses différentes formes telles que la vérification ou la mise en réseau, tout en proposant un cadre institutionnel approprié.

Les technologies industrielles s'inscrivent principalement dans la perspective du « Green IT », en apportant des améliorations en termes de consommation d'énergie et d'impact sur l'environnement des systèmes d'information actuels. D'autre part, les *nudges* digitaux et les technologies institutionnelles s'inscrivent principalement dans la perspective « IT for Green », en proposant des mécanismes qui encouragent et facilitent une prise de décision plus consciente et plus écologique.

En s'inscrivant dans la seconde perspective, ce chapitre se concentre sur le rôle et la place des technologies émergentes dans la transformation pro-environnementale des comportements. À titre d'illustration, les prochaines sections proposent de s'intéresser plus particulièrement aux « *nudges* digitaux » (section 2) et aux « technologies institutionnelles » (section 3), ainsi qu'à leur potentiel transformatif pour plus de conscience environnementale.

2. Les *nudges* digitaux pour le locus de contrôle

Pour décrire le rôle des *nudges* digitaux dans l'incitation des comportements pro-environnementaux, cette section s'appuie sur une littérature en psychologie et en économie expérimentale, qui rejoint les débats actuels en SI, notamment en termes de science de la conception et d'adoption des technologies (Arnott et Gao, 2019). Le concept de comportement pro-environnemental (CPE) est décrit ici comme un comportement conscient visant à réduire l'impact négatif d'une personne sur l'environnement. Par exemple, les CPE comprennent la réduction de la consommation de ressources et d'énergie, la réduction de la production de déchets, ou l'achat de produits durables. En d'autres termes, le CPE implique un effort volontaire de la part d'un individu pour fournir un bien public environnemental. La littérature en psychologie distingue deux types de CPE : l'un fondé sur les intentions (Steg et Vlek, 2009), l'autre sur l'impact (Kollmuss et Agyeman, 2002).

2.1 De l'intention à l'action : la distance psychologique comme frein aux comportements pro-environnementaux

En lien avec la question de la motivation d'un CPE, des travaux en psychologie ont développé la théorie de l'auto-détermination (*Self-Determination Theory* - SDT) (Gagné et Deci, 2005) qui fournit un cadre conceptuel intéressant pour discuter de l'impact des technologies émergentes sur les comportements pro-environnementaux. Cette théorie analyse la manière dont les trois principaux besoins psychologiques innés, à savoir la compétence, l'autonomie et la relation à autrui, peuvent être favorisés ou affaiblis par le contexte ou l'environnement. Si cette théorie a connu de nombreuses applications dans le domaine de la gestion des ressources humaines au sein d'organisations (Roussel et Amar, 2021), elle ne s'y limite pas.

La théorie de l'auto-détermination pour motiver un comportement pro-environnemental

Fondamentalement, la théorie SDT se concentre sur le processus d'internalisation, qui consiste à « assimiler » une règle de comportement et la valeur qui la sous-tend. Un comportement motivé de manière extrinsèque peut alors devenir autonome. Un des points intéressants de la SDT est de rompre avec la dichotomie entre la motivation externe et la motivation interne qui prévalait dans les théories psychologiques classiques de la motivation au profit d'une vision en termes de continuum de motivations entre l'absence de motivation et la motivation intrinsèque pure.

Ce cadre théorique s'avère particulièrement approprié à la compréhension du hiatus entre intention et action souvent pointé du doigt dans la littérature en psychologie comme source d'inertie dans les comportements et de manière plus marquée encore en ce qui concerne les comportements pro-environnementaux (voir Kollmuss et Agyeman, 2002 ; voir également Gifford (2011) qui identifie une série de freins psychologiques « dragons to inaction » *en matière de CPE – comme par exemple l'ignorance (manque de compréhension du changement climatique), les biais d'optimisme (tendance à croire que les choses s'amélioreront par elles-mêmes sans intervention) ou les effets de rebond (améliorations environnementales annulées par des comportements compensatoires (par exemple, acheter une voiture économe en carburant mais conduire plus souvent).*

Encadré n° 2. La théorie de l'autodétermination.

Plus spécifiquement, la SDT mobilise la notion de locus de contrôle (« *locus of control* » en anglais) qui représente la perception qu'a un individu de sa capacité à provoquer le changement par son propre comportement. Les personnes ayant un locus de contrôle interne fort pensent que leurs actions peuvent provoquer un changement. Les personnes ayant un locus de contrôle externe, en revanche, estiment que leurs actions sont insignifiantes, et que le changement ne peut être provoqué que par d'autres personnes plus puissantes. Cependant, cette perception peut être modifiée par un ensemble de facteurs comme la nature des interactions sociales ou la technologie.

La notion de locus de contrôle peut être liée au concept de distance psychologique. Selon la théorie du niveau de construction (« *construal-level theory* » de Trope et Liberman (2010), la « distance psychologique » est une perception subjective de l'éloignement d'un événement ou d'un objet dans l'espace et le temps. Par exemple, lorsque nous ne vivons pas directement une situation mais que nous y pensons ou que nous lisons à son sujet, nous créons des constructions mentales abstraites qui sont psychologiquement éloignées de nous. En revanche, les expériences directes créent des constructions mentales concrètes qui rendent l'objet ou l'événement psychologiquement plus proche de nous. Les quatre dimensions de la distance psychologique (spatiale, temporelle, sociale et hypothétique) sont interconnectées, ce qui signifie que, par exemple, la perception d'un événement comme étant temporellement éloigné peut également faire penser que cet événement est socialement éloigné, c'est-à-dire qu'il arrive à d'autres personnes et non à nous (Trope et Liberman, 2010).

Le lien avec la notion de locus de contrôle peut, par exemple, être illustré par la dimension temporelle de la distance psychologique, qui révèle le décalage dans l'expérience subjective entre les éléments contemporains de l'intention et la perception de leurs conséquences différées. Ce décalage peut être perçu comme un déficit de contrôle. Cela ouvre des perspectives d'analyse sur le rôle potentiel des technologies émergentes dans la transformation des moteurs motivationnels des individus. Par exemple, on peut analyser comment un comportement motivé de manière extrinsèque, via des technologies comme la réalité augmentée ou des environnements immersifs, peut devenir plus efficace lorsqu'il est intériorisé, car cela renforce le sentiment d'autonomie de l'individu. Par conséquent, le contrôle par la « régulation interne » de l'individu remplace partiellement les sources de motivation externe (comme les incitations monétaires ou les injonctions normatives) grâce à un effet de rétroaction cognitive, augmentant ainsi sa motivation intrinsèque.

En somme, le recours à des technologies émergentes telles que la réalité immersive peut réduire la distance psychologique en rendant les problématiques environnementales plus immédiates, locales et concrètes. Pour encourager un locus de contrôle interne, la technologie peut servir de levier en rendant visibles des exemples de réussites d'initiatives environnementales individuelles ou collectives, pour renforcer les sentiments de responsabilité personnelle et d'auto-efficacité dans la cause environnementale. Dans une moindre mesure, les plateformes en ligne peuvent également participer à réduire la distance sociale en encourageant un sentiment de responsabilité partagée.

2.2 Le rôle des *nudges* digitaux dans la réduction de la distance psychologique

Le cadre conceptuel de la SDT nous permet également de considérer la littérature sur les « *green nudges* » (notamment Evans *et al.*, 2017). Parmi ces dispositifs numériques, on recense des outils disparates quant aux mécanismes cognitifs et psychologiques qu'ils sont censés cibler pour promouvoir les CPE. De manière générale, les *nudges* numériques, ou « *digital nudges* », sont des dispositifs qui s'inspirent des enseignements de l'économie comportementale, notamment en lien avec le programme « Biais et heuristiques » et le modèle dual de raisonnement (système intuitif ou système 1/système réflexif ou système 2) développés par Kahneman et Tversky à partir des années 1970 (Kahneman et Tversky, 1972). On les définit comme des « coups de pouce » numériques perçus comme des solutions non contraignantes pour inciter des acteurs à mettre en œuvre des comportements désirables du point de vue du bien commun et/ou de l'intérêt des individus eux-mêmes. Ils peuvent se manifester par des modifications subtiles dans la présentation de l'information ou le design des interfaces.

Les technologies émergentes, telles que l'intelligence artificielle (IA), la réalité augmentée (RA), les assistants virtuels, et l'Internet des objets (IoT), offrent de nouvelles opportunités pour l'application des nudges digitaux. Par exemple, l'IA permet de personnaliser des interventions comportementales grâce à l'analyse des comportements passés et ainsi mieux prédire quand et comment elles sont susceptibles de se traduire par une modification des comportements. Les technologies de réalité augmentée (RA) et réalité virtuelle (RV) peuvent créer des environnements immersifs qui influencent les comportements en simulant les conséquences à long terme de certaines actions. Par exemple, une simulation en RA pourrait montrer les effets de la pollution plastique sur les océans pour encourager des comportements plus écologiques.

Cas illustratif 1. La réalité augmentée au service d'une sensibilisation aux questions environnementales de la pollution plastique des océans

Dans ce premier cas illustratif, il s'agit d'envisager l'opportunité de recourir à des nudges digitaux pour sensibiliser à une problématique environnementale qui n'est généralement pas vécue directement. Il s'agit ici d'illustrer les questions de la pollution marine et plastique, notamment des océans. L'OCDE montre en effet que le cycle de vie actuel du plastique est loin d'être circulaire, provoquant d'énormes stocks de déchets plastiques pesant plus de 130 Mt dans les environnements aquatiques (OCDE, 2022). Cependant, malgré notre connaissance théorique de ces problématiques, nous observons rarement directement les conséquences destructrices de la pollution plastique, car elles n'apparaissent, pour l'essentiel que dans des endroits éloignés (par exemple, dans les profondeurs des océans) où elles affectent principalement les espèces marines (par exemple, les tortues de mer, les poissons et les oiseaux qui ingèrent des microplastiques et s'enchevêtrent dans les déchets plastiques). Par conséquent, la pollution plastique, à l'instar d'autres problèmes environnementaux dont nous avons une expérience plus directe (comme le changement climatique), pourrait être classée dans la catégorie des « problèmes environnementaux psychologiquement éloignés ».

Les psychologues attirent particulièrement notre attention sur le fait qu'en raison du manque d'expériences directes de certaines crises environnementales telles que la pollution plastique, nous avons tendance à percevoir ces questions comme personnellement non pertinentes et non urgentes, ce qui diminue par conséquent notre volonté d'agir. Par conséquent, pour pallier ce manque de perception des risques, on peut envisager d'aller d'une communication indirecte et impersonnelle à une communication directe et plus personnelle (van der Linden *et al.*, 2015). En effet, certaines études confirment que l'expérience directe des risques environnementaux, tels que les inondations ou les températures extrêmes, augmente la volonté des gens d'atténuer ces risques (Akerlof et al., 2013 ; Treuer et al., 2018).

Étant donné qu'il serait compliqué, voire impossible, de sensibiliser tous les citoyens à la pollution plastique en leur proposant une expérience des lieux touchés, tels que les profondeurs des océans ou les plages exotiques, nous proposons un moyen de métaphoriser la pollution plastique en la rendant plus familière. Les progrès technologiques récents contribuent largement à une augmentation considérable des technologies immersives utilisées pour la simulation virtuelle. Sous le terme générique de XR (*extended reality*), il existe deux catégories principales de technologies immersives : la RV et la RA. Alors que la RV est utilisée avec un casque qui plonge son utilisateur dans un environnement totalement virtuel, la RA utilise des smartphones ou des lunettes semi-transparentes qui montrent la réalité telle qu'elle est, mais avec des éléments numériques tridimensionnels intégrés en temps réel.

Si ces technologies sont encore principalement utilisées dans l'industrie du divertissement, nous assistons également à leur application dans l'enseignement, la formation et la communication. Par exemple, le Programme des Nations unies pour l'environnement (PNUE), leader mondial des campagnes et interventions écologiques, a utilisé des effets de caméra de RA sur les plateformes de médias sociaux Instagram et Facebook pour sensibiliser les jeunes publics à des problèmes tels que la pollution plastique, l'acidification des océans et le changement climatique (PNUE, 2021). On observe également une augmentation du nombre d'articles scientifiques qui ont étudié l'impact de ces technologies sur les perceptions, les attitudes et les comportements (Ahn *et al.*, 2016 ; Fauville *et al.*, 2021).

Buljat Raymond (2022, 2023) propose de rendre l'expérience de la RA interactive et ludique pour encourager les utilisateurs à modifier leur comportement dans la vie réelle. Cependant, Attanasi *et al.* (2022) soulignent l'hétérogénéité des effets de la RA sur les utilisateurs, ces effets variant en fonction de leurs caractéristiques personnelles, telles que l'utilisation antérieure de la technologie ou la sensibilité aux questions pro-environnementales. ■

La littérature sur les *nudges* en général ne spécifie pas toujours de façon suffisamment claire les mécanismes cognitifs ou les biais que ces nudges sont censés « corriger » car elle met davantage l'accent sur les dispositifs ou artefacts numériques en eux-mêmes (une option par défaut, un feedback ou des recommandations mobilisant des normes sociales ou la comparaison sociale). Par exemple, l'option par défaut a vocation à corriger des biais comme celui du *status quo*, qui désigne une forme significative de résistance au changement avec une préférence de conserver un état initial plutôt que de s'en écarter.

Bien que les *nudges* digitaux, et surtout la réalité augmentée (Cas illustratif 1) offrent de nouvelles possibilités aux communicateurs environnementaux, il convient de noter qu'une technologie seule n'est pas susceptible de résoudre un problème aussi complexe. La collaboration de différents acteurs à plusieurs niveaux (par exemple, les développeurs, les citoyens, les communicateurs, les institutions et les gouvernements), ainsi que des changements au niveau du système (Chater et Loewenstein, 2022), nous semblent nécessaires pour obtenir un impact positif souhaitable et durable sur l'orientation d'une société durable sur le plan environnemental. En d'autres termes, les technologies doivent s'appuyer sur un environnement institutionnel offrant un cadre favorable à la coordination, à la coopération et à l'alignement entre intérêt individuel et bien commun. L'objet de la section 3 est de dépasser la question des nudges digitaux, en s'intéressant davantage aux cas de technologies institutionnelles pour participer à l'établissement de valeurs et de normes partagées, au niveau d'un écosystème.

3. Les technologies institutionnelles pour un changement pro-environnemental fondé sur un écosystème approprié

En matière d'environnement, le contexte décisionnel de tout acteur économique est encore aujourd'hui marqué par une incertitude radicale, entraînant un manque de confiance qui constitue un frein aux CPE. Les technologies institutionnelles émergentes offrent des solutions en créant de nouveaux mécanismes de coordination, assurant ainsi un système économique plus transparent et digne de confiance.

3.1 Les coûts de transaction et le comportement pro-environnemental

Lorsqu'un consommateur a l'intention d'avoir un comportement pro-environnemental, il/elle est susceptible de devoir faire une transaction avec un autre agent, dans la plupart des cas, une entreprise, une institution publique ou le marché. De façon générale, la théorie des coûts de transaction (*Transaction cost theory* - TCT) précise le processus de formation d'arrangements institutionnels ou de modes de gouvernance alternatifs au marché pour pallier les défaillances de marché, les problèmes informationnels et l'incertitude qui pèsent sur les transactions.

> ***La théorie des coûts de transaction***
>
> *La TCT se concentre sur les coûts engagés avant une transaction économique sur un marché. Plus précisément, Williamson (1975) postule que chaque agent se comporte de manière opportuniste. Pour cette raison, afin de prévenir l'opportunisme des parties prenantes, les agents doivent faire face à des coûts élevés liés à la recherche d'informations, aux défaillances du marché, lors de toute transaction économique, afin de prendre une décision éclairée.*
>
> *Une solution à ces coûts peut être un arrangement institutionnel alternatif capable de les minimiser. Par exemple, en opposition au marché, on trouve la*

hiérarchie, représentée par l'entreprise. En réalité, différentes formes hybrides peuvent être identifiées entre le marché et la hiérarchie, comme le réseau.

Dans la littérature, la confiance est considérée comme un mécanisme susceptible de réduire les coûts de transaction, car elle encourage la prise de risque par les parties impliquées dans la transaction (Lorenz, 2001). Elle peut donc être considérée comme un arrangement institutionnel.

Encadré n° 3. La théorie des coûts de transaction.

Cette théorie peut donc être utilisée pour analyser les coûts de recherche d'informations permettant de promouvoir un CPE. Les coûts de transaction pour un consommateur attentif à l'environnement peuvent se manifester de plusieurs manières dans son interaction avec les fournisseurs de produits et services (verts ou non). Premièrement, on retrouve des coûts d'identification des produits et services écologiques. Les clients doivent investir du temps et des ressources pour identifier quels produits et services sont réellement écologiques (recherche sur les certifications, les labels écologiques, et la réputation des entreprises). Il y a ensuite un coût lié à l'évaluation des options. Le client doit comparer les offres avec un critère écologique avec, à la fois, une analyse approfondie des caractéristiques du produit ou service (par exemple, spécifications techniques de la durabilité et de l'impact environnemental des produits). On retrouve également des coûts de négociation et contractualisation qui sont propres à tout produit et service (par exemple, les conditions de livraison, garanties, coûts judiciaires et administratifs) et des coûts de surveillance et vérification de la conformité du produit aux promesses du fournisseur. Le client est donc confronté à différents coûts de recherche d'informations, sans parler du coût d'opportunité en termes de temps et de ressources détournés. Les efforts déployés pour naviguer sur le marché des produits et services avec un critère de recherche écologique et verte peuvent ainsi détourner les ressources d'autres opportunités commerciales potentiellement plus rentables.

De plus, avec l'arrivée de nouvelles plateformes numériques, telles que les applications *peer-to-peer* pour le marché de l'occasion, de nouveaux coûts de transaction apparaissent, tels que la recherche d'informations sur les systèmes de collecte et d'analyse de données et la surveillance et le contrôle de tout type de comportement frauduleux en termes d'utilisation et de revente de données personnelles et sensibles.

Les coûts de transaction peuvent être significatifs pour le consommateur en raison de la complexité du marché. Par conséquent, la nature très incertaine et non transparente des marchés peut freiner le CPE du consommateur. Des arrangements institutionnels alternatifs, tels que des certifications fiables et des contrats standards, aident à minimiser ces coûts en améliorant la transparence et la confiance, afin d'inciter vers la transaction écologique. Cependant, un système institutionnel plus transparent, capable de concilier les besoins et les attentes de tous les acteurs économiques (entreprises, consommateurs, institutions publiques), reste à mettre en place pour encourager le CPE. Les technologies émergentes offrent de nouvelles perspectives pour apporter des solutions à cette problématique.

3.2 Les technologies émergentes comme solution aux coûts de transaction

La TCT est mobilisée par les chercheurs en SI principalement pour analyser le rôle d'un dispositif numérique dans la création de mécanismes de coordination (ou modes de gouvernance) comme le marché et la hiérarchie. Ciborra (1987) souligne le potentiel des technologies de l'information pour réduire les coûts de transaction grâce à leur rôle dans l'émergence et l'amélioration de l'efficacité du marché et des hiérarchies. Aujourd'hui, les technologies émergentes dites institutionnelles, s'inscrivent dans cette démarche d'amélioration des mécanismes de coordination en créant de nouvelles procédures de traçabilité, de sécurité et d'authenticité des informations. L'objectif est de concevoir et implémenter des environnements dignes de confiance, un défi qui semble difficile à relever avec des mécanismes technologiques classiques.

Dans un contexte où les données revêtent une importance cruciale pour la prestation de services et produits verts, les technologies émergentes apportent des nouveaux moyens de gestion des données. À titre d'exemple, le deuxième cas illustratif, qui suit, décrit le potentiel d'une technologie en particulier, la *blockchain*, dans la gestion des informations et des données pour la mobilité verte.

Cas illustratif 2. La blockchain pour une mobilité verte

Une prise de conscience croissante, fortement soutenue par les institutions publiques, remet en question les modes de mobilité traditionnels. Selon une étude de l'Union Européenne, le transport routier était responsable de la majorité des émissions de gaz à effet de serre en 2019, avec les voitures représentant 60,6 % de ces émissions. Pour réduire cette empreinte écologique, la population est aujourd'hui encouragée à privilégier les transports en commun, le covoiturage et les véhicules électriques.

Cependant, les campagnes de sensibilisation ne semblent pas suffisantes pour assurer la transition vers une mobilité plus verte. De nombreux utilisateurs remettent en question l'éthique et la réputation des services actuels de mobilité verte, qui reposent souvent sur des plateformes numériques suscitant des préoccupations concernant l'anonymat et la désinformation en ligne.

Les institutions et les entreprises sont donc appelées à répondre aux préoccupations en matière de sécurité et de confidentialité, notamment en ce qui concerne la protection et l'utilisation des données des consommateurs. Ainsi, les entreprises et les intermédiaires traditionnels cherchent aujourd'hui à créer un environnement numérique digne de confiance. La *blockchain* se distingue comme une technologie émergente prometteuse, offrant des mécanismes de coordination et de coopération potentiellement intéressants (Briand, 2019).

La *blockchain* est un registre permanent sur lequel sont enregistrées chronologiquement différentes données et transactions. Elle rassemble les données dans des groupes, appelés blocs, et les relient par cryptographie. Cette façon de structurer l'information la distingue des autres bases de données. Plus précisément, la *blockchain* garantit un historique complet des transactions, ce qui permet à plusieurs parties de générer, maintenir et conserver conjointement des données (Kostic et Sedej, 2022). La cryptographie confère à la *blockchain* sa dimension sécurisée et il est donc impossible de modifier des transactions ou des valeurs sur ce registre. La *blockchain* est aussi partagée entre différents participants et permet d'intégrer des solutions technologiques visant à réduire les risques liés aux comportements opportunistes et aux erreurs. C'est le cas des *smart contracts*, qui transposent un contrat en code informatique, acquérant autonomie et immuabilité lorsqu'ils sont hébergés sur une *blockchain*. À mesure que le nombre de nœuds augmente, la *blockchain* devient de plus en plus résistante aux comportements opportunistes et aux erreurs.

Compte tenu de ses caractéristiques et du potentiel associé, la *blockchain* commence à faire la démonstration de son utilité dans la promotion de la transparence au sein de la chaîne d'approvisionnement des services de mobilité verte. Par exemple, certaines entreprises dans le domaine des bornes électriques, véhiculent le slogan de la vente exclusive d'énergie verte. Il devient alors essentiel de garantir aux consommateurs que l'énergie fournie provient effectivement de sources renouvelables, instaurant ainsi une transparence cruciale pour établir la crédibilité de l'entreprise ou de toute autre entité impliquée. Un exemple notable est la récente collaboration entre IKEA et l'entreprise espagnole d'énergie renouvelable Accovia Energia.

Une autre application de la *blockchain* pour encourager la mobilité verte concerne la création d'un réseau de bornes de recharge électriques privées. Grâce à une application mobile et à des *smart contracts*, les propriétaires privés de bornes de recharge peuvent rentabiliser leur investissement en offrant l'accès à leur équipement à d'autres utilisateurs. Différentes initiatives, telles que Defev, considèrent la *blockchain* comme une solution pour le développement et la gestion optimisée d'un réseau de recharge de véhicules électriques, tout en ouvrant la voie à de nouveaux services. La *blockchain* démontre également son potentiel dans le domaine du covoiturage. L'Institut de Recherche Technologique collabore avec la Métropole de Lyon pour améliorer l'interopérabilité entre les différentes plateformes de covoiturage. L'objectif est de faciliter l'accès des usagers à ce mode de transport plus écologique.

Outre le potentiel de la *blockchain*, certains défis émergent en termes d'adoption et d'applications. Ballatore *et al.* (2023) montrent que l'intégration de la *blockchain* dans le contexte de la mobilité nécessite une collaboration de l'ensemble de l'écosystème lié aux véhicules. Trouver un compromis entre les aspects techniques, organisationnels et sociaux est donc crucial, soulignant l'importance d'un type de *blockchain* (*multi-chain*) capable de concilier le potentiel de décentralisation de la technologie avec les impératifs de centralisation et de stratégies individuelles des entreprises. Par ailleurs, Ballatore *et al.* (2022) identifient toute une série d'obstacles à l'adoption, liés aux caractéristiques comportementales des entreprises et des acteurs économiques, comme la propension à coopérer et la capacité à accorder de la confiance. ■

En général, les technologies institutionnelles facilitent la gouvernance des activités de tous les acteurs, étant donné que pratiquement toutes les transactions reposent aujourd'hui sur l'utilisation des données. Ces technologies offrent des solutions avancées pour minimiser les comportements opportunistes à chaque étape de la création de produits et services verts. Par conséquent, l'adoption de ces technologies permet de réduire les coûts de transaction à toutes les phases d'une transaction. Par exemple, les algorithmes d'évaluation utilisés sur les plateformes améliorent la transparence et la responsabilité des acteurs impliqués (Rahman, 2021).

La collaboration entre les acteurs économiques est cruciale pour la préservation de l'écologie et les technologies émergentes assorties de fonctionnalités institutionnelles permettent de tirer partie des opportunités découlant de la réduction de l'asymétrie d'information et des comportements opportunistes. Ainsi, c'est par un changement global et systémique que les technologies institutionnelles peuvent favoriser un environnement propice aux comportements pro-environnementaux (CPE). Une approche écosystémique est donc essentielle pour assurer le succès de ces mécanismes de coordination émergents. Cependant, les organisations abordent souvent la question technologique de manière isolée, les empêchant ainsi de construire un environnement de confiance (Ballatore, 2023).

4. Conclusion

Les technologies émergentes transforment nos vies et nos pratiques à un rythme sans précédent, redéfinissant non seulement la structure des organisations, les méthodes de travail et les modalités de communication, mais aussi la nature des relations interpersonnelles et des structures sociales. Parallèlement, ces technologies exercent une influence profonde sur la cognition et le comportement individuel, modifiant de manière significative les processus d'apprentissage. Malgré les critiques, il est indéniable que ces nouvelles technologies offrent des opportunités sans précédent pour promouvoir un CPE.

Dans ce contexte, ce chapitre s'intègre dans la volonté croissante du champ du MSI de produire des recherches contribuant à la soutenabilité écologique (Kuk *et al.*, 2023; Saba *et al.*, 2024). En particulier, au-delà de proposer des solutions exclusivement technologiques aux problématiques environnementales, il devient « crucial de s'assurer que les processus et les comportements humains promeuvent également de nouvelles pratiques environnementales » (Kranz *et al.*, 2022 : 557). Dans ces conditions, il ne suffit plus de mener des recherches à l'intersection des SI et de la soutenabilité environnementale. Les chercheurs en SI doivent désormais devenir des acteurs du changement en diffusant et en éduquant à travers des technologies numériques capables de transformer significativement les comportements. En ce sens, la question du pouvoir de transformation des technologies émergentes vers des comportements pro-environnementaux nous a permis d'entamer, d'abord, une discussion théorique sur la manière dont le champ traite des problématiques comportementales d'usage. Cela inclut notamment les questions de distance psychologique et la dimension institutionnelle des technologies émergentes dans la coordination de nouveaux écosystèmes de valeur environnementale. Cette discussion a permis de mobiliser des concepts situés à la frontière du champ des SI, en empruntant notamment des notions à la psychologie cognitive et à l'économie comportementale. Au-delà des contributions théoriques de ce chapitre, le recours à deux cas illustratifs issus de thèses doctorales récentes nous a permis de rendre plus concrets des scénarios d'usages réels de technologies émergentes (nudges digitaux et technologies institutionnelles). Ces cas montrent le potentiel de ces technologies à favoriser le développement de comportements pro-environnementaux, en s'inscrivant dans les travaux orientés autour de « l'*IT for green* ».

Pour conclure en guise d'ouverture, il ne faut pas négliger la problématique connexe de l'impact environnemental des technologies émergentes, un aspect moins exploré dans ce chapitre et relevant davantage du domaine des « *green IT* ». Ce chapitre invite donc également à poursuivre la réflexion sur la manière de réduire l'empreinte écologique de ces technologies émergentes, comme l'abordent déjà certains auteurs de notre communauté (Bourdon et Martinez, 2024).

5. Références

- Ahn, S. J. G., Bostick, J., Ogle, E., Nowak, K. L., McGillicuddy, K. T., et Bailenson, J. N. (2016). Experiencing Nature: Embodying Animals in Immersive Virtual Environments Increases Inclusion of Nature in Self and Involvement With Nature. *Journal of Computer-Mediated Communication, 21*(6), 399–419.

- Akerlof, K., Maibach, E. W., Fitzgerald, D., Cedeno, A. Y., et Neuman, A. (2013). Do people "personally experience" global warming, and if so how, and does it matter? *Global Environmental Change, 23*(1), 81–91.

- Arnott, D., et Gao, S. (2019). Behavioral economics for decision support systems researchers. *Decision Support Systems, 122*, 113063.

- Attanasi, G., Buljat Raymond, B., Festré, A., et Guido, A. (2022). Augmented reality for environmental fundraising: Two experimental studies. *ASFEE Annual Conference*, Lyon.

- Ballatore, M. (2023). *Le (s) rôle (s) de la blockchain dans l'évolution des relations inter-organisationnelles: Une analyse de la servicisation digitale dans l'industrie automobile* (Doctoral dissertation, Université Côte d'Azur).

• Bodó, B. (2021). Mediated trust: A theoretical framework to address the trustworthiness of technological trust mediators. *New Media et Society, 23*(9), 2668-2690.

• Bourdon I. et Martinez S. (2024). Impacts environnementaux de la *blockchain* : une étude de cas pour le consentement patient. *Actes de la 29ème Conférence de l'AIM.*

• Briand Y. (2019). Co-voiturage et *blockchain* - Interopérer les services pour réduire le trafic urbain. *Nouvelles mobilités, 962,* [en ligne].

• Buljat Raymond, B. (2023), *The Potential of Augmented Reality for Tackling Environmental Sustainability Challenges: An Approach Combining Design Science and Behavioral Science.* [PhD Thesis. Université Côte d'Azur, CNRS, GREDEG].

• Buljat, B. (2022). Augmented reality for nudging green behavior: design, evaluation and implementation. *ECIS 2022 Proceedings.*

• Chater, N., et Loewenstein, G. (2022). The i-frame and the s-frame: How focusing on individual-level solutions has led behavioral public policy astray. *The Behavioral and brain sciences,* 1–60. https://dx.doi.org/10.2139/ssrn.4046264.

• Ciborra, C. (1987). Reframing the role of computers in organizations: the transaction costs approach. *Office technology and People, 3,* 17-38.

• Fauville, G., Queiroz, A. C. M., Hambrick, L., Brown, B. A., et Bailenson, J. N. (2021). Participatory research on using virtual reality to teach ocean acidification: a study in the marine education community. *Environmental Education Research, 27*(2), 254–278.

• Gagné M., et Deci, E. L. (2005). Self-determination theory and work Motivation. *Journal of Organizational Behavior, 26*(4), 331–362.

• Hovorka, D. S. et Corbett, J. (2012). IS sustainability research: A trans-disciplinary framework for a 'grand challenge'. In *Proceedings of the International Conference on Information Systems.*

• Kahneman, D., et Tversky, A. (1972). Subjective probability: a judgment of representativeness. *Cognitive Psychology, 3*(3), 430–454.

• Kollmuss, A., et Agyeman, J. (2002). Mind the gap: Why do people act environmentally and what are the barriers to pro-environmental behavior? *Environmental Education Research*, *8*(3), 239–260.

• Kostić, N., et Sedej, T. (2022). Blockchain technology, inter-organizational relationships, and management accounting: A synthesis and a research agenda. *Accounting Horizons*, *36*(2), 123-141.

• Kranz, J., Zeiss, R., Beck, R., Gholami, R., Sarker, S., Watson, R. T., et Whitley, E. A. (2022). Practicing what we preach? Reflections on more sustainable and responsible IS research and teaching practices. *Communications of the Association for Information Systems*, *51*(1), 557-580.

• Kuk, G., Faik, I., et Janssen, M. (2023). Editorial technology assessment for addressing grand societal challenges. *IEEE Transactions on Engineering Management*, *70*(3), 1055-1060.

• Lorenz, E. (2001). Confiance interorganisationnelle, intermédiaires et communautés de pratique, *Réseaux*, *108*(4), 63-85.

• Melville, N.P. (2010), Information Systems Innovation for Environmental Sustainability. *MIS Quarterly*, *34*(1).

• OECD (2022), *Global Plastics Outlook: Economic Drivers, Environmental Impacts and Policy Options*, OECD Publishing.

• Rahman, H. A. (2021). The Invisible Cage: Workers' Reactivity to Opaque Algorithmic Evaluations. *Administrative Science Quarterly*, *66*(4), 945-988.

• Roussel, P. & Amar F. (2021). Théorie de l'auto-détermination et recherches en management des ressources humaines. Dans Rachel Beaujolin éd., *Les grands courants en gestion des ressources humaines* (p. 183-197). EMS Editions.

• Saba, P., Harfouche, A., Kumar Sharma, S., Fosso Wamba, S., et Cranefield J. (Eds.) (2024). Special Issue – Call for Papers: Emerging Technologies for Sustainable Development? The Grand Challenge. *Communications of the Association for Information Systems*, *55*, 1-6.

• Steg, L., et Vlek, C. (2009). Encouraging pro-environmental behaviour: An integrative review and research agenda. *Journal of Environmental Psychology*, *29*(3), 309–317.

• Treuer, G., Broad, K. et Meyer, R. (2018). Using simulations to forecast homeowner response to sea level rise in South Florida: Will they stay or will they go?. *Global Environmental Change, 48*, 108-118.

• Trope, Y., et Liberman, N. (2010). Construal-level theory of psychological distance. *Psychological review, 117*(2), 440.

• United Nations Environment Programme [UNEP] (2021). 100 Days to #BeatPlasticPollution for #CleanSeas. *unep.org*. https://www.unep.org/events/campaign/100-days-beatplasticpollution-cleanseas (consulté le 23/01/2024).

• Van der Linden, S., Maibach, E., et Leiserowitz, A. (2015). Improving Public Engagement With Climate Change: Five "Best Practice" Insights From Psychological Science. *Perspectives on Psychological Science: a Journal of The Association For Psychological Science, 10*(6), 758–763.

• Williamson, O.E. (1975), *Markets and Hierarchies: Analysis and Antitrust Implications*, Free Press.

Et si on s'attaquait (vraiment) à la décarbonation des systèmes d'information via une plus grande sobriété des *datacenters* ?

Magalie DUARTE – Université Bourgogne Europe, Burgundy School of Business
Marc BIDAN – Polytech Nantes, Université de Nantes

En 2024, six des neuf limites planétaires[14] ont déjà été dépassées. Le changement climatique fut la première, dès 2009. Cette limite se mesure d'abord en « stock », en concentration de CO_2 dans l'atmosphère, en parties par millions (ppm). C'est l'image d'une bassine qui se remplit, jusqu'à atteindre un point de non-retour (Acquier, 2023). Ce stock s'élève à 425 ppm, en 2023, se rapprochant du seuil d'incertitude le plus haut, estimé à 450 ppm (Richardson *et al.*, 2023). Lorsqu'il s'agit de « décarboner », le phénomène du changement climatique est plus communément exprimé en « flux » remplissant la bassine, qu'il s'agirait a minima de réduire, idéalement de supprimer. Cela se mesure en milliards (giga) de tonnes de gaz à effet de serre (GES) émis, en équivalent CO_2 (Gt CO_2 éq.). En 2022, les émissions mondiales s'élèvent

[14] Limites dépassées : le changement climatique (concentration de CO_2 dans l'atmosphère), la biodiversité (en nombre d'extinctions par an), la perturbation des cycles biogéochimiques de l'azote (quantité d'azote rejetée dans l'environnement par les activités humaines), le changement d'usage des sols (dont la déforestation), l'utilisation de l'eau douce.

à 53,8 Gt CO_2 éq, soit une progression de 62 % depuis 1990 et 28 % depuis 2005[15].

La lutte contre le changement climatique est traduite en actions urgentes de la part des entreprises, des investisseurs et des gouvernements, dans le 13ème Objectif du Développement Durable (ODD). La transformation numérique est invoquée comme un des moyens privilégiés pour accélérer l'atteinte de cet objectif de décarbonation[16]. Or, parmi les 169 cibles sociales, économiques et environnementales des ODD, l'intelligence artificielle (IA) pourrait faciliter l'atteinte de 139 cibles, tout en comportant des effets négatifs potentiels pour 59 d'entre elles (Vinuesa *et al.*, 2020), y compris sur le volet environnemental. Ces effets négatifs sont symptomatiques de la relation paradoxale entre numérique et décarbonation. Les émissions de GES du secteur numérique étaient estimées à 3,5 % des émissions mondiales en 2019, avec un horizon à 7 %, en 2025, à croissance constante[17]. Ce poids place le « monde numérique » en 5ème position des pays les plus émetteurs de GES[18]. Ces émissions sont liées à la production et à l'utilisation des infrastructures physiques du numérique : les *datacenters* (nous utiliserons le terme générique de *datacenter* en lieu et place du terme francophone de centre/usine de données), le réseau et les terminaux des utilisateurs finaux[19]. La croissance rapide du nombre de datacenters est le réceptacle de l'explosion des besoins liés au numérique traditionnel (numérisation, services OTT[20], etc.) et aux technologies émergentes (IA, *blockchain*, internet des objets [IOT], métaverse, *smart grids*, etc.).

■ **[15]** https://edgar.jrc.ec.europa.eu/report_2023.

■ **[16]** https://www.itu.int/en/mediacentre/backgrounders/Pages/icts-to-achieve-the-united-nations-sustainable-development-goals.aspx.

■ **[17]** https://www.carbon4finance.com/numerique-deconnecte-climat.

■ **[18]** https://www.wri.org/insights/interactive-chart-shows-changes-worlds-top-10-emitters.

■ **[19]** https://cnm.fr/wp-content/uploads/2021/08/ademe_guide-pratique-face-cachee-numerique.pdf.

■ **[20]** *Over-the-Top* : services de vidéos à la demande, en streaming en ligne.

Dans ce chapitre, nous proposons d'explorer ces « usines » de données, en distinguant le poids de leur production de celui de leur utilisation. Nous dressons un état des lieux des solutions proposées pour réduire leur empreinte carbone et contribuer (réellement) à la transition énergétique et écologique des SI.

1. Données physiques sur le défi de la décarbonation des *datacenters*

Les *datacenters* regroupent l'ensemble des « installations composées d'ordinateurs en réseau et de stockage que les entreprises et autres organisations utilisent pour organiser, traiter, stocker et diffuser des quantités massives de données » (notre traduction, Park *et al.*, 2021, p.2). Ces bâtiments s'évaluent en fonction de leur capacité de consommation électrique et non uniquement en mètres carrés. Il s'agit de prendre en compte la densité des serveurs, pouvant notamment être aménagés à la verticale. À eux seuls, ils représentent environ 3 % de la consommation mondiale d'électricité[21]. Ils consomment 200 térawattheures d'électricité par an, soit l'équivalent de la production d'environ 30 centrales nucléaires[22]. Les *datacenters* peuvent être des locaux techniques de quelque mètres carrés, pour les besoins internes d'une entreprise. Ils peuvent également être gérés par un service externe, mutualisés entre plusieurs entreprises, variant d'un étage d'immeuble, à la superficie de plusieurs terrains de football pour les plus titanesques, à l'initiative des majors du *cloud computing* (AWS, Azure et Google Cloud). Ainsi, le cluster de *datacenters* le plus énergivore au monde (Virginie du Nord, États-Unis) atteint une capacité de consommation de 2 552 mégawatts, sur 147 km^2.

Les *datacenters* sont principalement composés de serveurs, de processeurs et de disques durs, destinés au stockage des données, qui fonctionnent en continu. Ils comportent également, et de plus en plus, du

■ **[21]** https://theshiftproject.org/wp-content/uploads/2018/11/Rapport-final-v8-WEB.pdf.

■ **[22]** https://www.iea.org/reports/world-energy-outlook-2023.

matériel dédié au traitement des calculs. Par ailleurs, ils sont raccordés à un système fournissant l'énergie nécessaire à leur fonctionnement (souvent doublé d'un système en *back-up*), ainsi qu'à un système de refroidissement des salles. Cette consommation d'énergie est impulsée par l'évolution de la quantité de données qui y transitent. Le trafic de données depuis et vers les *datacenters* se pensait en pétabytes (10^{15} bytes) dans les années 1990, en exabytes (10^{18}) dès le début des années 2000, pour atteindre le zettabyte (10^{21}), depuis la fin des années 2010 (Jones, 2018). En France, le trafic Internet entrant a été multiplié par 20 entre 2012 et 2022, dont plus de la moitié provient de Netflix, Google, Akamai (mise à disposition de serveurs de cache aux entreprises), Meta et Amazon[23].

Cela contribue à faire du numérique une industrie de plus en plus lourde (Bidan *et al.*, 2024). Pour accompagner cette production massive de données, les géants d'Internet et du cloud (Amazon, Google, Microsoft, Baidu, etc.) ouvrent 16 nouveaux *datacenters* chaque trimestre dans le monde[24], leur nombre ayant déjà doublé depuis 2019[25]. Le premier volet de solutions concerne les moyens d'accueillir ces besoins dans des infrastructures conçues et construites de manière optimisée, en particulier, à travers le cas des *datacenters hyperscale*. Nous nous intéressons, ensuite, à la phase d'exploitation et de maintenance. Cela nous conduit à interroger les usages numériques en résonance avec l'essor de telles infrastructures et les technologies émergentes permettant de réduire l'impact environnemental. Enfin, nous souhaitons ouvrir les discussions au-delà de l'impact direct de ces installations et de leur consommation d'énergie.

■ **[23]** https://www.arcep.fr/uploads/tx_gspublication/RA-2023-TOME3_etat-internet-france_juillet2023.pdf.

■ **[24]** https://www.usinenouvelle.com/article/les-geants-d-internet-ont-double-leur-nombre-de-datacenters-en-cinq-ans.N1140207.

■ **[25]** https://www.srgresearch.com/articles/hyperscale-data-centers-hit-the-thousand-mark-total-capacity-is-doubling-every-four-years.

2. Concevoir et construire des *datacenters* efficients

La production de *datacenters* titanesques répond aux besoins des marchés des majors du numérique. Selon l'AFCOM, un *datacenter* dit *hyperscale* dépasse les 1 000 m² et 5 000 serveurs. En principe, ces infrastructures optimisent l'espace utilisé par l'utilisation de racks haute densité, permettant également de limiter les besoins en refroidissement. Le projet en cours de Switch (Nevada, États-Unis) prévoit de ne consommer « que » 650 mégawatts, sur près de 670 km² - alimenté à 100 % par des énergies renouvelables. La logique d'optimisation des volumes et de la consommation énergétique des *datacenters* passe par leur conception. Il existe ainsi des certifications environnementales bâtimentaires adaptées à la conception et à la construction des *datacenters*. Ainsi, les normes LEED peuvent réduire leur consommation énergétique de 30 % (US Green Building Council). Le choix des systèmes de refroidissement, dès la conception, permet également d'en réduire l'empreinte. Le *free cooling* est une technique de rafraîchissement passif du bâtiment, utilisant l'écart de chaleur avec l'air extérieur. Le choix de l'emplacement géographique impacte également ce principal poste de consommation énergétique que représente la climatisation. C'est un argument avancé dans les projets de datacenters en Scandinavie, voire au-delà du cercle polaire : le climat permet d'optimiser le besoin de climatisation, et il est propice à l'optimisation du rendement des énergies renouvelables (Oró *et al.*, 2015).

La question des matériaux recyclés est également invoquée, afin de diminuer l'impact environnemental de nouvelles constructions. Meta promeut une approche d'économie circulaire dès la conception des datacenters, afin de minimiser les déchets potentiels, de favoriser la réutilisation des matériaux[26], et de réutiliser l'eau pour les nouvelles constructions. En termes d'impact carbone de la production du matériel informatique installé, une tendance au recours au marché de l'occa-

[26] https://sustainability.fb.com/blog/2023/04/17/what-makes-a-data-center-sustainable/.

sion[27] est complémentaire de cette logique, notamment pour des acteurs de taille plus modeste.

Ce premier volet de solutions permet de mieux appréhender les fonctions techniques des datacenters, ainsi que le rôle immobilier des acteurs du numérique, dans la recherche d'une conception/construction de plus en plus optimisées. C'est un discours partagé parmi ces acteurs, mis en avant dans leurs rapports environnementaux.

3. Amélioration du pilotage énergétique des *datacenters*

Face à l'amélioration de l'impact de la conception et de la construction des datacenters, nous retenons également la prise en compte de leur exploitation. Il s'agit de solutions visant à maintenir voire à améliorer les performances, en diminuant la consommation énergétique. C'est le cas des racks haute densité, évoqués précédemment, au sujet des *datacenters hyperscale*.

3.1 Le cas de la maintenance, de l'exploitation et de la virtualisation des *datacenters*

La virtualisation des serveurs est un autre exemple d'optimisation. Elle permet de séparer les logiciels des serveurs, en faisant cohabiter plusieurs serveurs virtuels - avec leur propre système d'exploitation - sur un unique serveur physique. VMware, le fournisseur de logiciel de *cloud computing* et de virtualisation, estime qu'elle peut diviser le nombre de serveurs physiques par 10 en moyenne[28]. Au-delà de la consommation absolue du matériel, il s'agit également d'améliorer le ratio entre l'électricité totale utilisée et celle utilisée pour alimenter le

■ **[27]** https://www.lemondeinformatique.fr/les-dossiers/lire-misez-sur-l-occasion-1306.html.

■ **[28]** https://www.lemondeinformatique.fr/les-dossiers/lire-quelles-actions-mettre-en-place-pour-reduire-la-consommation-de-ses-data-centers-et-infrastructures-cloud-1448.html .

matériel et les systèmes hébergés dans le *datacenter* : le PUE[29]. La société Equinix indique atteindre un PUE de 1,2 (contre 2 en moyenne en France) pour son *datacenter* Thésée (Aubergenville, France), en pilotant le *free cooling* par une IA[30]. Bien que les principales normes et standards internationaux encadrant les *datacenters* se concentrent sur la continuité de services et la sécurité physique des équipements (Bidan et Koné, 2020), la gestion intelligente de l'énergie est également mise en avant dans les volets « Management de l'environnement » de l'ISO 140001, ou encore « Management de l'énergie » de l'ISO 50001. En pratique, il s'agit de systèmes permettant de récupérer la chaleur émise par les datacenters pour chauffer des bâtiments à proximité, contribuant à un îlot passif en énergie. Le règlement UE 2019/424 encadre l'éco-conception des serveurs et du matériel informatique. La loi REEN[31] (Réduire l'Empreinte Environnementale du Numérique), en France, va jusqu'à inciter financièrement les choix de conception favorisant l'efficacité énergétique des datacenters.

Le projet Open Compute Project (OCP) de Facebook, initié dès 2011 et toujours en cours, est un cas d'étude en la matière. Il part d'une volonté de maîtriser la provenance et la conception du matériel informatique nécessaire à leur activité : par une mise à plat de l'ensemble de ce matériel, une conception économe en énergie des serveurs, du système électrique, des racks, ainsi que du système de refroidissement. Il permit de réduire la consommation d'énergie de leur *datacenter* de Prineville (Oregon) de 38 %, en 2011, et de poursuivre la quête d'économies d'énergie jusqu'à atteindre un PUE de 1,07, lorsque la chaleur des *datacenters* est utilisée pour chauffer d'autres bâtiments, les mois les plus frais de l'année. OCP est présenté comme un projet ouvert, promouvant l'utilisation de matériel vertueux. Cela aurait contribué à

■ **[29]** Norme EN 50600-4-2 : Installations et infrastructures de centres de traitement de données, partie 4-2 : Efficacité de l'utilisation de l'énergie.

■ **[30]** https://www.lemondeinformatique.fr/les-dossiers/lire-comment-amener-les-datacenters-vers-plus-de-sobriete-energetique-1303.html.

■ **[31]** Loi n°2021-1485 du 15 novembre 2021.

porter la norme de la profession à un PUE de 1,2 pour les *hyperscale*, contre 1,9 dans les années 2010[32].

La maintenance du matériel et des systèmes d'alimentation en énergie et de refroidissement peut également bénéficier de solutions techniques innovantes. Google utilise l'IA pour ajuster automatiquement la température de refroidissement de ses serveurs en fonction des conditions météorologiques. Il a par ailleurs déposé un brevet d'application « d'imagerie aérienne autonome et détection environnementale » par drones. Cela consiste à inspecter les installations afin d'identifier rapidement les problèmes de connexion et d'opération potentiels.

Cette partie permet de percevoir la course aux technologies et aux dispositifs « verts » pour l'exploitation et la maintenance des « usines de données ». Il nous semble nécessaire de « sortir » du bâtiment, pour appréhender les enjeux liés aux sources d'énergie et tout au long de la chaîne de valeur liée aux datacenters.

3.2 Le cas de la neutralisation carbone des *datacenters* par les énergies renouvelables

Au-delà de la dimension immobilière présentée précédemment, les majors du numérique investissent massivement le secteur des énergies renouvelables. Meta, Google et Amazon annoncent vouloir couvrir ainsi 100 % des besoins en énergie de leurs *datacenters*. Google a investi plus de 2,5 milliards de dollars dans des projets d'énergie renouvelable - fermes solaires ou d'éoliennes - pour alimenter ses *datacenters* et ses bureaux. La compétition entre ces acteurs va jusqu'à clamer la place du plus grand acheteur d'énergie renouvelable au monde. Cet achat - via des contrats annuels d'électricité auprès de fournisseurs d'énergie renouvelable - ne garantit pourtant pas la consommation effective de ces énergies par les *datacenters*, en fonctionnement continu. Lorsque Google annonce couvrir 100 % de ses besoins en électricité par ces énergies, cela signifie littéralement l'achat du même volume d'électricité que ce

■ **[32]** https://tech.facebook.com/engineering/2021/11/open-compute-project/.

qui a été consommé. L'assurance de « brancher » les *datacenters* sur ces énergies requiert des investissements techniques importants – notamment de mix énergétique – à l'échelle locale. Ainsi, 67 % des *datacenters* de Google ont effectivement consommé des énergies vertes 24h/24, en 2021[33].

3.3 Le cas particulier de la spectaculaire montée en puissance des IA

Certes, nous évoquons plusieurs exemples où le recours à l'IA contribue à diminuer l'impact des infrastructures physiques du numérique. Il faut toutefois noter que la montée en charge physique des systèmes d'IA et notamment des IA génératives (IAG) pose un défi supplémentaire. Il s'agit de prendre en considération dans une logique énergétique l'accentuation des besoins : en termes de puissance de calcul et en termes d'espace de stockage et de sauvegarde des données, notamment de type image et vidéo.

Ainsi, les émissions de GES de la phase d'entraînement des modèles d'apprentissage automatique peuvent se mesurer en fonction de trois paramètres clés. Tout d'abord l'énergie consommée par le matériel (en watts) ; puis le temps, les semi-conducteurs et la puissance de calcul nécessaires – ce qui explique la formidable réussite technologique et financière de l'entreprise américaine NVidia[34] – et enfin l'intensité carbone de l'énergie consommée. Ces émissions de GES peuvent atteindre 100 tonnes CO_2éq, avec une croissance de facteur 100 entre 2012 et 2020 (Luccioni et Hernandez-Garcia, 2023), sachant que les émissions de l'entraînement de GPT-3 ont été estimées par ailleurs à 552 tonnes CO_2éq (Patterson *et al.*, 2021). Nous avons déjà évoqué l'amélioration de la consommation matérielle des datacenters et de leur PUE, ainsi que l'action sur l'intensité carbone, par l'investissement massif dans les énergies renouvelables. Ces actions, combinées à des processeurs

■ **[33]** https://cloud.google.com/blog/fr/topics/developpement-durable/bilan-dune-annee-denergie-sans-carbone-dans-nos-datacenters?hl=fr.

■ **[34]** https://www.bcg.com/publications/2024/annual-value-creators-rankings.

et à une architecture de modèle efficients, peuvent diminuer de 100 à 1 000 fois l'impact carbone d'un modèle (Patterson *et al.*, 2021). Des outils ouverts comme CodeCarbon.io[35] visent à rendre transparent et à généraliser la mesure de cet impact carbone, au moment du développement des modèles.

Concernant le cas particulier des IAG (ChatGPT, Perplexity, Mistral ou encore Midjourney), un prompt ChatGPT représente une consommation d'énergie estimée entre 50 et 90 fois supérieure à une requête sur le moteur de recherche Google[36] – selon le mode de calcul, la nature du contenu généré de type texte, code, son, image voire vidéo. De plus, les cas de technologies comme la 5G, l'IOT et, particulièrement, les IAG embarquées par défaut – notamment dans les moteurs de recherche couplés type Copilot – sont autant de choix de pratiques qui impactent la consommation énergétique des *datacenters*.

Notons, enfin, l'expérimentation d'Oracle, utilisant la photonique sur silicium en connexion optique, à la place du cuivre[37], afin de diviser par 10 la consommation énergétique de ses composants. Le silicium est répandu et notamment utilisé dans les interconnexions optiques de longue distance, afin d'accélérer les connexions entre les composants. Cependant, là où le cuivre nécessite 23 mégajoules/kg d'énergie à sa transformation, le silicium en requiert 1 396 (Torrubia *et al.*, 2023). Cela met en lumière le dilemme actuel de l'augmentation de la sobriété des *datacenters*, par l'utilisation de matériaux spécifiques, au détriment de l'impact environnemental et sociétal de leur extraction et transformation. Cobalt, nickel, zinc, etc. sont localisés essentiellement sur le continent africain et exploités dans des conditions non soutenables !

■ **[35]** https://codecarbon.io/.

■ **[36]** https://limited.systems/articles/google-search-vs-chatgpt-emissions/#5.

■ **[37]** https://www.lemondeinformatique.fr/actualites/lire-oracle-s-attaque-au-reseau-photonique-sur-silicium-dans-les-datacenters-55515.html.

4. Conclusion et mise en perspectives : vers le *scope* 3 de l'impact carbone

En conclusion, dans un environnement de plus en plus virtualisé, la décarbonation des *datacenters* apparaît comme cruciale dans la logique de réduction des émissions de GES. Les *scopes* 1 et 2 de l'impact carbone (émissions directes des installations et émissions indirectes liées à la consommation d'énergie)[38] semblent organisés et globalement partagés par les acteurs du numérique.

L'axe « vert » des *datacenters* – tel un véritable *Green Cloud* – peut être considéré comme un élément majeur sur le marché des services du *cloud computing* (Park *et al.*, 2023). Nous soulignons à ce propos d'intéressantes pratiques visant à éco-concevoir les sites et constructions des *datacenters*, leur matériel, leurs composants, leur système de refroidissement en eau douce et d'alimentation en énergie, notamment en électricité verte. Néanmoins, ces actions représentent des investissements massifs, portés principalement par les majors américains et asiatiques. Pouvoirs publics – notamment locaux et régionaux –, entreprises, acteurs institutionnels et industrie du numérique doivent collaborer pour promouvoir la décarbonation continue des SI. Il s'agit surtout, en faisant collaborer tous ces acteurs, de dépasser l'illusion d'un *datacenter* « neutre », empêchant dès lors de s'attaquer à l'ensemble de la chaîne de valeur des *datacenters* sur les territoires (*scope* 3). En amont, il s'agit de prendre en compte l'impact carbone des matériaux bruts. Au-delà du carbone, il persiste le risque de l'artificialisation des sols ou encore de la consommation d'eau dans les phases de production ou d'exploitation (Zhang *et al.*, 2022). En aval, il s'agit de repenser la conception des services et l'adoption des technologies pour réduire plus fortement les émissions, voire envisager des « émissions nettes négatives ». La *quantum computing* et l'informatique quantique offrent ainsi de nouvelles opportunités pour atténuer davantage l'empreinte carbone des *datacenters*. Cela pose l'enjeu de la sobriété numérique *by design* voire de la *low tech* (Bidan *et al.*, 2024) car le cas des *datacenters* illustre bien

■ **[38]** https://www.territoires-climat.ademe.fr/ressource/42-14.

un rôle humble d'atténuation des « flux » carbones par le numérique, et, à ce stade, peu (pas ?) d'action durable sur les effets fatidiques du « stock ». Plus largement, cela invite à considérer le rôle économique voire géopolitique de la décarbonation des *datacenters* surtout lorsqu'elle aborde les relations nord/sud (Bidan et Koné, 2020).

Enfin, cet appel à la réflexion, à l'action, et à la prise en compte de contraintes physiques et énergétiques ouvrent des champs de recherche tout à fait enthousiasmant sur les outils de gestion, de mesure opérationnelle et de communication au-delà des acteurs du numérique, pour œuvrer à la décarbonation réelle de ces « usines » à données, qui restent néanmoins au cœur même de l'actuelle révolution industrielle centrée sur « l'économie de l'attention ».

5. Références

• Acquier, A. (2023, 21 septembre). Débat Jean Jouzel - Patrick Pouyanné : la « vie réelle » du changement climatique. *The Conversation*. https://theconversation.com/debat-jean-jouzel-patrick-pouyanne-la-vie-reelle-du-changement-climatique-213569

• Bidan, M., & Kone, S. (2020). Pourquoi toujours aussi peu de data centers en Afrique subsaharienne ? *Management & Datascience*, *4*(5). https://management-datascience.org/articles/14031/

• Bidan, M., Ferreboeuf, H., Marrauld, L., & Rodhain, F. (2024). Le numérique est une industrie de plus en plus lourde. *Reflets de la Physique*, *77*, 151-154.

• Jones, N. (2018). How to stop data centres from gobbling up the world's electricity. *Nature*, *561*(7722), 163-166.

• Luccioni, A. S., & Hernandez-Garcia, A. (2023). *Counting carbon: A survey of factors influencing the emissions of machine learning*. arXiv preprint. arXiv:2302.08476.

• Oró, E., Depoorter, V., Garcia, A., & Salom, J. (2015). Energy efficiency and renewable energy integration in data centres. Strategies and modelling review. *Renewable and Sustainable Energy Reviews*, *42*, 429-445.

- Park, J., Chung, S., & Han, K. (2021). Toward green data centers: Environmental regulation, green data center innovation, and firm value. *International Conference on Information Systems (ICIS)*, Austin, Texas, USA.

- Park, J., Han, K., & Lee, B. (2023). Green cloud? An empirical analysis of cloud computing and energy efficiency. *Management Science, 69*(3), 1639-1664.

- Patterson, D., Gonzalez, J., Le, Q., Liang, C., Munguia, L. M., Rothchild, D., ... & Dean, J. (2021). *Carbon emissions and large neural network training*. arXiv preprint arXiv:2104.10350.

- Richardson, K., Steffen, W., Lucht, W., Bendtsen, J., Cornell, S. E., Donges, J. F., ... & Rockström, J. (2023). Earth beyond six of nine planetary boundaries. *Science advances, 9*(37), eadh2458.

- Torrubia, J., Valero, A., & Valero, A. (2023). Energy and carbon footprint of metals through physical allocation. Implications for energy transition. *Resources, Conservation and Recycling, 199*, 107281.

- Zhang, G., Zhang, S., Zhang, W., Shen, Z., & Wang, L. (2020). Distributed energy management for multiple data centers with renewable resources and energy storages. *IEEE Transactions on Cloud Computing, 10*(4), 2469-2480.

Handicap et numérique : proposition d'un cadre d'analyse du travail numérique en situation de handicap

Sabine CARTON – Univ. Grenoble Alpes, Grenoble INP, CERAG
Isabelle CORBETT-ETCHEVERS – Univ. Grenoble Alpes, Grenoble INP, CERAG
Soffien BATAOUI – Univ. Grenoble Alpes, Grenoble INP, CERAG

Les confinements successifs liés à l'épidémie de Covid-19 ont servi d'accélérateurs de la transformation numérique des entreprises et de la diffusion de nouveaux modes de travail (Malhotra, 2021) : généralisation du télétravail, équipes hybrides combinant distanciel et présentiel, qui reposent sur les principes de flexibilité, collaboration, responsabilisation et liberté (Klinksiek, Jammaers et Taskin, 2023). La recherche en management s'est emparée des enjeux de la transition numérique et de ses effets sur l'organisation du travail et sur la qualité de vie au travail à travers différents prismes : attentes des nouvelles générations, rôle des managers, transformations dans le secteur public ou encore gestion d'équipes multiculturelles à distance. Une catégorie cependant reste relativement ignorée des questionnements autour des nouveaux mondes et modes de travail à l'ère digitale : les personnes en situation de handicap (PSH). Il s'agit donc de réfléchir sur les enjeux de l'inclusion (ou de l'exclusion) numérique des PSH en situation de travail.

Parmi les handicaps, le handicap visuel représente un cas extrême, en ce qu'il se heurte à l'un des présupposés du travail à distance : la « visio » qu'il s'agisse des nombreuses solutions de visio-conférences ou encore des pratiques de management visuel popularisées par le *lean management* (Kanban) puis par les méthodes agiles et par les pratiques d'intelligence collective, où le visuel vient compenser la distance physique des collaborations multi-sites. Ainsi, les méthodes agiles, initiées à l'origine pour le développement informatique, ont diffusé les pratiques de collaboration en foule (*mob programming*) ou de pair à pair, intermédiées par un écran partagé. De même, le *scrum board* souvent présenté comme un pilier des méthodes agiles de gestion de projet, est un outil de représentation visuelle de l'avancement d'un projet sur lequel les contributeurs placent des post-it (numériques ou papier).

Ce chapitre propose un cadre intégrateur pour étudier les facteurs influençant les usages des outils numériques des travailleurs en situation de handicap visuel en prenant en compte à la fois l'environnement (technologique, organisationnel et externe) et les facteurs individuels.

Nous commençons donc par revenir sur ces nouveaux modes de travail incluant de plus en plus les outils digitaux et conduisant à une fracture numérique entre travailleurs valides et Personnes en Situation de Handicap (PSH), puis proposons un cadre d'analyse et terminons par un agenda de recherche sur le handicap et numérique en situation de travail.

1. Nouveaux modes de travail et exclusion numérique

Les nouveaux modes de travail (NMT, *new ways of working*) peuvent se définir comme un ensemble de pratiques combinant un travail flexible, des configurations organisationnelles spécifiques et des formes de gestion participative et collaborative et mobilisant des technologies de l'information. Klinksiek *et al.* (2023) analysent ces pratiques au regard des besoins spécifiques du travailleur en situation de handicap : soins médicaux, temps de repos, besoin de discrétion. Considérées individuellement, certaines pratiques contribuent à réduire le désavantage lié à la situation de handicap comme le télétravail et les horaires flexibles qui facilitent la coordination entre les besoins liés au travail et ceux liés à la déficience. Le management participatif peut contribuer à renforcer le sentiment de justice organisationnelle ; ou encore l'absence de bureau fixe peut inciter à développer de nouvelles relations, et à réduire les difficultés de transport de son domicile à son bureau. Toutefois, les auteurs suggèrent que la combinaison des NMT contribue à accentuer le désavantage lié au handicap et renforce notamment le sentiment d'isolement et la perception d'injustice organisationnelle. En effet, les normes du travailleur idéal véhiculées par les nouveaux modes de travail (Klinksiek *et al.*, 2023) sont celles d'un individu agile : capable de changer rapidement de configuration de travail – espaces physiques et virtuels, équipes temporaires - autonome, responsable, entrepreneur de sa carrière, et à l'aise dans les situations de collaboration. Or, les environnements numériques, de plus en plus complexes, intégrant un niveau croissant d'informations et d'interactions, ne facilitent pas leur appropriation par les usagers en situation de handicap (Pinède, 2018). La fracture numérique à la fois instrumentale (équipements et matériels), méthodologique (compétences pour une réelle appropriation) et sociale (inclusion/exclusion) rend la personne en situation de handicap plus fragile et plus vulnérable, entraînant des risques d'inégalités et de mise à l'écart (Pinède, 2018). Flichy (2004) souligne ainsi le risque que « la fracture numérique renforce la fracture sociale ».

Dans ces modes de travail, où les interactions sociales sont médiées par les technologies, la question de l'accessibilité numérique devient essentielle, tout particulièrement pour les situations de handicap sensoriel – auditif, visuel, ou cognitif (Klinksiek *et al.*, 2023). Dans cette optique, Casilli (2010) distingue les technologies capacitantes et incapacitantes, mais la diversité des situations de déficiences ne permet pas de considérer cette distinction comme étant universelle. En effet, Kulkarni, (2019) évoque l'incapacité de la technologie à couvrir, à ce jour, les différents types de handicaps. Du fait de l'unicité de chacune des situations, la conception d'outils collaboratifs inclusifs s'avère complexe, comme nous le montrons avec l'exemple du handicap visuel.

2. Proposition d'un cadre intégrateur des facteurs d'influence sur les usages numériques des PSH

Les recherches sur les travailleurs en situation de handicap appellent à tenir compte de l'ensemble de l'environnement pour considérer la gestion de la déficience. En effet, la gestion des PSH dans les organisations dépend d'une combinaison de facteurs (Stone et Colella, 1996) : environnementaux (cadre législatif et organisationnel), type de poste occupé par la PSH, mais aussi des caractéristiques individuelles et des perceptions des collaborateurs et managers. Nous proposons un cadre intégrateur dans la figure 1. Ce dernier permet de synthétiser les facteurs influençant les usages des SI par les PSH, tout en insistant sur les rôles des différentes parties prenantes.

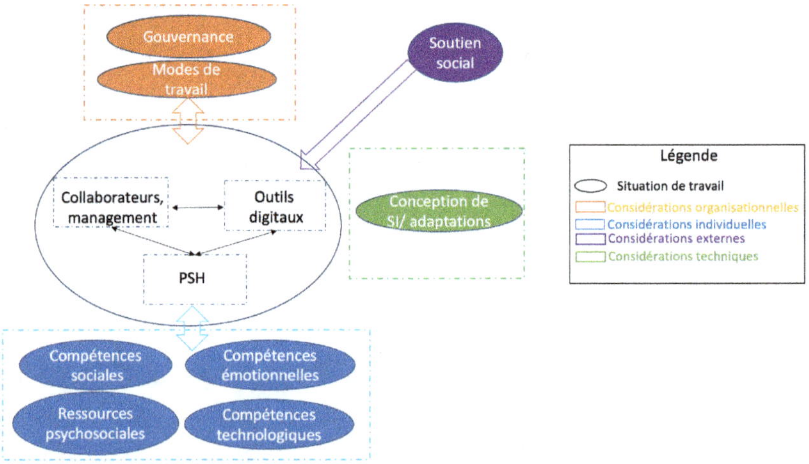

● Figure 1. Un cadre intégrateur pour l'analyse du travail numérique en situation de handicap.

2.1 Considérations organisationnelles

La question de l'intégration des besoins spécifiques des PSH est souvent liée à la démarche RSE dans une entreprise. Déclinée au niveau organisationnel, elle peut se traduire au niveau des politiques ressources humaines mais aussi au niveau de la gouvernance des SI.

Rôle des Ressources humaines

Les pratiques de gestion des ressources humaines (recrutement, rémunération, formation, gestion de carrière), les politiques diversité, et plus largement le climat social (soutien des collègues et de l'encadrement) peuvent faciliter ou freiner l'inclusion numérique de la PSH en entreprise. Ainsi, les travaux soulignent l'influence de la perception qu'ont les collaborateurs « valides » - stéréotypes selon le type de handicap, croyances sur les compétences professionnelles et sociales, émotions ressenties (sympathie, inconfort, peur, etc.) - sur leur gestion des PSH en termes d'évaluation des performances, de formation, d'évolution, ou d'inclusion. Par exemple, les critères objectifs d'évaluation des performances, et par conséquent de rémunération et d'opportunités de développement, peuvent être source de discrimination indirecte, lorsqu'ils sont appliqués de manière neutre, sans lien avec une politique d'inclusion (Hoque *et al.*, 2018).

À l'inverse, la mise en place d'une gestion différenciée, qui s'inscrit plus largement dans une politique diversité est favorable à l'inclusion des personnes en situation de handicap. Schloemer-Jarvis *et al.* (2022) appellent à considérer les pratiques RH de façon systémique : se limiter à du recrutement inclusif sans tenir compte de la situation de handicap dans les décisions de formation, rémunération et évolution de carrière crée un plafond de verre. L'approche par grappes de pratiques RH (*HR bundles*) dans le cadre d'une politique *high performance work practices* permet une gestion de carrière cohérente et alignée avec la stratégie RH, par exemple d'inclusion. Ainsi, une approche par grappes de pratiques permettrait notamment d'analyser plus finement les situations de travail dans lesquelles les PSH doivent utiliser voire collaborer avec des outils digitaux, et penser de manière plus personnalisée l'intégration des besoins spécifiques des PSH.

Rôle des systèmes d'information

Au niveau organisationnel, le terme gouvernance des systèmes d'information fait référence aux moyens de gestion et de régulation des SI mis en place dans une entreprise pour atteindre ses objectifs stratégiques.

Ainsi, la gouvernance a pour objectif de s'assurer que le SI réponde aux enjeux stratégiques tout en s'adaptant en permanence aux besoins des parties prenantes internes (métiers) et externes à l'entreprise. Les collaborateurs en situation de handicap sont bien des parties prenantes internes. Il apparait cependant, dans le guide pratique d'audit de la gouvernance des SI (2019) édité par AFAI-ISACA · CIGREF · IFACI, que la prise en compte des collaborateurs en situation de handicap est peu développée : il est seulement indiqué dans le douzième vecteur, page 105, « La DSI communique sur sa contribution à la politique RSE de l'entreprise (mixité, handicap, environnement, énergie, etc.) ». Par ailleurs les organisations ont quelque fois instrumentalisé les démarches de co-conception avec des personnes en situation de handicap dans un but de légitimation (obtention d'un label RSE), mais sans réelle prise en compte des besoins des PSH (Peyrard et Chamaret, 2020).

Enfin, toujours au niveau organisationnel, le CICREF dans son rapport sur éthique et numérique (2018) aborde la question de l'intégration des besoins spécifiques en soulignant l'éthique par l'usage qui préconise de concevoir par défaut des solutions accessibles aux personnes en situation de handicap. Cette approche universelle possède cependant des limites et rencontre des difficultés dans sa mise en œuvre opérationnelle.

2.2 Considérations techniques

Nous allons aborder dans cette partie les différentes approches de conception des outils digitaux intégrant les spécificités des PSH : de la conception universelle à la conception spécifique, puis à une approche hybride.

Approche de la conception universelle

L'approche de la conception universelle dépasse la notion du handicap puisqu'elle intègre les questions de genres, génération, CSP ; etc. (Peyrard 2022). Elle est utilisée dans les domaines tels que l'interface homme-machine ou encore l'ergonomie. La conception universelle (ou conception pour tous) considère que tous les outils devraient répondre aux besoins de tous. Cette forme de conception ambitionne l'accessibilité pour tous, en s'appuyant sur des normes. Ainsi la Web Accessibility

Initiative (https://www.w3.org/WAI/standards-guidelines/wcag/) de l'organisme de standardisation à but non lucratif W3C est à l'origine de la norme ISO/IEC 40500 qui vise à rendre les contenus web accessibles aux différents types de handicap.

Cette approche de conception a cependant des limites. C'est d'abord la question du coût : identifier et traiter les besoins de chaque catégorie d'utilisateur prend plus de temps et impacte donc le coût de conception de l'outil, alors que finalement l'outil ne sera pas forcément utilisé par l'ensemble des catégories d'utilisateurs (Vanderheiden et Tobias 2000). La complexité de l'outil dans le cas d'une approche de conception universelle est aussi une autre limite, il est souvent impossible en pratique d'intégrer l'ensemble des spécificités des utilisateurs dans l'outil (Pullin 2009).

Approche de la conception spécifique

À l'inverse, la conception spécifique est une ingénierie de la réadaptation : il s'agit de proposer des aides à la compensation d'un type de handicap spécifique. La conception d'outil spécifique s'inscrit dans la norme ISO 9999 qui définit ainsi les produits d'assistance : « Tout produit (y compris tout dispositif, équipement, instrument et logiciel) fabriqué spécialement ou généralement sur le marché, utilisé par ou pour les personnes en situation de handicap, destiné à favoriser la participation ; protéger, soutenir, entraîner, mesurer ou remplacer les fonctions organiques, les structures anatomiques et les activités ; ou prévenir les déficiences, les limitations d'activité et les restrictions de la participation. » La norme classifie ensuite les produits d'assistance en grands domaines.

La principale limite de la conception spécifique réside dans l'acceptabilité sociale par les utilisateurs d'une approche de conception spécifique. En effet, les utilisateurs n'ont pas forcément envie d'utiliser des outils spécifiques mettant en évidence leur handicap. Soulignons toutefois que la prise en compte de besoins spécifiques peut faciliter l'accessibilité pour tous et être source d'innovation (Lazar *et al.*, 2015). C'est le cas du développement des SMS au départ conçus pour permettre aux personnes malentendantes d'utiliser un téléphone portable.

Des méthodes combinant ces deux approches

Les deux approches peuvent être complémentaires. Parmi ces approches hybrides, la conception centrée sur l'utilisateur (*user-aware design*) est particulièrement intéressante. Elle doit permettre de répondre aux besoins du plus grand nombre (approche de conception universelle). Cependant, dans le cas de besoins très spécifiques, un design modulaire ou customisable peut être adopté.

La prise en compte des utilisateurs en situation de handicap peut aussi s'effectuer dans le cadre de *living labs* (Peyrard 2022). Ces approches s'inscrivent dans la sociologie des usages qui considère que les PSH possèdent une expertise d'usage, essentielle à la conception (Akrich, 2006). Cette prise en compte de l'expertise des PSH est essentielle dans la conception d'outils numérisés mais soulève aussi des difficultés et des enjeux éthiques, comme recensés par Peyrard (2022) :

- Difficulté à trouver et mobiliser des PSH et leurs aidants familiaux ou professionnels,
- Difficultés de communication qui gênent l'expression des besoins,
- Difficultés méthodologiques, liées aux capacités d'abstraction, de conceptualisation et de résolution de problème requises à certaines étapes de la co-conception,
- Difficulté à faire venir les PSH sur le lieu du test.

Enfin, certains reprochent aux démarches d'*empowerment* et au modèle participatif d'être porteurs d'un nouveau projet normatif, celui qui impose à chacun d'être un acteur impliqué dans la société et dans la définition de son propre projet. On remplace la perception « d'anormalité » liée au handicap par une « anormalité » de celui qui ne trouve pas, ou ne cherche pas, sa place dans la société. Dans le champ du marketing par exemple, les recherches montrent l'apparition d'une figure spécifique du consommateur en situation de handicap (Dubost 2018) : le consommateur actif, « vaillant », qui parvient à dépasser son handicap en construisant ses propres solutions (Nau *et al.* 2016) s'opposant à un consommateur passif, qui subit l'inaccessibilité de l'offre (Peyrard 2022).

Il apparaît ainsi que le travail à l'ère numérique entre PSH et personnes valides est complexe. D'une part les référentiels autour de la gouvernance des SI ainsi que les chartes éthiques mettent très peu en avant une politique d'intégration des besoins des PSH et d'autre part, les approches de conception, qu'elles soient de nature universelle, spécifique ou hybride ne permettent pas de prendre en compte l'intégralité des situations.

Par ailleurs, au-delà des outils et de leur gouvernance et usage, c'est bien souvent l'interaction entre le travailleur et les structures sociales qui mettent en difficulté le travailleur en situation de handicap (Sang, Richards et Marks, 2016) et rendent ces interactions complexes.

Nous allons donc examiner plus précisément les caractéristiques individuelles à prendre en compte, tant pour la PSH que pour les autres collaborateurs valides et présents dans la situation de collaboration.

2.3 Considérations individuelles

Les spécificités des caractéristiques individuelles sont à la fois cruciales lorsqu'il s'agit d'interroger les comportements au travail (la littérature en RH, en psychologie sociale et organisationnelle est riche de ce point de vue) et difficiles à appréhender tant il est complexe de les mesurer, les déceler et donc de les prendre en compte dans les situations de collaboration. Par exemple, la littérature a identifié que les capacités de travail (*work ability*) sont très fortement liées aux ressources personnelles (McGonagle *et al.*, 2014), notamment aux facteurs de nature cognitive et/ou affective. Concernant le versant cognitif, la définition même de la capacité de travail intègre les capacités mentales des individus afin de répondre aux exigences de la tâche à effectuer. Les capacités et compétences en la matière jouent donc un rôle fondamental, au même titre que les compétences « techniques » permettant à la personne en situation de collaboration de s'approprier, plus ou moins rapidement, les outils mis à la disposition par l'organisation et leurs mises à jour. Ces variables cognitives ont d'ailleurs été intégrées aux premiers modèles d'acceptation de la technologie, notamment au travers de la facilité d'utilisation perçue et de l'utilité perçue.

Au-delà des aspects cognitifs, des modèles plus récents intègrent la dimension affective afin de mieux comprendre les mécanismes d'utilisation des technologies (Beaudry et Pinsonneault 2010). Dans cette perspective, la littérature laisse apparaître deux familles de travaux. La première famille traite des effets des affects sur l'adoption et/ou l'utilisation d'un dispositif technologique. La seconde s'intéresse plus spécifiquement à la façon dont les caractéristiques du dispositif technologique sont en mesure de générer des réactions affectives à l'utilisateur.

Concernant la première famille de travaux, Beaudry et Pinsonneault (2010) illustrent de nombreux exemples relatifs aux effets des émotions dans l'utilisation des technologies. Nous y retrouvons par exemple le rôle joué par les émotions (que leur valence soit positive ou négative) sur la perception de facilité d'utilisation d'un site web (Cenfetelli, 2004) ; le rôle du plaisir dans l'attitude à l'égard de l'utilisation de services mobiles (Kim *et al.*, 2004) ; ou encore des rôles de l'anxiété et de la joie dans la perception de facilité d'utilisation dans des services d'assistance en ligne comme dans l'utilisation de systèmes de gestion immobilière (Venkatesh, 2000). La seconde famille ne traite pas des états affectifs comme antécédents de l'utilisation de la technologie, mais comme conséquence. Dans cette perspective, ce sont donc les caractéristiques de la technologie qui vont être en mesure de générer des affects, ces dernières pouvant à leur tour influencer positivement les comportements de l'utilisateur (Hibbeln *et al.*, 2017).

Cette littérature illustre plusieurs aspects importants lorsqu'il s'agit de traiter des usages des systèmes d'information par des PSH. D'une part, au-delà du handicap de la PSH, ses caractéristiques individuelles sont à prendre en compte dans la conception des outils numériques. Et, dans des situations de collaboration entre des individus en situation de handicap et des individus valides, il est important de considérer aussi les caractéristiques individuelles des collaborateurs valides. D'autre part, peu de travaux académiques portent sur le contexte de la collaboration médiée par les technologies de l'information des PSH. En effet, les nombreux travaux relatifs au rôle des caractéristiques individuelles et/ou des affects dans l'utilisation de SI, ne peuvent être transposés en l'état au cas des PSH et des outils d'assistance. En effet l'impact des affects dépend aussi de la tâche à effectuer et du médium considéré. Pour les PSH, ces deux éléments sont spécifiques et la recherche relative au traitement des affects par les personnes déficientes visuelles en situation de communication intermédiée par technologie a fait l'objet de peu d'attention (Kim, 2023). Notons cependant les récents travaux de Kim (2023) qui cherchent à comprendre comment les personnes souffrant de handicap visuel « visualisent », lors d'interactions en ligne, les émotions exprimées par d'autres, notamment par le biais des expressions faciales. Ces résultats montrent l'apparition de différences émanant du niveau d'acuité visuelle et des caractéristiques de l'émotion.

Ainsi, les affects jouent un rôle important dans l'utilisation des technologies numériques par les PSH. Ces affects peuvent être considérés comme facilitateur ou, au contraire, constituer un frein pour le PSH en situation de travail. D'une part, les états affectifs du PSH, qu'ils soient situationnels (à un instant T, favorisés ou défavorisés par une multitude de facteurs internes et externes) ou plus ancrés (déficience intellectuelle, émotionnelle, etc.) peuvent faciliter ou, au contraire, freiner l'utilisation de ces technologies. Ensuite, la façon dont la technologie est elle-même conçue peut jouer sur les affects de la PSH. Enfin, lors d'une communication homme-homme au travers d'une technologie, l'appréhension des émotions véhiculées par l'émetteur ou le récepteur d'un message peut varier d'une PSH à l'autre.

Dans cette perspective, deux aspects semblent importants. D'une part, la prise en compte des compétences et ressources individuelles de la PSH, qu'elles soient de nature technique, sociale ou émotionnelle. S'il peut être relativement aisé de faire évoluer les salariés en matière de compétence afin de fluidifier les usages des outils numériques, il n'est cependant pas possible de modifier, de façon durable, les ressources cognitives et/ou affectives, propres à la PSH : ces caractéristiques-là sont ancrées et viennent s'ajouter aux caractéristiques liées au handicap. D'autre part, puisqu'il s'agit de travail médié par des outils numériques, il est également important de prendre en compte les caractéristiques individuelles des personnes valides, elles-mêmes étant actrices des différentes situations de collaboration. Il apparaît ainsi que le travail du collaborateur en situation de handicap nécessite la prise en compte des caractéristiques de l'ensemble des individus impliqués dans la situation de travail.

2.4 Considérations externes

Toujours dans la volonté de proposer un modèle holistique des facteurs liés au travail en situation de handicap, certains éléments, externes à la situation de travail, peuvent la faciliter. C'est le cas par exemple du soutien social qui peut avoir un effet tampon lorsque les situations de travail deviennent complexes (Karasek et Theorell, 1990). Si le soutien social peut être présent au niveau de l'entreprise, grâce notamment aux collègues et/ou aux supérieurs hiérarchiques, il peut également émaner de la famille ou des amis.

Ce modèle nous permet de proposer plusieurs pistes de recherches autour de la question de la conception des outils, des stratégies individuelles des PSH dans le cadre du travail.

3. Proposition d'un agenda de recherche autour du travail numérique en situation de handicap

Nous proposons un agenda de recherche, centré sur les interactions entre caractéristiques organisationnelles et individuelles (PSH et « valides »).

Intégrer les situations de handicap dans la gouvernance des systèmes d'information

Il est important de souligner la diversité des situations de déficience. Cette diversité est encore plus importante si nous prenons en considération les caractéristiques personnelles des PSH. Par exemple, la motivation, la capacité à s'adapter ou encore la résilience sont autant d'éléments qui viennent davantage complexifier la compréhension de la place du travailleur en situation de handicap.

Au-delà de ces caractéristiques personnelles, d'autres éléments liés à l'interaction avec la technologie sont à prendre en compte, comme par exemple le niveau de compétence en bureautique ou les formes d'appétence pour les technologies. Ainsi, on relève des effets d'interaction entre le type de handicap et les caractéristiques individuelles qui mériteraient d'être davantage étudiés. Les concepteurs des technologies ont également un rôle fondamental à jouer au regard du rôle central de ces technologies dans les activités de collaboration. Comment mieux prendre en compte la diversité des utilisateurs et assurer l'accessibilité pour tous dès la phase de conception des outils collaboratifs ? Une tension majeure concerne la nécessité de concevoir ces technologies dans un cadre holistique, tout en considérant que chaque situation de collaboration est unique. Comment s'assurer que les outils numériques en place sont adaptés aux situations de handicap ?

Ceci amène à s'interroger sur les actions de sensibilisation et de formation des concepteurs et développeurs d'outils collaboratifs à l'accessibilité numérique. En parallèle, il s'agit également de permettre aux travailleurs en situation de handicap de développer les compétences numériques nécessaires à la collaboration.

Malgré les avancées importantes en la matière, Kulkarni (2019) évoque l'incapacité de la technologie à couvrir les différents types de handicaps. La conception de la technologie ne doit cependant pas se faire uniquement sur la base du PSH lorsque l'on sait que ce ne sont pas tant les déficiences liées au handicap qui entraînent un désavantage professionnel, mais l'environnement dans lequel le PSH évolue (Klinksiek et al., 2023).

Analyser les stratégies individuelles des usages des PSH, et le rôle des politiques RH

Cet article, comme beaucoup d'autres, insiste sur les freins à l'inclusion des travailleurs en situation de handicap. À ce titre, il ne souligne pas assez les nombreuses ressources mobilisées par les PSH pour « faire avec » un environnement incapacitant, et qui relèvent d'une véritable agilité. Les approches de la pratique, combinant une perspective micro, méso et macro, peuvent s'avérer riches pour identifier les ressources et les freins au parcours des travailleurs en situation de handicap, mettre en lumières les différentes stratégies individuelles pour « faire » carrière, et peut-être aussi redéfinir le succès de carrière.

Aussi, des travaux sont nécessaires pour comprendre quelles politiques RH/diversité permettent de dépasser les simples ajustements ou bricolages, entre PSH et collègues et managers pour ancrer dans les pratiques la collaboration en situation de handicap.

Sur le plan managérial, identifier les compétences spécifiques développées par les PSH pourrait faciliter leur inclusion dans les collectifs de travail et permettre de les reconnaître dans les politiques de rémunération et développement en lien avec la politique RH de gestion des compétences.

4. Conclusion

L'inclusion numérique pourtant au cœur des nouveaux modes de travail, est un sujet encore peu traité dans la littérature. La question de l'inclusion des PSH dans ces pratiques collaboratives digitales reste largement impensée. Dans cet article, nous proposons un cadre d'analyse et des propositions de recherche sur ce thème avec l'ambition d'apporter une perspective inclusive aux travaux actuels. Nous proposons deux axes pour un agenda de recherche, centrés à deux niveaux d'analyse différents : au niveau organisationnel, il s'agit de mieux intégrer les situations de handicap dans la gouvernance des systèmes d'information et des politiques ressources humaines ; au niveau individuel, analyser les stratégies des travailleurs en situation de handicap face à ces obstacles ouvre de nombreuses pistes de recherche. Nous invitons les chercheurs en management à se saisir de ces propositions.

5. Références

• Akrich, M. (2006). Les utilisateurs, acteurs de l'innovation. Dans M. Akrich , M. callon, B. Latour (dir.), *Sociologie de la traduction. Textes fondateurs* (p. 253-265). Presses des Mines.

• Beaudry, A., & Pinsonneault, A. (2010). The other side of acceptance: Studying the direct and indirect effects of emotions on information technology use. *MIS quarterly*, *34*(4), 689-710.

• Casilli, A. A. (2010). Technologies capacitantes et « disability divide » : enjeux des usages numériques dans les situations de handicap. Dans J. Gaillard (dir.), *Vers la fin du handicap ? Pratiques sportives, nouveaux enjeux, nouveaux territoires* (p. 501-515). Presses Universitaires de Nancy.

• Cenfetelli, R.T. (2004). Getting in Touch with Our Feelings Towards Technology, *Academy of Management Proceedings*, *1*, F1-F6.

• Dubost, N. (2018). Handicap et consommation : un état de l'art. *Recherche et Applications en Marketing (French Edition)*, *33*(2), 80-98.

• Flichy, P. (2004). L'individualisme connecté entre la technique numérique et la société. *Réseaux*, *124*(2), 17-51.

• Hibbeln, M.T., Jenkins, J.L., Schneider, C., Valacich, J., & Weinmann, M. (2017). How Is Your User Feeling? Inferring Emotion Through Human-Computer Interaction Devices (2017). *MIS Quarterly*, *41*(1), 1-21.

• Hoque, K., Wass, V., Bacon, N., & Jones, M. (2018). Are high-performance work practices (HPWPs) enabling or disabling? Exploring the relationship between selected HPWPs and work-related disability disadvantage. *Human Resource Management*, *57*(2), 499-513.

• Karasek, R., & Theorell, T. (1990). *Healthy Work: Stress, Productivity, and the Reconstruction of Working Life*. Basic Books.

• Kim, H. W., Chan, H. C., Chan, Y. P., & Gupta, S. (2004). Understanding the Balanced Effects of Belief and Feeling on Information Systems Continuance. *Proceedings of the 25th International Conference on Information Systems.*

• Kim, H.N. (2023). The frequency of facial muscles engaged in expressing emotions in people with visual disabilities via cloud-based video communication. *Theoretical Issues in Ergonomics Science*, *24*(3), 267-280.

• Klinksiek, I. D., Jammaers, E., & Taskin, L. (2023). A framework for disability in the new ways of working. *Human Resource Management Review*, *33*(2), 100954.

• Kulkarni, M (2019). Digital accessibility: Challenges and opportunities. *IIMB Management Review, 31*(1), 91-98. https://doi.org/10.1016/j.iimb.2018.05.009.

• Lazar, J., Goldstein, D., & Taylor, A. (2015). *Ensuring digital accessibility through process and policy*. Morgan kaufmann.

• Lespinet-Najib, V., Roche, A. & Chibaudel, Q. (2017). Santé et handicap : d'une conception centrée « utilisateur » à la conception universelle. *Annales des Mines. Réalités industrielles, 2017*, 25-27. https://doi.org/10.3917/rindu1.172.0025

• Malhotra, A. (2021). The postpandemic future of work. *Journal of management, 47*(5), 1091-1102.

• McGonagle, A. K., & Barnes-Farrell, J. L. (2014). Chronic illness in the workplace: Stigma, identity threat and strain. *Stress and Health, 30*(4), 310–321.

• Nau, J. P., Derbaix, C., & Thevenot, G. (2016). Place de l'offre dans la construction d'une identité stigmatisée : le cas des personnes en situation de handicap moteur. *Recherche et Applications en Marketing (French Edition), 31*(4), 50-69.

• Peyrard, E., & Chamaret, C. (2020). Concevoir pour tous, mais avec qui ? Trois cas de co-conception avec des personnes en situation de handicap. *Annales des Mines – Gérer & comprendre* (Vol. 141, No. 3, p. 57-70). Institut Mines-Télécom.

• Peyrard, E. (2022). *L'innovation inclusive en pratique : fondations, apports et défis dans le domaine du handicap* [Thèse de doctorat, Institut Polytechnique de Paris].

• Pinède, N. (2018). Penser le numérique au prisme des situations de handicap : enjeux et paradoxes de l'accessibilité. *Tic&société*, 2018, *12*(2). https://dx.doi.org/10.4000/ticetsociete.2573. https://hal.science/hal-02975076.

• Pullin, G. (2009). *Design meets disability*. The MIT Press.

• Taskin, L., Ajzen, M., & Donis, C. (2017). New ways of working: From smart to shared power. Dans L. Taskin, M. Ajzen, C. Donis (dir.), *Redefining management: smart power perspectives* (p. 65-79). Springer International Publishing.

• Sang, K. J., Richards, J., & Marks, A. (2016). Gender and disability in male-dominated occupations: A social relational model. *Gender, Work & Organization, 23*(6), 566-581.

• Schloemer-Jarvis, A., Bader, B., & Böhm, S. A. (2022). The role of human resource practices for including persons with disabilities in the workforce: A systematic literature review. *The International Journal of Human Resource Management, 33*(1), 45-98.

• Stone, D. L., & Colella, A. (1996). A model of factors affecting the treatment of disabled individuals in organizations. *Academy of management review, 21*(2), 352-401.

• Vanderheiden, G., & Tobias, J. (2000). Universal design of consumer products: current industry practice and perceptions. *Proceedings of the human factors and ergonomics society annual meeting, 44*(32), 6-19.

• Venkatesh, V. (2000). Determinants of Perceived Ease of Use: Integrating Control, Intrinsic Motivation, and Emotion into the Technology Acceptance Model. *Information Systems Research, 11*(4), 342-365.

Partie 3

Organiser, déployer et piloter la décarbonation

Mobilité décarbonée dans le SI Logistique

Hind ABOUSSIKINE - CNAM Paris/LIRSA
Sophie AGULHON - Aix-Marseille Université, CERGAM
François BARON - EDC Business School
Sonia BENDIMERAD - ESLI Cachan
Raphaël FALCO - Scalian
Mohamed HAOUARI - ESLI Redon
Karine LE RUDULIER - Université Rennes 1/IGR
Loic PERRIN - H2X ECOSYSTEMS
Cyril SARRIEU - Scalian
Thierry SAUVAGE - CNAM Paris/LIRSA, ESLI
Patrice SCHOCH - EDC Business School

Aujourd'hui, les chaînes d'approvisionnement se complexifient et s'interconnectent de manière croissante, impliquant des parties prenantes aux rôles, objectifs et processus décisionnels variés, parmi lesquelles figurent les transporteurs, les prestataires de services logistiques, les intermédiaires de services logistiques, ainsi que les acheteurs et les vendeurs (Stefansson et Russell, 2008). En France, le secteur le plus émetteur de gaz à effet de serre (GES) reste celui des transports. Il représentait à lui seul 32 % des émissions en 2022 selon BPI France. Ces données soulignent la nécessité de décarboner les transports et la logistique, en adoptant une approche globale visant à réduire les émissions de carbone via les systèmes d'information (SI). La logistique, considérée comme le moteur du pilotage des flux physiques, s'appuie principalement sur les systèmes d'information (SI) pour orchestrer ces flux, ce qui en souligne le rôle crucial dans les stratégies logistiques. En effet, les SI sont considérés comme la colonne vertébrale de la fonction logistique.

Ce constat renforce la nécessité et l'urgence de repenser également les SI logistiques dans le cadre de la décarbonation de ce secteur.

Dans un premier temps, ce chapitre explicite ce que l'approche par les écosystèmes permet au SI logistique et présente une méthodologie complète pour identifier et travailler avec les parties prenantes. Nous montrons ensuite le rôle du SI au sein de différentes stratégies pour une logistique décarbonée et présenterons le cas de l'entreprise NOZ. Enfin, nous conclurons ce chapitre sur trois encadrés : un panorama des offres de gestion du dernier kilomètre décarbonées, une preuve de concept (POC) de la société Scalian pour éclairer la décision et piloter la décarbonation des mobilités ainsi qu'un aperçu du potentiel de la *blockchain* sur la décarbonation des flux.

1. L'approche par les écosystèmes dans le SI logistique

La transition écologique dépasse le simple développement de nouvelles technologies ou d'innovations matérielles. Elle requiert une transformation profonde, ancrée dans les stratégies, les objectifs et les politiques des divers acteurs. Elle s'appuie sur une gestion qui favorise une collaboration étroite et durable (Paché, 2004). Dans ce contexte, l'approche par les écosystèmes d'affaires (ESA) offre une nouvelle perspective pour la décarbonation du secteur logistique et transport, encourageant une réflexion au-delà de la supply chain traditionnelle. Elle valorise l'intégration d'un ensemble plus large de parties prenantes organisées autour d'une vision partagée, dans une logique d'innovation et de coévolution (Donada et Fournier, 2014). L'ESA décrit une communauté économique supportée par l'interaction entre les organismes du monde des affaires : des organisations et des individus. Elle produit des biens et des services en apportant de la valeur aux clients, qui feront eux-mêmes partie de cet écosystème. Les fournisseurs, les producteurs, les concurrents et autres parties prenantes participent également à cet écosystème. Cette communauté va lier des organisations hétérogènes, avec des savoir-faire issus de différents secteurs d'activité, dans une dynamique de coopétition, c'est-à-dire de relations alternant compétition et coopération.

Les TIC sont considérées comme un élément important à intégrer dans les ESA. Elles représentent l'infrastructure qui supporte les processus collaboratifs et la création de valeurs collectives et détermine la performance du processus d'innovation entre les acteurs. Dans ce cadre où de multiples parties prenantes sont mutuellement engagées (territoires, élus, industriels, acteurs de la recherche et de l'innovation, divers clusters, etc.), la décarbonation logistique devient une affaire collective nécessitant de répondre urgemment à plusieurs questions : Comment l'analyse des écosystèmes complexes logistique peut-elle faciliter l'identification des parties prenantes dans le processus de décarbonation ? Et comment les SI peuvent-ils être exploités pour améliorer l'engagement des parties prenantes et optimiser les opérations logistiques et la mobilité en faveur de la décarbonation ?

2. Compréhension des écosystèmes complexes

Les ESA sont au cœur des efforts pour réduire les émissions de carbone et maintenir l'efficacité opérationnelle en logistique. Cette section explore les leviers soutenant une collaboration intersectorielle fructueuse et un alignement stratégique efficace pour optimiser les services et les infrastructures. Cependant, les propriétés des écosystèmes logistiques peuvent également être adaptées à la question de la mobilité dans une optique de décarbonation.

2.1 Caractéristiques des écosystèmes d'affaires logistiques

La logistique décarbonée, entendue comme l'ensemble des pratiques visant à réduire les émissions de carbone des flux physiques, nécessite une approche collective et collaborative, mobilisant une multitude de parties prenantes au sein d'un écosystème complexe. En effet, l'écosystème logistique décarboné se caractérise par une organisation riche en interactions multiples, englobant des échanges politiques, économiques, techniques, et sociaux entre une variété d'acteurs, y compris les développeurs de SI, les prestataires de services logistiques, les transporteurs, les autorités publiques, les acteurs territoriaux, etc. Cette structure sociotechnique et les interdépendances qu'elle engendre sont régies par des dynamiques structurelles complexes, nécessitant une approche systémique et en réseau pour comprendre et optimiser ces services et infrastructures. Le tableau 1 ci-dessous illustre comment les caractéristiques des ESA se manifestent à la fois dans l'écosystème logistique.

Caractéristique	**ESA**	**Écosystème logistique**
Géographie	Les ESA sont des structures complexes qui transcendent les frontières géographiques, industrielles et traditionnelles.	Le système logistique met en correspondance l'offre et la demande, d'amont en aval de la chaîne de valeur. C'est un système complexe, multidimensionnel.
Relations inter-entreprises	Les ESA sont caractérisés par des relations de « coopétition », où coopération et compétition coexistent, permettant à des concurrents de faire partie du même écosystème.	Les entreprises devront apprendre « chemin faisant » à gérer entre elles une situation de compétition frontale sur certaines dimensions de leur chaîne de valeur, tout en coopérant sur d'autres dimensions.
Industrie et SI	Avec l'avènement des TIC, les distinctions entre les industries s'estompent.	Le SI est l'élément central du dispositif logistique. Les chaînes logistiques étant, par nature, multi acteurs et multisites, le SI assure la cohérence de ces ensembles complexes d'opérations.
Management et transfert de connaissances	Le partage et le transfert de connaissances sont essentiels, en particulier lors des phases d'innovation, et la qualité des interactions entre les acteurs est cruciale.	Pour innover dans la chaîne logistique, l'entreprise doit manipuler des informations complexes et des connaissances provenant des clients et des fournisseurs. Des approches misant sur la personnalisation doivent être mises en place.
Contrôle	Décentralisé dans les ESA.	La décarbonation de la logistique repose sur un contrôle décentralisé mais qui peut être facilité par la technologie *blockchain*.

Tableau 1. Caractéristiques d'un écosystème logistique. Source : Aboussikine, Perrin, Sauvage, inspiré de Peltoniemi (2004).

En se basant sur ces caractéristiques, un écosystème logistique peut être perçu comme un réseau complexe et multidimensionnel qui intègre l'offre et la demande sur toute la chaîne de valeur. Cette structure en écosystème se distingue par sa composition en trois couches principales :

- Une couche physique, qui gère les flux physiques,
- Une couche organisationnelle, qui orchestre la coordination entre différents acteurs et processus,
- Une couche informationnelle, essentielle pour la gestion et l'optimisation des opérations grâce aux technologies de l'information (TIC).

L'écosystème logistique nécessite une coordination flexible et intégrée, de surcroît dans une optique de décarbonation. Une gestion efficace dans cet écosystème exige l'élaboration de stratégies pour gérer les interactions complexes entre les diverses parties prenantes et coordonner leurs intérêts, souvent divergents. Nous allons à présent examiner le rôle des SI au sein de ces stratégies pour une logistique décarbonée.

2.2 L'impact de la décarbonation sur les relations entre les parties prenantes et le rôle du SI logistique

La gestion des écosystèmes complexes de la logistique décarbonée représente un défi majeur, nécessitant l'identification et la mobilisation des parties prenantes. La diversité de ces parties prenantes, comprenant des fournisseurs, des clients, des régulateurs et des ONG environnementales, peut engendrer des conflits d'intérêts et complexifier l'élaboration de stratégies efficaces de mobilisation.

De surcroît, la dynamique changeante des marchés et des réglementations environnementales ajoute davantage d'incertitude, rendant difficile la prédiction des comportements et des réactions des parties prenantes face aux initiatives de décarbonation. Décarboner un écosystème logistique exige une compréhension approfondie des motivations de chaque partie prenante, la capacité à anticiper et à s'adapter aux évolutions des écosystèmes dans lesquels il s'insère voire le développement de capacités de résilience. Pour cela, il est nécessaire de mettre en œuvre des stratégies de communication et de collaboration adaptatives, tenant compte des particularités culturelles et organisationnelles des acteurs.

La transition vers une logistique décarbonée nécessite une vision stratégique globale et concertée, soutenue par des investissements importants dans les TIC. En effet, le partage d'informations est un pilier central de cet écosystème, qui permet de faciliter la circulation rapide et efficace des données relatives aux flux de produits et aux opérations logistiques. Ce processus est essentiel pour synchroniser les efforts de réduction des émissions de carbone. Il est alors nécessaire d'échanger six types d'informations dans la chaîne logistique, incluant : les détails sur les produits, les ressources, les stocks, les délais, les demandes, et la planification.

En outre, la capacité de l'État à décarboner les mobilités ou d'une entreprise à innover dans la chaîne logistique dépend fortement de la manipulation d'informations complexes et d'interactions plus personnalisées pour un partage efficace des connaissances (Halley, Beaulieu et Roy, 2006) et un alignement stratégique entre l'ensemble des parties prenantes en créant une symbiose entre les différents objectifs et intérêts, particulièrement sur le plan écologique. L'alignement des objectifs de décarbonation avec les spécificités territoriales est également crucial pour l'efficacité et la durabilité de ces initiatives.

2.3 Alignement des objectifs de décarbonation avec les spécificités territoriales

L'harmonisation des politiques environnementales avec les réalités locales peut augmenter significativement l'efficacité des politiques de développement durable. Par ailleurs, l'approche des transitions, développée par Schot et Geels (2008), propose de considérer les changements systémiques nécessaires à travers les interactions entre niches (innovations), régimes existants, et dynamiques globales. Ces perspectives théoriques permettent de comprendre comment aligner les initiatives de décarbonation avec les besoins et capacités spécifiques des territoires. L'intégration des objectifs de développement durable dans les stratégies locales nécessite une application consciente de la théorie des parties prenantes et de la responsabilité sociale des entreprises (RSE). Les organisations doivent considérer les conséquences de leurs décisions sur tous les acteurs concernés. Parallèlement, il est également nécessaire pour les entreprises de conduire leurs opérations de manière éthique, en prenant en compte les impacts sociaux et environnementaux. Ces approches théoriques guident les entreprises à formuler des stratégies qui non seulement respectent les réglementations environnementales mais encouragent également la participation active et le soutien des communautés locales.

L'utilisation de modèles de gouvernance multi-niveaux est également pertinente. Ces modèles illustrent comment l'engagement des autorités locales, en synergie avec les politiques nationales, peut faciliter l'intégration harmonieuse des objectifs de développement durable. De même, les modèles de gestion des parties prenantes proposés par Friedman et Miles (2006) permettent de détecter et de gérer les conflits potentiels, en favorisant des relations coopératives qui soutiennent les objectifs de décarbonation. L'alignement des objectifs de décarbonation avec les spécificités territoriales exige une approche holistique qui prend en compte à la fois les théories environnementales et de gestion. En adoptant ces cadres théoriques et modèles de gestion, les organisations peuvent développer des stratégies plus efficaces et durablement acceptées par les parties prenantes.

3. Identification des parties prenantes clés

Dans le cadre de la décarbonation logistique et transport, il est essentiel de suivre une approche structurée pour identifier et engager les parties prenantes de manière efficace. Cette section décrit un processus qui repose sur trois principes. Le premier principe consiste à identifier les parties prenantes et à évaluer leur influence ainsi que leurs intérêts, ce qui est crucial pour comprendre leur impact potentiel sur les projets de décarbonation. Le deuxième principe implique la cartographie de ces parties prenantes, en exploitant les SI pour visualiser les relations et les dynamiques entre elles. Le troisième principe se concentre sur la méthodologie du profilage des parties prenantes, ce qui permet de personnaliser les stratégies de communication et d'engagement pour répondre aux besoins spécifiques de chaque groupe d'acteurs. Ensemble, ces principes forment un cadre complet pour soutenir les initiatives de décarbonation à travers une gestion stratégique des parties prenantes.

3.1 Cadre méthodologique pour identifier les parties prenantes dans un écosystème complexe

Les décisions prises dans le cadre de la décarbonation de l'écosystème logistique portent à conséquence sur les parties prenantes de ce même écosystème. Développer une approche inclusive et collaborative pour identifier les intérêts des acteurs et comprendre leurs influences est nécessaire pour élaborer des stratégies qui répondent aux vraies problématiques de ces acteurs. Cette approche nécessite une compréhension fine des intérêts de chaque partie prenante et de la manière dont ces intérêts s'alignent ou entrent en conflit avec les objectifs de décarbonation. Par exemple, les transporteurs peuvent être préoccupés par les coûts initiaux des investissements dans des technologies plus propres, tandis que les autorités réglementaires se concentrent sur la conformité aux normes environnementales.

Le cadre analytique proposé par Mitchell, Agle, et Wood (1997) fournit un outil précieux pour déterminer quelles parties prenantes sont cruciales pour le succès des initiatives de décarbonation, en identifiant les parties prenantes selon trois critères : (1) le pouvoir : influence que peut avoir la partie prenante sur un ou plusieurs résultats du projet ; (2) la légitimité : perception ou hypothèse selon laquelle les actions de la partie prenante sont souhaitables ou appropriées ; (3) l'urgence : temps d'attente que la partie prenante accepte pour obtenir une réponse à ces demandes. La classification qui en découle permet de distinguer les parties prenantes en plusieurs catégories (Figure 1).

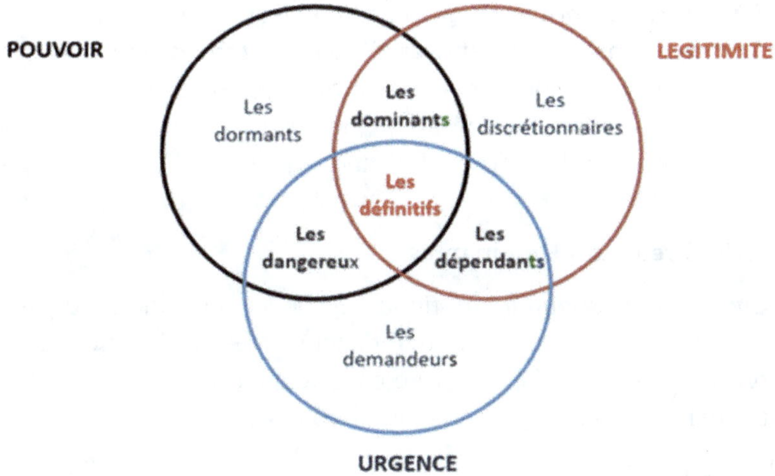

● Figure 1. Modèle de classification de Mitchell, Agle, et Wood (1997). Source : Mitchell, Agle, et Wood (1997).

La prise en compte de classifications spécifiques, telles que les parties prenantes définitives à l'intersection du pouvoir, de la légitimité, et de l'urgence, permet aux organisations de cibler leurs efforts là où ils auront le plus d'impact. Cette approche stratégique peut inclure le développement de partenariats avec des acteurs clés pour piloter des innovations en matière de décarbonation, ou la mise en place de forums de dialogue pour résoudre les conflits d'intérêts et harmoniser les objectifs. Exemples de parties prenantes dans l'écosystème logistique :

- **Parties Prenantes Définitives :**

  Autorités réglementaires. Elles disposent d'un haut niveau de pouvoir, de légitimité et d'urgence, car elles établissent les cadres réglementaires et les normes de décarbonation qui influencent directement toutes les activités logistiques et de mobilité.

  Acteurs logistiques (fournisseurs, fabricants, prestataires de services logistiques, transporteurs, distributeurs). Ces acteurs jouent un rôle essentiel dans la mise en œuvre de pratiques logistiques durables, agissant comme des pivots dans la réalisation des objectifs de décarbonation.

Territoires (autorités de planification territoriale, transport du dernier kilomètre, entreprises d'énergies renouvelables locales, municipalités et gouvernements locaux). Ils sont des acteurs clés dans la promotion de la décarbonation de la logistique et de la mobilité, avec un rôle significatif et une influence directe sur les politiques locales.

- **Parties Prenantes Dominantes :**

  Clients et consommateurs finaux. Ils détiennent une légitimité et un pouvoir élevés, influençant directement les pratiques des entreprises par leurs préférences et comportements d'achat et de mobilité qui favorisent les pratiques durables.

- **Parties Prenantes Dangereuses :**

  Groupes de pression industrielle et lobbyistes. Ils possèdent un pouvoir considérable pour influencer les décisions politiques et réglementaires. Bien que leur légitimité puisse être remise en question en raison de leurs intérêts commerciaux spécifiques, ils jouent un rôle influent dans l'orientation des politiques publiques. L'urgence de leur influence varie selon l'agenda politique actuel.

- **Parties Prenantes Dépendantes :**

  Acteurs de l'éducation. Avec une urgence relative et une légitimité élevée, ils jouent un rôle crucial dans la sensibilisation et l'éducation des parties prenantes sur les enjeux de la décarbonation logistique. Leur implication est essentielle pour augmenter l'engagement et le soutien envers les pratiques durables.

Identifier ces parties prenantes et comprendre leurs caractéristiques spécifiques et leurs influences permet aux décideurs de mieux hiérarchiser les efforts de communication, d'engagement et de collaboration dans le cadre de leurs initiatives de logistique et de mobilité décarbonées. Après avoir identifié les parties prenantes et leurs rôles, nous nous pencherons désormais sur l'importance de la cartographie des parties prenantes et le rôle crucial des systèmes d'information logistiques dans la gestion et l'organisation efficace de ces informations pour la décarbonation.

3.2 L'importance de la cartographie des parties prenantes pour le succès du SI logistique

La cartographie des flux logistiques et de mobilité est une technique qui offre une analyse visuelle détaillée de la chaîne d'approvisionnement d'une entreprise. Cette méthode trace les flux physiques ainsi que les flux d'informations et financiers associés. Grâce à des représentations graphiques, la cartographie illustre précisément le fonctionnement actuel de la *supply chain* de l'organisation. De ce fait, la cartographie stratégique permet de lier la stratégie logistique et la stratégie globale de l'entreprise, de soutenir le management et la modification de la structure de la *supply chain* (Gardner et Cooper, 2003).

Dans le cadre des écosystèmes logistiques et de mobilité décarbonés, il est essentiel d'ajouter une couche des parties prenantes à la cartographie des flux pour soutenir les initiatives de décarbonation et améliorer l'efficacité opérationnelle. Cela aide à identifier les interactions entre les acteurs impliqués et affectés par ces initiatives, et à comprendre leurs intérêts, besoins et attentes. La visualisation obtenue permet une compréhension profonde de comment et où concentrer les efforts de communication pour favoriser la collaboration et soutenir les initiatives de décarbonation. Elle guide aussi la conception de systèmes d'information logistique performants qui répondent aux besoins de toutes les parties prenantes.

3.3 Éléments de cadrage pour le profilage des parties prenantes (*Personae*)

L'approche de profilage des parties prenantes dans les écosystèmes complexes est un élément clé pour la gestion efficace et l'engagement stratégique dans les initiatives de décarbonation. De manière complémentaire aux théories de la gestion des parties prenantes, le modèle de segmentation de Frooman (1999) examine comment les parties prenantes exercent leur influence par des stratégies de retrait ou d'utilisation de ressources, ce qui est vital pour formuler des réponses appropriées dans les stratégies de décarbonation. La segmentation des parties prenantes permet également de classer ces acteurs en groupes homogènes pour cibler efficacement les communications et les initiatives d'engagement.

Les modèles d'engagement des parties prenantes, tels que développés par Friedman et Miles (2006), offrent des cadres pour gérer les relations en identifiant les zones de conflit ou de coopération. Ces modèles facilitent l'élaboration de stratégies qui promeuvent une collaboration efficace et mutuellement avantageuse, en intégrant les intérêts et attentes de toutes les parties concernées. L'usage des analyses de réseau social (SNA) est également pertinent pour cartographier les interactions et comprendre les dynamiques de groupe, révélant des *insights* sur la circulation des informations et les structures de pouvoir au sein des réseaux.

Ainsi, en intégrant ces approches théoriques et modèles conceptuels, les organisations peuvent élaborer des profils de parties prenantes ou *personas* qui reflètent non seulement les attributs individuels mais aussi les dynamiques relationnelles et structurelles. Ce processus de profilage permet une gestion plus stratégique des interactions et renforce les relations entre les parties prenantes, ce qui est essentiel pour la réussite des initiatives de décarbonation.

3.4 La Fabrique de la Logistique : un modèle de co-construction et de mobilisation des parties prenantes pour la décarbonation

Pour illustrer l'impact positif d'une identification réussie des parties prenantes, prenons l'exemple enrichi du programme EVE (« Engagements volontaires pour l'environnement – Transport et Logistique ») et du projet « InTerLUD » (Innovations Territoriales et Logistiques Urbaines Durables)[39], orchestrées par l'ADEME. Le programme EVE se distingue par sa capacité à fédérer un large éventail d'acteurs issus du secteur du transport et de la logistique autour d'objectifs communs de réduction des émissions de gaz à effet de serre et d'amélioration de l'efficacité énergétique (Figure 2).

■ **[39]** https://www.interlud.green/.

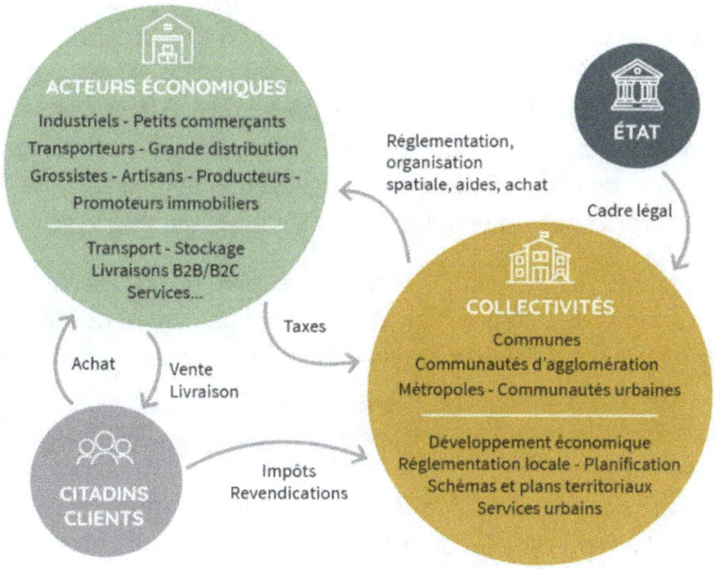

● Figure 2. Les acteurs de la logistique urbaine peuvent être classés en trois grandes familles. Source : https://www.interlud.green/la-logistique-urbaine/acteurs-de-la-logistique-urbaine.

En s'appuyant sur le mécanisme des certificats d'économies d'énergie (CEE), l'ADEME a réussi à motiver les entreprises à s'engager volontairement dans une démarche de progrès environnemental. L'implication des Directions Régionales de l'Environnement, de l'Aménagement et du Logement (DREAL) ainsi que des ministères concernés a apporté un soutien institutionnel fort, tandis que la collaboration avec les fédérations professionnelles a assuré une adhésion et une participation actives du secteur. Le succès de ce programme réside notamment dans l'adoption d'une charte d'engagements et l'attribution d'un label de performance énergétique, qui ont ensemble stimulé une dynamique positive, conduisant à une réduction significative des émissions de GES.

D'autre part, le projet « InTerLUD » a mis en lumière l'importance cruciale des espaces de dialogue entre les acteurs publics et privés pour co-construire des solutions adaptées aux défis spécifiques de la logistique.

En initiant des collaborations entre les municipalités, les entreprises de transport, les commerçants, et d'autres acteurs locaux, « InTerLUD » a favorisé l'émergence de chartes de logistique urbaine, qui reflète les besoins et les objectifs de chaque territoire. Ces chartes ont servi de fondement à des actions concrètes visant à réduire l'empreinte carbone du transport de marchandises en ville, avec une optimisation de l'utilisation des ressources énergétiques.

Ces initiatives démontrent clairement que la clé du succès réside dans une compréhension approfondie des acteurs impliqués, de leurs motivations et de leurs capacités d'action. Établir des mécanismes de consultation et de participation qui valorisent les contributions de toutes les parties prenantes est un facteur clé de succès d'un projet de décarbonation. Ces expériences soulignent l'efficacité d'une approche collaborative et participative dans la mise en œuvre de la transition écologique, en mettant en évidence le rôle central de la mobilisation stratégique des parties prenantes.

4. Stratégies de mobilisation des parties prenantes

Dans cette section, nous examinerons deux techniques de mobilisation et d'engagement des parties prenantes dans le cadre de la décarbonation logistique et des mobilités. Nous explorerons d'abord la sociologie de la traduction, une approche centrée sur les dynamiques d'innovation à travers des réseaux d'acteurs interdépendants. Puis nous présenterons une seconde approche via l'effet boule de neige et les interrelations stratégiques, pour saisir comment les actions interconnectées peuvent accélérer ou entraver la transition vers une écosystème logistique et transport décarbonés. Enfin, nous approfondirons la question des interrelations entre les parties prenantes pour en faire un levier d'action à l'échelle organisationnelle voire territoriale.

4.1 Techniques de mobilisation et d'engagement des parties prenantes

Dans le contexte de l'écosystème logistique, l'innovation et l'adoption de nouvelles technologies jouent un rôle crucial dans la transition vers des pratiques décarbonées. La sociologie de la traduction, également connue sous le nom de théorie de l'acteur-réseau, constitue une approche novatrice le domaine de l'innovation et de la technologie. Cette théorie offre un cadre pour examiner comment les innovations émergent et se diffusent à travers les interactions complexes face à une grande diversité d'acteurs, à la fois humains et non-humains. L'innovation n'est pas simplement le produit de découvertes techniques mais résulte plutôt de la construction sociale au sein d'un réseau d'acteurs interdépendants. Son succès dépend donc de la capacité des acteurs, ou des « traducteurs », à convaincre et à rallier un éventail varié d'alliés à leur cause, en surmontant les controverses.

Le processus d'innovation est articulé autour d'un modèle en cinq phases : (1) la contextualisation, où les influences internes et externes sur le changement sont identifiées ; (2) la problématisation, qui établit un objectif commun et crée un « point de passage obligé » pour les acteurs ; (3) l'intéressement, qui vise à attirer et à engager un nombre croissant d'alliés dans le projet ; (4) l'enrôlement, où les parties prenantes acceptent de jouer un rôle actif dans le développement de l'innovation ; (5) le rallongement du réseau, qui étend le projet initial à de nouveaux partenaires.

Cette théorie met en lumière la dimension sociale de l'innovation, soulignant que le progrès technologique est lié à la capacité des acteurs à intégrer et à mobiliser un large spectre d'intérêts et de perspectives.

4.2 Les effets boule de neige et la décarbonation des écosystèmes logistiques

Dans les dynamiques sociales et organisationnelles, les effets boule de neige représentent un phénomène où les actions initiales déclenchent une série de réactions en chaîne, amplifiant progressivement l'impact initial. Les effets boule de neige sont observés dans des contextes où les interactions entre les individus ou les entités entraînent une propagation rapide des comportements ou des innovations.

Le seuil de participation d'un individu dans certaines activités est influencé par le nombre de personnes déjà engagées. La même logique peut s'appliquer aux dynamiques organisationnelles pour comprendre comment certaines initiatives de décarbonation gagnent en popularité et en efficacité à mesure que de plus en plus d'acteurs y participent. De manière complémentaire, l'effet d'entraînement, décrit par Rogers (2003) dans sa théorie de la diffusion des innovations montre que les innovations se répandent à travers des réseaux sociaux en suivant un modèle prévisible. Ainsi, les premiers adoptants jouent un rôle crucial dans l'influence de la majorité tardive. Cela suggère que des actions ciblées vers des acteurs clés au sein des écosystèmes logistiques peuvent initier un mouvement plus large vers la décarbonation.

Les théories des effets boule de neige peuvent être particulièrement utiles pour concevoir des stratégies qui exploitent le pouvoir de l'influence sociale et organisationnelle. En identifiant et en engageant stratégiquement des leaders d'opinion ou des acteurs clés (*early adopters*), les initiatives de décarbonation peuvent potentiellement bénéficier d'une accélération dans leur adoption et leur mise en œuvre. L'application de ces théories aide à comprendre comment les interactions entre différentes parties prenantes – des régulateurs aux entreprises, en passant par les consommateurs – peuvent être structurées pour favoriser une propagation rapide des meilleures pratiques et des technologies innovantes. Par exemple, la mise en place de normes et de certifications qui valorisent les comportements respectueux de l'environnement peut encourager les entreprises à adopter des pratiques de décarbonation, sachant que cela peut également influencer positivement leurs relations avec les consommateurs et les régulateurs.

Ces dynamiques boule de neige peuvent également être soutenues par des politiques publiques, comme des incitations fiscales ou des subventions, qui réduisent les barrières à l'entrée pour les nouvelles technologies vertes et encouragent leur adoption à un niveau plus large. L'interaction entre ces différents niveaux d'action et d'influence crée un environnement propice à des changements significatifs et durables dans les écosystèmes de mobilité. Les effets boule de neige, lorsqu'ils sont bien compris et exploités, peuvent, ainsi, jouer un rôle crucial dans l'accélération des initiatives de décarbonation dans la logistique et le transport. Ils soulignent l'importance de stratégies bien conçues qui ciblent les points d'influence clés au sein des réseaux d'acteurs pour catalyser et amplifier le changement vers des pratiques plus durables.

4.3 Approche des interrelations et de leurs conséquences

Cette section examine l'importance des interrelations entre les parties prenantes dans les initiatives de mobilité et de logistique décarbonées, soulignant leur impact sur l'efficacité des efforts de décarbonation. Une compréhension approfondie de ces dynamiques est cruciale pour développer des stratégies optimales favorisant les interactions entre les différents acteurs. Les interrelations peuvent être complexes, impliquant divers niveaux d'interaction et d'influence. Pour analyser ces dynamiques, une approche théorique intégrant la théorie des systèmes et la théorie des réseaux est nécessaire. La théorie des systèmes permet de comprendre les interactions au sein d'un écosystème, tandis que la théorie des réseaux met en lumière les connexions spécifiques entre les acteurs et leur influence sur les comportements et les décisions (Borgatti et Foster, 2003). Nous en soulignerons ici 2 mécanismes : l'interaction entre les parties prenantes et le *feedback*.

Les mécanismes d'interaction entre les parties prenantes peuvent soit accélérer soit freiner les initiatives de décarbonation. Par exemple, un engagement fort des gouvernements à travers des politiques de soutien peut accélérer l'adoption de technologies propres en réduisant les risques financiers pour les entreprises. Inversement, des conflits d'intérêts ou des résistances au changement peuvent freiner le progrès, comme lorsque certaines industries lourdes exercent des pressions pour maintenir le statu quo. La dynamique de *feedback* est également essentielle dans ces interactions. Les retours positifs, où les actions favorables en entraînent d'autres, peuvent créer des cycles vertueux qui amplifient les efforts de décarbonation. À l'inverse, les retours négatifs peuvent entraîner des spirales descendantes où la résistance et les barrières s'accumulent (Sterman, 2000).

Pour exploiter efficacement ces mécanismes d'interaction et de *feedback*, il est important d'établir des canaux de communication ouverts et de construire des alliances stratégiques qui peuvent surmonter les obstacles et aligner les intérêts divergents. L'adoption de principes de gouvernance participative et l'intégration des parties prenantes dans la planification et la mise en œuvre des politiques sont des approches qui peuvent aider à harmoniser les actions et à maximiser l'impact des initiatives de décarbonation. En conclusion, une approche bien conçue pour comprendre et gérer les interrelations entre les parties prenantes est cruciale pour naviguer dans les complexités des initiatives de mobilité décarbonée et pour réaliser une transition efficace et durable.

5. Le rôle central des systèmes d'information dans les stratégies de décarbonation de la logistique

Les SI jouent un rôle fondamental dans la gestion et l'optimisation des chaînes logistiques, surtout dans le contexte de la décarbonation. En exploitant une variété de technologies avancées, les SI permettent une gestion intégrée des ressources, une planification précise, et facilitent les échanges de données essentiels à l'efficacité opérationnelle. Cette section explore l'impact des divers types de SI dans le renforcement des pratiques logistiques décarbonées et présente des exemples innovants pour mobiliser les parties prenantes autour de ces initiatives environnementales.

5.1 Optimisation des Systèmes d'Information pour une Logistique Décarbonée : Technologies et Stratégies

La circulation des flux d'informations en interne et en externe de l'organisation constitue le fondement du fonctionnement d'une chaîne logistique, facilitée par l'utilisation des SI. En effet, les SI logistiques sont diversifiés et nombreux, une étude menée par Bayraktar *et al.* (2009) ont identifié treize types, regroupés en trois catégories principales et complémentaires :

- ***Les SI d'entreprise étendue*** sont principalement composés des ERP (*Enterprise Resource Planning*), qui permettent de gérer l'ensemble des ressources et des processus d'une entreprise sur une plateforme intégrée.

• ***Les SI intégrateurs*** regroupent les outils de planification de la chaîne d'approvisionnement (*Advanced Planning System*), les logiciels de gestion des commandes (*Advanced Order Management*), de gestion d'entrepôts (*Warehouse Management System*), de gestion du transport (*Transport Management System*), ainsi que les outils de gestion de la relation client (*Customer Relationship Management*) et de gestion de la relation fournisseur (*Supplier Relationship Management*). Ces systèmes permettent une intégration et une gestion efficace des opérations logistiques.

• ***Les SI facilitateurs*** comprennent des TIC telles que l'EDI (Échange de Données Informatisée) et les moyens d'identification automatique tels que les codes à barres et les étiquettes radiofréquence. Ces outils facilitent les échanges de données et l'identification des produits tout au long de la chaîne logistique.

Dans le contexte de la logistique décarbonée, d'autres systèmes d'information peuvent jouer un rôle crucial pour soutenir les initiatives de réduction des émissions de carbone et l'adoption de pratiques durables. Outre les systèmes déjà mentionnés, voici quelques autres SI pertinents :

• ***Systèmes de gestion de la traçabilité***. Ces systèmes permettent de suivre et de tracer les produits tout au long de la chaîne logistique, ce qui est essentiel pour garantir la conformité aux normes environnementales et pour assurer la transparence des pratiques commerciales. Dans ce contexte, la *blockchain* offre une méthode transparente et sécurisée pour enregistrer et vérifier les transactions tout au long de la chaîne logistique. En utilisant des registres immuables et des contrats intelligents, la *blockchain* peut améliorer la traçabilité des produits, réduire les risques de fraude et garantir la conformité aux normes environnementales.

• ***Systèmes de gestion des transports intelligents***. Ces systèmes intègrent des TIC avancées telles que la télémétrie, les capteurs IoT (Internet des objets) et l'intelligence artificielle pour optimiser les opérations de transport. Ils permettent de réduire les kilomètres parcourus, d'optimiser les itinéraires et de minimiser les temps d'attente, ce qui entraîne des économies de carburant et une réduction des émissions de carbone.

- ***Systèmes de gestion de la logistique inverse***. Ces systèmes facilitent la gestion des flux de marchandises en sens inverse, notamment les retours de produits, les recyclages et les réparations. En optimisant ces processus, ils contribuent à réduire les déchets et les émissions associées à l'élimination des produits en fin de vie.

- ***Systèmes de gestion de la consommation énergétique des bâtiments.*** Ces systèmes surveillent et contrôlent la consommation d'énergie dans les entrepôts et les centres de distribution. Ils identifient les opportunités d'amélioration de l'efficacité énergétique, telles que l'optimisation de l'éclairage, du chauffage et de la climatisation, contribuant ainsi à réduire les émissions de carbone.

L'intégration de ces différents systèmes d'information dans l'écosystème de la logistique décarbonée permet aux entreprises de mieux comprendre, de surveiller et de gérer leur impact environnemental tout au long de la chaîne logistique. Cela leur permet de prendre des décisions éclairées et de mettre en œuvre des initiatives efficaces pour réduire leurs émissions de carbone et promouvoir la durabilité.

5.2 La Charte Objectif CO_2 : un exemple de stratégie nationale pour réduire les émissions dans le transport routier en france

La Charte Objectif CO_2 est une initiative novatrice en France, destinée à réduire les émissions de gaz à effet de serre dans le secteur du transport routier. Pilotée par un comité d'acteurs comprenant le Ministère de la Transition Écologique et Solidaire, l'ADEME et des organisations professionnelles du secteur, elle élabore des orientations stratégiques et valide les entreprises participantes. Les entreprises s'engagent sur trois ans à réduire leurs émissions, avec le soutien de l'ADEME qui fournit des outils pour évaluer et planifier les actions de réduction. Le processus comprend un diagnostic approfondi des émissions de CO_2, suivi par la création de plans d'action personnalisés. Un mécanisme de suivi et d'évaluation mesure les progrès et offre une reconnaissance aux entreprises atteignant leurs objectifs, stimulant la motivation sectorielle. La

Charte facilite également la collaboration entre les acteurs du transport, les fournisseurs de solutions énergétiques, les fabricants de véhicules et les développeurs de solutions informatiques, encourageant ainsi le partage des bonnes pratiques et l'innovation vers une mobilité plus durable.

5.3 Étude de cas : la digitalisation au service de la croissance décarbonée de l'univers NOZ

Merci à Christel OWCZAREK et à David THIBAULT qui ont fourni le matériau nécessaire pour la rédaction de ce cas et qui ont accepté de le relire.

Créé par Rémy ADRION en 1976, l'Univers NOZ (qui s'appelait à l'époque Le Soldeur) est le leader du déstockage en Europe grâce à ses 3 millions de clients par mois et son chiffre d'affaires de 712 millions € (Chiffres de 2023). Si l'activité de l'Univers NOZ s'appuie sur une idée simple de son fondateur Rémy ADRION « acheter en quantité des marchandises soldées donc à très bon marché pour en faire profiter les consommateurs », l'entreprise doit faire face à un défi logistique majeur. En effet, l'activité principale de l'entreprise est l'achat d'opportunité. Ses marchandises sont issues de 230 000 fournisseurs dans le monde. On peut distinguer les produits issus de surstocks, fins de séries, fins de collections, changements de packaging, commandes annulées, emballages abîmés, ventes aux enchères, mais également de produits dits sinistrés. Avec un objectif de revendre les produits entre 30 et 80 % moins chers que les circuits de distribution classiques, la maîtrise des processus logistiques est donc déterminante pour le succès de l'Univers NOZ.

La décarbonation au cœur de l'activité de l'Univers NOZ

Grâce à son concept unique en France, l'Univers NOZ, acteur majeur et historique de l'économie circulaire, apporte une forte contribution à la lutte contre le gaspillage en revalorisant des marchandises destinées à être détruites. Cette activité a un impact sociétal et environnemental positif en permettant de limiter le gaspillage, de recycler les produits et d'accroître le pouvoir d'achat des consommateurs. Ce concept gagnant-gagnant est une opportunité pour les fournisseurs de revaloriser leurs stocks d'invendus et pour ses clients une garantie de réaliser de bonnes affaires en magasin toute l'année.

Conscient de l'impact de l'entreposage et du transport sur l'environnement, l'Univers NOZ essaye d'améliorer sans cesse sa logistique afin d'optimiser les trajets de ses marchandises. Ainsi, l'Univers NOZ a déployé une nouvelle gamme de camions présentant un double plancher. Ce type de véhicules permet d'économiser de nombreux trajets car ces nouvelles remorques permettent de réduire les tournées d'environ 4 500 km/semaine, ce qui représente une quinzaine de camions en moins par semaine sur la route. La baisse des émissions de carbone pour le transport de ces marchandises est estimée à 30 %. La hauteur des palettes est également contrôlée. Son optimisation est primordiale pour ne pas faire rouler les camions avec des espaces vides.

Par ailleurs, Univers l'Univers NOZ est engagé dans une démarche d'efficacité énergétique en équipant les magasins, les plateformes logistiques ainsi que le campus l'Univers NOZ d'éclairages LED et sont désormais majoritairement équipés de pompes à chaleur en remplacement d'aérothermes gaz.

Enfin, l'Univers NOZ a pour objectif de mieux revaloriser ses déchets. Pour cela, des structures trient les déchets de papier/carton, de plastique, de bois et de métal au niveau des plateformes logistiques du campus et des magasins. C'est aussi le cas d'autres déchets comme les DID (déchets industriels dangereux) et les D3E (déchets d'équipements électriques et électroniques). Le recyclage et la valorisation des palettes utilisées pour le transport des marchandises sont assurés par des acteurs locaux au niveau de chaque plateforme logistique.

Approvisionner 40 % de magasins en plus sans augmenter le nombre de plateformes

Avec ses 11 plateformes réparties sur l'ensemble du territoire, l'organisation logistique l'Univers NOZ permet d'acheminer les stocks d'invendus le plus rapidement possible vers les magasins l'Univers NOZ.

Depuis 2021, l'Univers NOZ a mis en place des plateformes de groupage en Europe afin d'optimiser le taux de remplissage des camions avant expédition de la marchandise vers la France et limiter au maximum les émissions de CO_2 dues au transport des marchandises. L'Univers NOZ s'est fixé l'objectif d'être en capacité de servir 450 magasins au lieu de 312 tout en conservant les 11 plateformes logistiques. Cet accroissement du nombre de magasin, aura un impact sur les plateformes logistiques qui devront donc absorber une hausse d'activités tout en gardant leurs productivités.

Cependant, les 11 plateformes logistiques souffraient de certaines carences au niveau de la traçabilité informatique engendrant des pertes de produits ou des erreurs d'envoi. En effet, il n'existait pas de traçabilité informatique pour les palettes en réception, les palettes triées et les palettes en expédition ou en transit. En outre, la plupart des informations sont d'abord rédigées sur des feuilles puis transmises à l'équipe administrative pour une saisie manuelle dans l'ERP. Le flux physique et le flux informatique sont donc asynchrones. C'est dans ce contexte qu'à la demande de la direction, le projet traçabilité a vu le jour. Ce projet avait comme objectif de digitaliser les processus à travers une application informatisée et d'assurer une meilleure traçabilité.

Les SI au service de la croissance de l'Univers NOZ : un projet en mode SCRUM

La plateforme logistique d'Angers est le site pilote pour le test des différents projets chez l'Univers NOZ. Cette dernière dispose d'une superficie de 30 000 m^2 et reçoit en moyenne 30 camions par semaine. La plateforme dispose de 10 pistes de production et 13 000 emplacements sur des palettiers standards.

Le déploiement du projet s'est fait en s'appuyant sur la méthode Scrum. Cette structure Agile facilite la collaboration entre les acteurs d'un projet en se basant sur des cycles itératifs qui permettent de réaliser des tâches à haute valeur ajoutée avec des cycles de travail courts. Une méthodologie en 4 étapes a permis de structurer le déploiement du projet :

Étape 1 – Étude d'opportunité et consultation nationale : avant de lancer le projet, une étude d'opportunité a été réalisée. Cette étude s'est faite sous forme d'une consultation nationale qui a permis d'expliquer les enjeux et objectifs du projet. Les collaborateurs consultés étaient les futurs utilisateurs et managers (opérateurs, contrôleurs qualité, assistant(es) chef d'équipe, chef(fe) d'équipe, responsable méthodes, responsable de production, responsable de plateforme). Cette consultation nationale a permis d'identifier les périmètres concernés, rédiger le cahier des charges et finaliser le chiffrage du projet. **Étape 2 – Conceptualisation et fonctionnalités** : pour chaque besoin utilisateur, un cahier des charges a été rédigé sous forme d'écrans. Pour chaque écran (fonctionnalité de l'application) une description dans le cahier des charges a été réalisée. Cette description a été primordiale pour la compréhension des développeurs, puisque ce besoin utilisateur sert de donnée d'entrée pour l'équipe informatique qui se chargeait du développement de l'application des web services. Une fois par semaine, l'équipe métier organisait sur le site pilote d'Angers une réunion d'équipe (informatique et métier). Ces réunions permettaient à l'ensemble de l'équipe d'échanger sur les besoins et les points bloquants de chaque équipe. **Étape 3 – Test des fonctionnalités et mise en place d'un mode dégradé** : un cahier de recette a permis d'assurer le suivi des tests de l'application mobile et de repérer les divergences entre les besoins utilisateurs et l'application. Un mode dégradé, permettant de continuer l'activité de production en cas de coupure wifi ou dysfonctionnement d'un scan, a été mis en place. Le mode dégradé permet à un utilisateur d'effectuer les mêmes opérations sans l'utilisation de scan ou d'un PDA car l'exécution de ces tâches est en relation directe avec l'ERP. **Étape 4 – Formation et documentations** : afin de formaliser et pérenniser les nouvelles procédures et processus, différents documents et supports ont été rédigés. Le guide de formation qui permet aux futurs utilisateurs d'être bien accompagnés lors de leur formation et d'avoir un support de référence après leur formation. En lien avec le mode dégradé, les fiches réflexes permettent au chef d'équipe de pouvoir intervenir rapidement sur SAP lors d'un dysfonctionnement ou d'une anomalie. Des modes opératoires ont dû être rédigés car l'évolution de certaines fonctionnalités n'était pas prévue dans le cahier des charges initial.

Ce projet a permis d'atteindre plusieurs objectifs. **Une accélération des flux et gain de capacité de production** : grâce à la réduction du temps d'attente des palettes, les palettes pourront être immédiatement stockées, transitées ou préparées ce qui permettra d'augmenter la capacité des zones de production. **Une réduction du temps de saisie et des gains de productivité des opérateurs** : la digitalisation des processus va supprimer le temps de saisie manuel des opérateurs qui vont pouvoir se reconcentrer sur le cœur de métiers qui est la production. Enfin, la déclaration des données entre les flux physiques et informatiques est rendue immédiate, ce qui permet **une précision des données liées à la composition des colis ainsi que des palettes**, ce qui ne peut que faciliter la mise en place d'autres futurs outils mécanisés ou autres processus informatiques.

Finalement, ce projet permettra à terme d'absorber une capacité de production pour 4 magasins supplémentaires par la plateforme d'Angers. Si ce résultat laisse penser au premier abord que l'objectif de passer de 322 à 450 magasins n'est pas totalement atteint, il faut préciser que ce premier résultat ne se base que sur les chiffres de la plateforme Angers, et que le nombre de magasins gagnés n'est pas le même pour les autres plateformes. Par ailleurs, cette projection se base uniquement sur l'impact direct du projet sur la digitalisation du processus de production. Des projections plus poussées qui intègrent d'autres paramètres comme la mécanisation ou le changement d'affectation donnent des résultats plus proches de l'objectif cible des 450 magasins.

6. Conclusion et perspectives

L'approche écosystémique appliquée aux écosystèmes logistiques favorise l'intégration, la collaboration, et l'optimisation des processus au sein des organisations engagées dans la décarbonation. Elle permet également une meilleure inclusion et mobilisation des parties prenantes, ce que nous avons mis en lumière via différentes méthodes et approches (personae, sociologie de la traduction, effet boule de neige, travail sur les interactions, vision systémique). Le tableau ci-dessous résume les points clés de l'approche des écosystèmes logistiques pour décarboner les mobilités et la logistique et souligne le rôle clé des SI pour mettre en œuvre cette transformation.

Intégration et collaboration des parties prenantes	Cette approche favorise l'inclusion de divers acteurs : fournisseurs, les clients, les régulateurs et les communautés locales. Elle encourage la collaboration, facilitant ainsi l'alignement des objectifs individuels avec les buts globaux de décarbonation de la logistique.
Coordination et coopération	L'adoption de SI adaptés aux écosystèmes d'affaires améliore la coordination et la communication entre les parties prenantes. Ces systèmes facilitent le partage d'informations essentielles pour optimiser les flux logistiques et réduire l'empreinte carbone.
Innovation et co-évolution	L'approche systémique dans la logistique stimule l'innovation collaborative, permettant aux parties prenantes de s'adapter aux changements technologiques et environnementaux et de développer conjointement des solutions innovantes et plus satisfaisantes face aux défis posés par la décarbonation.
Gestion des connaissances/apprentissage organisationnel	Les SI soutiennent la gestion et le partage des connaissances entre les parties prenantes, ce qui est essentiel pour tirer des leçons des expériences passées et améliorer continuellement les pratiques de décarbonation.
Rationalisation des processus	L'approche par l'ESA permet de rationaliser les processus logistiques et de minimiser les émissions de gaz à effet de serre. Les SI sont au cœur de cette optimisation en offrant les outils nécessaires pour une planification et une exécution efficace.
Engagement des parties prenantes	Les ESA logistiques facilitent la mobilisation et l'engagement des divers acteurs autour des objectifs de réduction des émissions. Les SI supportent ces efforts en améliorant la communication, le suivi des performances et en reconnaissant les contributions de chacun.
Flexibilité et résilience	Les ESA offrent une gestion plus flexible et résiliente des systèmes logistiques, permettant d'adapter les stratégies en fonction des dynamiques changeantes du marché et des exigences réglementaires.
Gestion des intérêts divergents	Ces écosystèmes fournissent des plateformes pour le dialogue et la négociation, facilitant la gestion des conflits d'intérêts et aidant à aligner les objectifs d'un plus grand nombre de parties prenantes.

Tableau 2. Point clés sur l'importance de l'approche par les ESA dans la décarbonation des mobilités et logistique et rôle du SI (source : Aboussikine, Perrin, Sauvage).

En termes de perspectives pour favoriser la décarbonation des mobilités et de la logistique décarbonée via le SI, trois sujets nous semblent particulièrement prégnants. En premier lieu, nous souhaitons mettre en lumière le développement d'une offre diversifiée de gestion du dernier kilomètre sur l'ensemble du territoire français. Deuxièmement, des entreprises à l'instar de l'entreprise de services numériques Scalian développent des preuves de concept d'aide à la décision pour développer des scénarios de mobilité soutenables. Enfin, ce chapitre ouvre sur le potentiel de la technologie *blockchain* en matière de *supply chain*.

6.1 Plateformisation et gestion du dernier kilomètre

Les SI logistiques sont régulièrement cités comme un levier d'optimisation de la gestion du dernier kilomètre. Aujourd'hui, le paysage de la livraison ultra-urbaine se compose de 5 types d'acteurs : les « vélos-cargos et remorques », les catégories « tricycles » et « quadricycles », les « véhicules autonomes et droïdes logistiques » ainsi que les « voitures électriques ». Dans de nombreux sujets, y compris la décarbonation, l'analyse comparative joue un rôle crucial pour orienter les choix et promouvoir des décisions fondées sur des données tangibles. L'essor de la mobilité électrique et autonome en France a donné lieu à l'émergence d'un éventail d'acteurs qui proposent des solutions innovantes dans le domaine de la mobilité durable.

La carte page suivante montre une variété de solutions de gestion du dernier kilomètre en France, avec des régions émergentes. Par exemple, dans le domaine des voitures électriques, les Pays de la Loire et la Vendée se distinguent avec Circle Mobility et Ligier Group respectivement. Ces choix stratégiques semblent liés à des conditions favorables telles que des infrastructures de recharge développées ou des incitations régionales. Pour les véhicules autonomes, Lyon et Toulouse disposent d'une certaine avance avec Navya, Easymile et Urbanloop, grâce à leur engagement en recherche et développement. Concernant les vélos-cargos, une répartition plus équilibrée est observée, avec des acteurs à Dijon, Nantes et Lyon, répondant à des besoins diversifiés en mobilité urbaine et logistique. Pour les remorques, K-Ryole en Lot-et-Garonne et Fleximodal à Cessons-Sévigné ont opté pour des localisations stratégiques.

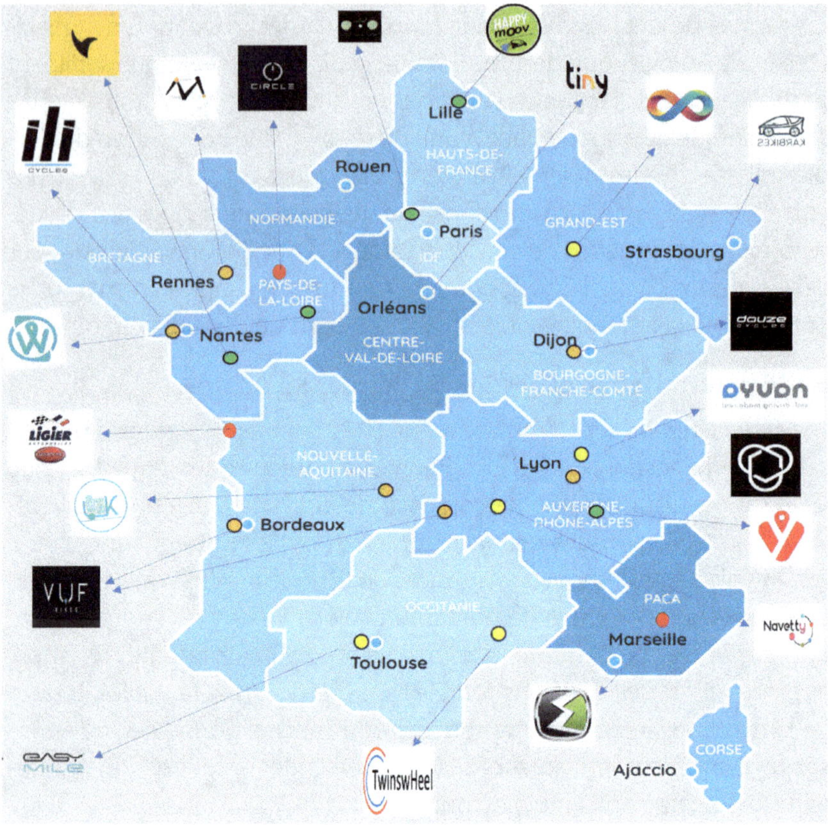

● Figure 3. Mapping des solutions émergentes en 2023 (source : Bendimerad).

Cette répartition géographique favorise une réponse adaptée aux besoins régionaux tout en facilitant l'échange de connaissances et de bonnes pratiques à l'échelle nationale. Elle ouvre également des perspectives de collaboration et de partenariats entre les acteurs régionaux, renforçant ainsi l'écosystème de la mobilité durable à travers le pays. Cependant, il est crucial de réduire les disparités régionales pour garantir que toutes les régions bénéficient des avancées technologiques et puissent s'engager pleinement dans la transition vers une mobilité plus durable.

6.2 Analyse conséquentielle de scénarios de mobilité pour aider à la décision (SCALIAN)

Les transports sont l'une des principales sources d'impacts environnementaux des entreprises, et notamment les déplacements quotidiens des employés puisque, selon l'INSEE, 71,1 % de ces derniers utilisaient la moto ou la voiture en 2019. Construire un plan de mobilité employeur est obligatoire pour une partie des entreprises françaises. L'exercice peut être l'occasion de prendre les mesures efficaces mais il n'est pas aisé. Il est généralement établi en discussion avec les employés et sur la base d'évaluations environnementales. L'analyse du cycle de vie (ACV) est la méthode de référence pour évaluer une situation environnementale. En basant une telle étude sur des enquêtes de déplacements, il est possible d'identifier des leviers d'action. Cependant, pour aider aux décisions en matière de mobilité, une analyse plus holistique parait nécessaire et certains auteurs proposent d'améliorer la méthode ACV en intégrant l'ensemble des conséquences locales (Saxe et Kasraian 2020). Dans cette optique, il est possible par exemple de coupler l'ACV et un modèle gérant les interactions entre les déplacements et l'occupation des territoires pour réaliser des simulations plus fines qui permettront de mieux cibler les politiques (François *et al.*, 2017).

Ainsi, l'entreprise de services numériques SCALIAN propose, via son projet RetD HealthKer, une démarche alliant simulation et exploitation d'enquêtes. L'objectif du projet est double : (1) évaluer la répartition des trajets et celle des impacts de polluants à l'échelle d'une agglomération, (2) proposer aux organisations un système d'aide à la décision pour identifier les mesures de réduction d'impact les plus efficaces.

Le prototype développé dans le cadre du projet simule l'ensemble des trajets dans l'agglomération étudiée à partir de données d'enquêtes régionales, puis déduit la part d'impact associée à l'entreprise. L'identification des leviers d'action les plus efficaces est quant à elle obtenue grâce à un algorithme d'optimisation et au calcul d'un score de faisabilité qui est basé sur l'exploitation des résultats d'un questionnaire à destination des employés. Ce dernier se veut générique, il prend en considération les contraintes individuelles et de celles de l'entreprise.

Actuellement, le recours à certaines méthodes d'IA est à l'étude pour améliorer la phase de simulation. Le projet HealthKer pourrait être d'autre part transposé aux enjeux de l'optimisation des flux logistiques. Il est envisagé par ailleurs de le décliner à l'échelle du citoyen. L'application pourrait alors informer les habitants sur le taux de pollution local et aider l'utilisateur à choisir le mode de déplacement le plus adapté à sa situation.

6.3 Technologie *blockchain* et amélioration des flux logistiques

L'efficacité des chaînes d'approvisionnement dépend fortement de l'identification et de la mobilisation des parties prenantes pour garantir un flux d'informations et de marchandises optimal. La *blockchain* offre une solution en fournissant une plateforme décentralisée et transparente, permettant un échange sécurisé d'informations en temps réel. Cette approche favorise une meilleure collaboration, des processus rationalisés et une visibilité accrue, améliorant ainsi la prise de décision pour toutes les parties impliquées.

En intégrant les principes de l'industrie 4.0, tels que l'intégration numérique et l'intégration horizontale via des réseaux de valeur, les gestionnaires de la chaîne d'approvisionnement peuvent efficacement identifier et mobiliser les parties prenantes dans des écosystèmes complexes. Cette combinaison de technologies permet de résoudre les problèmes de confiance, d'améliorer la performance et d'automatiser les processus, conduisant ainsi à une gestion plus intelligente de la chaîne d'approvisionnement (Helo et Hao, 2019). En outre, la transparence et l'accessibilité accrue des données permises par la *blockchain* permettent d'obtenir des informations plus significatives, ce qui conduit à un système de gestion de la chaîne d'approvisionnement plus intelligent. En résumé, l'adoption de cette technologie et des principes de l'industrie 4.0 offre un potentiel considérable pour améliorer l'efficacité et la performance des chaînes d'approvisionnement modernes, en permettant une gestion plus agile et transparente des parties prenantes et des processus.

7. Références

• Bayraktar, E., Demirbag, M., Koh, S. L., Tatoglu, E., & Zaim, H. (2009). A causal analysis of the impact of information systems and supply chain management practices on operational performance: evidence from manufacturing SMEs in Turkey. *International Journal of Production Economics, 122*(1), 133-149.

• Borgatti, S. P., & Foster, P. C. (2003). The network paradigm in organizational research: A review and typology. *Journal of management, 29*(6), 991-1013.

• Donada, C., & Fournier, G. (2014). Stratégie industrielle pour un écosystème en émergence: le cas de la mobilité 2.0, décarbonée, intermodale et collaborative. *Revue d'économie industrielle, 148*(4), 317-348.

• François, C., Gondran, N., Nicolas, J. P., & Parsons, D. (2017). Environmental assessment of urban mobility: Combining life cycle assessment with land-use and transport interaction modelling–Application to Lyon (France). *Ecological Indicators, 72*, 597-604.

• Friedman, A. L., & Miles, S. (2006). *Stakeholders: Theory and practice*. Oxford Uuniversity Press.

• Frooman, J. (1999). Stakeholder influence strategies. *Academy of management review, 24*(2), 191-205.

• Gardner, J. T., & Cooper, M. C. (2003). Cartographie stratégique de la chaîne logistique. *Logistique & Management, 11*(2), 55-73.

• Halley, A., Beaulieu, M., & Roy, J. (2006). Quel niveau de connectivité pour votre chaîne logistique ? *Gestion, 31*(3), 46-55.

• Helo, P., & Hao, Y. (2019). Blockchains in operations and supply chains: A model and reference implementation. *Computers & industrial engineering, 136*, 242-251.

• Mitchell, R. K., Agle, B. R., & Wood, D. J. (1997). Toward a theory of stakeholder identification and salience: Defining the principle of who and what really counts. *Academy of management review, 22*(4), 853-886.

• Paché, G. (2004). Le pilotage des chaînes logistiques multi-acteurs: une lecture critique des pratiques collaboratives. *Économies et sociétés, 38*(12), 2133-2154.

• Peltoniemi, M. (Septembre 2004). Cluster, value network and business ecosystem: Knowledge and innovation approach. *Organisations, Innovation and Complexity: New Perspectives on the Knowledge Economy* conference. 9-10.

• Rogers, E. M. (2003), *Diffusion of Innovations*, 5th Edition. Free Press.

• Saxe, S., & Kasraian, D. (2020). Rethinking environmental LCA life stages for transport infrastructure to facilitate holistic assessment. *Journal of Industrial Ecology*, *24*(5), 1031-1046.

• Schot, J., & Geels, F. W. (2008), Strategic niche management and sustainable innovation journeys: Theory, findings, research agenda, and policy. *Technology Analysis et Strategic Management*, *20*(5), 537-554.

• Stefansson, G., & Russell, D. M. (2008). Supply chain interfaces: defining attributes and attribute values for collaborative logistics management. *Journal of Business Logistics*, *29*(1), 347-359.

Système d'information et management des achats décarbonés

Laurence SAGLIETTO - IAE Nice, laboratoire GREDEG, CNRS
Élodie KACIOUI-MAURIN - Aix Marseille Université, CRET-LOG
Jennifer LAZZERI GRACIA-CAMPO - Aix Marseille Université, CRET-LOG
Gwenaëlle ORUEZABALA - Nantes Université, LEMNA

De nombreux praticiens et chercheurs en management des achats et des chaînes d'approvisionnement approfondissent aujourd'hui les thématiques d'éco-responsabilité, définie par l'ADEME, comme l'ensemble des actions visant à limiter les impacts de l'activité quotidienne sur l'environnement. D'une part, l'essor des cadres règlementaires (accords de Paris, devoir de vigilance, *Scope* 3, CSRD etc.) et normatifs (ISO 20400, 26000, etc.) accélère l'engagement « durable » des fonctions achats et logistique. Quelques grandes entreprises ont commencé à mettre en place des actions environnementales notamment « bas carbone » mais il reste beaucoup à faire pour atteindre une neutralité carbone en 2050. La réduction des émissions de CO_2 tout au long des chaînes d'approvisionnement est encore à ses débuts. L'augmentation des crises et des risques auxquels font face les entreprises les conduisent à repenser leurs stratégies d'achats. La grande majorité des entreprises ont une stratégie de sourcing à l'international et importent leurs matières premières depuis des fournisseurs situés à l'étranger, ce qui leur permet d'avoir accès à une variété de produits, à moindre coût. Toutefois ce choix n'est pas sans conséquence. Les risques liés aux conditions d'approvisionnement sont à prendre en considération notamment en y intégrant les enjeux sociétaux et environnementaux.

En parallèle, les entreprises, et par conséquent les fonctions achats, prennent également le virage de la digitalisation afin de faire évoluer leurs pratiques et de dégager de nouveaux leviers de création de valeur (Oruezabala et Poissonnier, 2021). Selon la dernière étude menée par le conseil national des achats (CNA, 2023[40]), moins d'une direction achats sur deux déclare avoir engagé sa transformation digitale en 2023. Pourtant les enjeux de digitalisation sont forts pour la fonction achats (Wehrle *et al.*, 2022) et des opportunités notamment sur la gestion durable sont à saisir (Ghadge, *et al.*, 2022). Calculer une empreinte carbone, et surtout celle des produits qu'une organisation achète, n'est pas aisé. Les acheteurs doivent s'approprier ce sujet en élaborant des outils d'analyse et de mesure car ils vont devoir évaluer l'impact CO_2 des produits achetés en fonction de leur provenance, de leurs composants et des modes de transport mobilisés. En dépit de ces contraintes, les réflexions gagnent en maturité.

Les technologies et notamment l'intelligence artificielle (IA) promettent une intégration plus facile des enjeux durables et notamment de décarbonation au niveau des achats. Au travers de ce chapitre, nous souhaitons décrypter ce phénomène en nous appuyant sur une analyse approfondie des thématiques autour de la décarbonation traitées en management des achats et des approvisionnements – *purchasing and supply management*, (PSM) au regard des systèmes d'information (SI) – dans les publications académiques et la presse professionnelle. La première partie de ce chapitre contribue à la compréhension de l'évolution de la fonction achats, d'une vision technique à un management des achats stratégiques plus durables. La seconde partie met en exergue le rôle des SI dans la décarbonation des achats en s'appuyant sur des exemples. Enfin, la troisième partie discute des défis à venir pour les SI.

■ **[40]** Profession Achat (2023), 3ème baromètre annuel du succès de la transformation digit@le : le digital façonne peu à peu l'acheteur de demain.

1. De la fonction des achats au management des achats décarbonés

La thématique des achats apparaît aux États-Unis au milieu des années 1960 dans différentes revues soulignant l'intérêt croissant des chercheurs et des professionnels. Les publications se structurent autour de plusieurs associations académiques et professionnelles pour n'en citer que quelques-unes : International Purchasing and Supply Education and Research Association (IPSERA), International Federation of Purchasing et Supply Management (IFPSM), American Purchasing Society (APS), European Institute of Purchasing Management (EIPM), etc.

La fonction achats est progressivement passée d'un rôle traditionnel d'optimisation des coûts et des délais, de gestion des stocks et des risques à un rôle plus collaboratif de création de valeur et de capture d'innovation de diverses natures. Au fil des ans au sein des chaînes logistiques, les achats ont évolué d'une fonction opérationnelle vers une fonction stratégique nécessitant des processus organisationnels plus complexes. Le management des achats se focalise ainsi de plus en plus sur la gestion des relations avec les fournisseurs et des risques. Il intègre des objectifs plus transversaux notamment de développement durable, devenant dès lors un pilier stratégique au sein de chaînes logistiques durables tant dans les secteurs publics que privés.

La décarbonation des achats fait ainsi référence aux initiatives déployées pour réduire l'empreinte carbone associée aux activités d'approvisionnement et d'achats. L'objectif principal est de minimiser les émissions de gaz à effet de serre et autres polluants de l'air afin d'atténuer l'impact environnemental de l'ensemble de la chaîne d'approvisionnement. La mise en place de stratégies d'achats décarbonés implique dès lors la prise en compte d'innovations technologiques en système d'information pour le pilotage des processus achats, telles que notamment les systèmes de gestion des achats par ERP transactionnels ou intelligents sur le *cloud*, les **systèmes de sélection et gestion des**

relations fournisseurs (*e-sourcing*, ***Supplier Relationship Management***), les plateformes d'achats et d'approvisionnements électroniques (***e-procurement***), les analyses prédictives, les scores (*procurement research score*), etc. Ainsi la décarbonation permet d'interroger la dimension stratégique et organisationnelle des activités achats dans une perspective de création de valeur, dans l'entreprise au sens large et dans le contexte du management de chaînes logistiques durables en particulier (Viale *et al.*, 2022 ; Sosnowski, 2022).

Les achats décarbonés sont un sujet transdisciplinaire. Les recherches couvrent souvent au-delà des achats industriels, les achats en ressources rares (eau, gaz, électricité, etc.) et les achats de produits de transformation pour un environnement propre et durable. Elles réunissent ainsi des sujets à l'interface entre l'ingénierie et le management des achats, traitant de diverses dimensions de la gestion des chaînes d'approvisionnement et des opérations d'achats, telles que la modélisation de la sélection multicritères des fournisseurs, la modélisation des risques fournisseurs, la sécurisation de la gestion de la chaîne d'approvisionnement basée sur la *blockchain*, etc. La mise en œuvre d'achats responsables constituant un levier efficace pour une politique de responsabilité sociétale au sein d'une organisation, il convient donc de souligner le potentiel de la digitalisation des achats pour atteindre des objectifs de RSE. Les souhaits des équipes sont certes de minimiser les coûts d'achats mais surtout de gagner du temps grâce à des solutions faciles à utiliser. La plupart des offreurs de solutions technologiques ont bien compris ces attentes et apportent des réponses en proposant des équipements aux fonctionnalités nouvelles. Par exemple, lors de la recherche de nouveaux produits à acheter, il est possible d'être guidé vers les produits les plus durables via des onglets de comparaison si les composants recherchés sont relativement standard. Une autre fonctionnalité intéressant les équipes achats dispersées entre plusieurs implantations concerne la sécurisation des approvisionnements en évitant les ruptures au travers d'une gestion partagée des achats au sein de l'organisation. Toutes ces nouvelles fonctionnalités favorisent des décisions plus fiables, le partage d'informations et les analyses adéquates des dépenses conduisant à identifier les leviers d'action. Certaines entreprises ne se contentent pas d'adopter des technologies innovantes. Selon une étude de PwC (2022), 34 % d'entre elles en France prévoient d'évaluer l'empreinte carbone de leurs fournisseurs, les solutions digitales permettant de faciliter et d'accélérer la transition énergétique.

2. Le role des SI dans la décarbonation des achats

Partant du constat fait par le cabinet Deloitte : « la rationalisation des achats, qui représente entre 40 et 80 % de la structure de coût moyenne d'une entreprise, est incontournable »[41], les entreprises cherchent à mobiliser les SI les plus performants pour relever ce défi, ce que leur permet les innovations à l'ère de l'industrie 4.0. Les SI achats les plus usuels sont mis en lumière au prisme de dimensions essentielles de transversalité des achats et d'interface avec les acteurs extérieurs et plus spécifiquement les fournisseurs. La décarbonation des achats se centre ainsi autour de cinq points clés :

1. La sélection de matériaux durables et respectueux de l'environnement dans les achats ;
2. La sélection des fournisseurs pour une gestion des achats et des approvisionnements plus durables et décarbonés ;
3. L'optimisation des itinéraires et des modes de transport des biens achetés pour réduire les émissions de gaz à effet de serre associées aux activités logistiques ;
4. L'évaluation de l'impact carbone de la chaîne des achats et des approvisionnements de l'entreprise et de ses fournisseurs ;
5. La mesure globale de la performance de la décarbonation des achats.

2.1 La sélection de matériaux durables et respectueux de l'environnement dans les achats

Le socle des politiques d'achats responsables des entreprises est encadré depuis de nombreuses années par la charte des relations fournis-

■ [41] https://www2.deloitte.com/fr/fr/pages/supply-chain-et-achats/solutions/strategie-et-organisation-des-achats.html.

seurs qui a donné lieu à une norme internationale en matière d'achats responsables : la norme ISO 20400. C'est un outil collaboratif des acteurs des chaînes logistiques qui crée de la valeur par une démarche co-construite de liens d'affaires et d'activités communes proactives (ex. : recours au papier issu de forêts gérées durablement, mise en place de bonnes pratiques en matière de gestion de la consommation de papier, imprimeurs certifiés Imprim'vert, Écolabel, collecte et recyclage d'emballages, politique d'achat zéro déchet, etc. ...). Pour être efficace, la sélection de matériaux durables et respectueux de l'environnement dans les achats suppose d'être en mesure de suivre l'ensemble des achats grâce à la réalisation de tableaux de bord interactifs de suivi avec indicateurs de performance communs. Une solution digitale de gestion intégrée de chaque étape du processus d'achat est alors préconisée.

SI/gamification – CAS : la société Civitime

La société Civitime a choisi la gamification pour faire prendre conscience à ses salariés et à ses clients l'importance stratégique des achats durables et instaurer une politique d'achats qui allie éthique, écologie et économie. Les achats durables concernent toute la chaîne d'approvisionnement de l'entreprise et contribue à la réduction des coûts grâce à des solutions innovantes (énergie renouvelable, achats de matériaux recyclés...), à l'amélioration de la rentabilité, au renforcement de l'image de marque. La gamification est une innovation qui accompagne les entreprises dans la mise en place d'un management des achats durables. Elle permet aux salariés d'adhérer à la politique environnementale et sociétale de leur entreprise et à la société de prendre conscience de la contribution de son modèle d'affaires à la durabilité de la planète.

Source : https://www.civitime.com/rse/politique-achats-responsables.

2.2 La sélection des fournisseurs pour une gestion des achats et des approvisionnements plus durables et décarbonés

La sélection des fournisseurs est la plus ancienne activité de la fonction achats et de fait une étape cruciale pour sa décarbonation, quel que soit le secteur d'activité des entreprises. La conciliation entre un grand nombre de fournisseurs et une politique de durabilité et de décarbonation claire ne peut pas se faire du jour au lendemain, tant les routines sont ancrées. La sélection de fournisseurs plus respectueux de l'environnement remet en question tout le processus, des appels d'offres au suivi des relations post-achats et à l'accompagnement des fournisseurs vers une même vision stratégique. Les nouveaux critères de sélection des fournisseurs varient d'une entreprise à une autre : utilisation de matériaux recyclés ou renouvelables, minimisation des déchets dans le processus de production, réduction des émissions de carbone, utilisation de sources d'énergie renouvelable, capacité à mesurer son empreinte carbone et à réaliser une analyse de cycle de vie de ses produits/services, etc.

SI/Plateforme digitale - CAS : la plateforme Relink industries pour une mise en relation écoresponsable

La plateforme digitale créée par Relink Industries est une solution digitale spécialisée dans le sourcing écoresponsable pour le secteur agroalimentaire français. Elle propose de mettre en relation les fournisseurs (de machines, matériels et emballages écoresponsables) et les industriels autour d'un objectif commun : la décarbonation de l'industrie à l'échelle nationale. Les points forts de leur proposition de valeur s'articulent autour du « made in France » avec 1) des circuits courts : la plateforme met en relation les industriels - acheteurs et fournisseurs - en fonction de leur proximité géographique ; 2) une économie circulaire : la plateforme référence des équipements d'occasion pour ses clients ; 3) des emballages écoresponsables : la plateforme apporte une aide aux industriels qui souhaitent arrêter les emballages plastiques. Le segment de clientèle visée par Relink concerne les TPE et PME de l'industrie agroalimentaire auxquelles la plateforme digitale offre des ressources en informations, des SI adaptés à la réalisation d'un sourcing écoresponsable optimal (avec fiches techniques, comparateurs…) et des systèmes de référencements dédiés qui permettent des mises en relation qualifiées.

Source : « Réaliser un sourcing écoresponsable via Relink Industries; agroalimentaire », Journal du vrac, *29 février 2024, 15-16. Et www.relinkindustries.com.*

2.3 L'optimisation des itinéraires et des modes de transport des biens achetés pour réduire les émissions de gaz à effet de serre associées aux activités logistiques

L'optimisation des itinéraires et des modes de transport des approvisionnements pour réduire les émissions de gaz à effet de serre est l'un des moyens les plus étudiés pour atteindre un objectif de décarbonation. À l'aide de logiciels classiques de routage, de logiciels d'optimisation des itinéraires ou d'algorithmes intelligents qui combinent les bases de données entreprises (clients, produits, créneaux de livraison, taille des emballages, poids des colis...) à des bases des données sur les transports et itinéraires (vitesse moyenne des routes à différents moments de la journée, emplacement des ponts, des radars, etc.), les entreprises cherchent à déterminer l'itinéraire le plus efficace pour un transport donné en fonction de multiples critères : nombre d'arrêts, recours à des transporteurs respectueux, transports moins émetteurs de carbone, etc. La modélisation contribue à réduire considérablement les coûts de carburant, le nombre de kilomètres nécessaires pour effectuer les trajets, ainsi que le nombre de transports mobilisés et les coûts d'exploitation. Pour les acheteurs, ces itinéraires et transports décarbonés permettent d'envisager des livraisons plus fréquentes et complexes et donc un allègement des chaînes d'approvisionnement et une diminution des stocks.

SI/Algorithme intelligent d'optimisation des itinéraires – CAS : Le partenariat ID logistics/PTV Logistics

La société ID logistics, prestataire de services logistiques, a une politique d'achats responsables qui s'applique à elle-même et à ses fournisseurs. La politique de décarbonation concerne ses achats (recours au papier issu de forêts gérées durablement), ses entrepôts (production d'énergie renouvelable, éclairage LED, batteries Lithium Ion...), ses équipements robotisés ainsi que le recyclage de ses déchets. ID logistics propose également à ses clients la solution informatisée « API OptiFlow » de la société allemande PTV Logistics pour optimiser de ses acheminements. C'est un algorithme capable d'optimiser des plans de transport jusqu'à 100 000 points de passage. Il améliore la performance opérationnelle de l'optimisation des itinéraires et modes de transport, permet la réduction des coûts de transport et la diminution des émissions de CO_2.

Cet algorithme construit des solutions d'optimisation globale de l'ensemble d'un plan de transport des tournées en fonction des contraintes propres de chaque entreprise. Cet algorithme est important pour la société ID Logistics qui pilotage par exemple, au niveau européen plus de 1 500 trains complets par an (évitant 60 000 camions sur les routes), plus de 11 000 voyages par an en caisses rail-route. Ainsi, la société ID Logistics a pu réduire significativement ses kilomètres parcourus, respecter ses engagements RSE, la décarbonation de ses activités et le développement d'une chaîne logistique durable.

Source : GlobeNewswire/PTV Logistics annonce le lancement de l'API Opti-Flow sur PTV Developer pour aider les clients à réduire drastiquement leurs coûts et leurs émissions CO2, 12 mars 2024. Dow Jones Newswires German. *https://www.id-logistics.com/fr/innovation-rse/innovations-en-pratique/.*

2.4 L'évaluation de l'impact carbone de la chaîne des achats et des approvisionnements de l'entreprise et de ses fournisseurs

L'évaluation de l'impact carbone de la chaîne d'approvisionnement consiste à analyser les émissions liées au transport, à la production, au stockage, ou encore à l'empreinte carbone des fournisseurs. Pour y parvenir de nombreuses solutions informatisées sont proposées sur le marché par différents acteurs :

1. Des entreprises privées calculent l'empreinte carbone en toute conformité avec les textes en vigueur, les référentiels et les normes (notamment via le logiciel – SAP Product Carbon Analyzer, la plateforme digitale Global Climate initiatives…) ;

2. Des institutions publiques qui mobilisent l'échelle de performance CO_2 de l'OCDE[42]) ;

[42] « Instaurée en 2009, l'échelle de performance CO_2 sert à certifier l'action des entreprises en matière de climat dans le cadre des passations de marchés publics écologiques. Elle mesure pour cela leur niveau d'engagement. Les entreprises soumissionnaires qui s'engagent à réduire leurs émissions sont ainsi avantagées. Plus l'engagement est élevé, plus l'entreprise progresse sur l'échelle et en est récompensée. L'échelle sert à la fois de système de gestion des émissions de CO_2, en orientant l'action climatique d'une entreprise, et d'instrument d'action publique, en permettant d'offrir des incitations en faveur de l'atténuation. »

3. Des associations qui utilisent le radar green supply chain d'Aslog ;

4. Des associations qui créent des outils *ex nihilo*, exemple l'EcoBeautyScore consortium.

> **SI/modélisation et analyse des big data – CAS : le consortium EcoBeautyScore pour offrir aux consommateurs un achat plus responsable**
>
> *L'EcoBeautyScore est un consortium privé qui regroupe plus de 70 industriels de l'industrie cosmétique (entreprises et associations professionnelles). L'EcoBeautyScore consortium a mis au point une méthode d'évaluation et un système de notation de l'impact environnemental des produits cosmétiques pour l'ensemble de ce secteur. L'affichage du score permet aux consommateurs de faire des choix plus durables lors de leurs achats. Techniquement, le consortium partage une banque de données commune d'information à tous ses membres sur les impacts environnementaux d'ingrédients et matières premières standard utilisées dans les formules, les emballages ainsi que durant leur utilisation. Cette méga-banque de données offre les indicateurs indispensables au système de notation. Grâce à une application mobile, les consommateurs recevront des informations claires, transparentes et comparables sur l'impact environnemental des produits. À terme, EcoBeautyScore consortium devrait* « proactively act on upcoming regulation, and foster a culture of eco-design among the members and beyond ».
>
> *Source : https://www.ecobeautyscore.com/.*

2.5 La mesure globale de la performance de la décarbonation des achats

Selon Capgemini « Plus de 70 % des émissions carbone des industriels et jusqu'à 80 % des émissions dans le secteur des biens de consommation proviennent de la chaîne logistique »[43]. La mesure globale de la performance de la décarbonation des achats se réalise pour les entreprises les plus engagées, par référence à l'initiative « *science based target* » (SBTi)

[43] Source : https://prod.ucwe.capgemini.com/fr-fr/wp-content/uploads/sites/6/2023/04/Capgemini-Invent_PoV_SustainableProcurement.pdf/.

et pour les entreprises plus digitalisées, grâce à un haut niveau de maturité des achats, un engagement fort dans les processus d'apprentissage liés à l'IA. En effet, les développeurs ont créé des logiciels couplant *big data* et IA dont l'accès et la manipulation sont pour encore réservés à des spécialistes. Les entreprises cherchent ainsi une réduction crédible des émissions conformément à l'Accord de Paris[44] sur toute leur chaîne logistique. Spécifiquement, pour les achats, leurs préoccupations concernent l'alignement des objectifs scientifiques avec une stratégie de réduction des impacts carbone des achats et les supports SI pour y parvenir.

SI/Interactions digitales augmentées avec l'IA - CAS : L'alliance Schneider Electric/Synertrade

L'entreprise Schneider Electric, leader dans le domaine de l'automatisation digitale et de la gestion de l'énergie, s'est associée à la société Synertrade (la plateforme permet aux départements Achats et Finance de collaborer et de gérer efficacement chaque étape du processus achats) pour développer son programme de développement durable. Celui-ci comprend un programme de digitalisation de l'ensemble de la relation fournisseurs à l'échelle mondiale et un outil permettant une vision complète de bout en bout de leurs achats durables et de leur empreinte climatique, essentielles pour accélérer les objectifs de développement durable. Grâce à cette solution informatisée, Schneider Electric collecte entre autres les données de déclaration de carbone de tous les fournisseurs directement au sein de la plateforme. Schneider Electric s'appuie sur cette plateforme pour orchestrer les processus source to pay de son écosystème de fournisseurs, en s'appuyant sur une innovation co-construction avec Synertrade (interactions digitales augmentées avec l'IA). Ce projet fait participer 13 000 fournisseurs et 16 000 utilisateurs réguliers sur la plateforme, couvrant plus de 80 % de 12 milliards d'euros d'achats, intégrant 18

[44] Émissions Scope 1 : émissions résultant directement des activités de l'entreprise ; Émissions Scope 2 : émissions indirectes liées à la production d'énergie achetée ; Émissions Scope 3 : liées aux activités de l'entreprise mais résultant d'actifs non détenue ou contrôlés par l'entreprise. Ex : achats de biens et services auprès de fournisseurs, transport de marchandises amont et aval, etc.

> *workflows collaboratifs pour qualifier et améliorer la performance des fournisseurs en qualité, développement durable, innovation et compétitivité.*
>
> *Source : https://synertrade.com/fr/a-la-une/communiques-de-presse/2021/06/synertrade-et-schneider-electric-en-lice-pour-le-trophee-des-achats-2021-2/.*

3. Discussion sur les défis à venir pour les SI achats (SIHA)

Les exemples présentés ci-dessus ont mis en exergue les opportunités liées aux avancées technologiques pour les achats décarbonés. Les outils sont de plus en plus efficaces. Néanmoins, au-delà de l'enthousiasme qu'ils suscitent, de nombreux challenges sont encore à relever, que ce soit autour de leur adoption, de leur implémentation ou de leur exploitation.

3.1 Premier défi : l'alignement stratégique entre les SI, les processus organisationnels achats et les stratégies de transition énergétique et écologique

Le développement de SI spécifiques pour la rationalisation des achats conduit les entreprises à repenser les facteurs clés de l'alignement stratégique. Au sein de chaînes logistiques toujours plus complexes, les SI permettent de renforcer la collaboration inter-organisationnelle par une meilleure intégration ; d'accroître la visibilité des chaînes et de réduire leur vulnérabilité. Dans cette perspective les SI permettent de répondre aux besoins d'efficience et d'efficacité des entreprise. Cela pose la question de leur alignement stratégique ou de leur alignement à la stratégie de l'entreprise. Comme le soulignent Ruel et Franca Da Sila (2016), l'élaboration d'une stratégie SI nécessite de prendre conscience de l'interdépendance entre l'organisation de l'entreprise et le SI. L'alignement stratégique des SI (ou « *fit* ») est une préoccupation ancienne (Henderson et Venkatraman,1989 ; Weill et Broadbent, 1990 ; Sabherwal *et al.*, 2001), qui reste encore aujourd'hui une préoccupation majeure pour les praticiens. Il s'agit pour les entreprises de mettre en cohérence leurs processus organisationnels d'achats, leurs SI et leurs stratégies de transition énergétique et écologique. Cette mise en cohérence suggère la prise en compte de facteurs de contingence internes et externes à un niveau de complexité plus ou moins élevé.

Henderson et Venkatraman (1989, 1993) ont développé le modèle bi-dimensionnel SAM (*Strategic Alignement Model*) qui définit l'alignement comme un ensemble de mises en relation à double sens entre quatre concepts : la stratégie de l'entreprise (*business strategy*), la stratégie SI (*I/T strategy*), les processus organisationnels et métiers (*organizational infrastructure & processes*) et l'infrastructure SI (*I/T infrastructure & processes*). Ces quatre concepts définissent les différents domaines de l'intégration fonctionnelle. Ceux-ci sont déclinés en deux composantes complémentaires : (1) une composante externe ou « *fit* stratégique » qui consiste à harmoniser les choix des activités stratégiques de l'entreprise et les choix en matière de déploiement technologique et (2) une composante interne ou « intégration fonctionnelle » concernant l'harmonisation entre les processus organisationnels et l'infrastructure SI.

Comme le soulignent Ruel et Franca Da Sila (2016), afin de développer un niveau d'alignement atteignable dans l'entreprise, il faut que les SI soient implantés au cœur de la structure organisationnelle et soient constamment en paramétrage, afin qu'ils puissent répondre aux besoins changeants de l'entreprise. Cette nécessaire adaptation dans le temps introduit une rupture avec le modèle statique d'Henderson et Venkatraman et propose une réflexion plus en cohérence avec la notion même du concept de *fit*. Comme développé par Luftman (1995) et enrichi notamment par Lancini et Lebraty (2007), il convient de distinguer la stratégie de l'entreprise, vue comme domaine d'ancrage, des leviers, (1) organisationnels et (2) technologiques, grâce auxquels elle va pouvoir être déployée et de(s) domaines impacté(s) par son déploiement. Ainsi, au regard de la problématique de décarbonation, le modèle d'alignement stratégique entre les SI, les processus organisationnels achats et les stratégies de transition énergétique et écologique, peut être représenté par la figure 1 suivante.

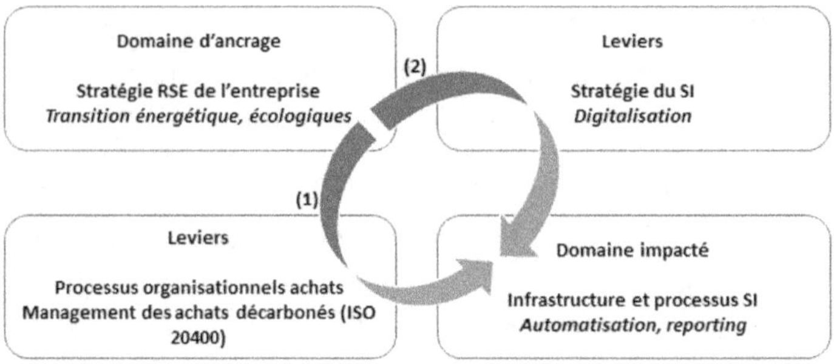

● Figure 1. Modèle d'alignement dans une perspective de décarbonation. Source : adapté de Luftman (1995).

Dans une approche contingente, le concept de *fit* est par définition amené à se transformer et s'adapter face aux évolutions du contexte de l'organisation et de son environnement externe. Sabherwal *et al.* (2001) rappelant la conception de Thompson (1967) selon laquelle l'alignement est « une cible mouvante » (p. 234) ont proposé un modèle dynamique de l'alignement stratégique distinguant 5 types d'alignements comme illustré dans la figure 2 ci-dessous.

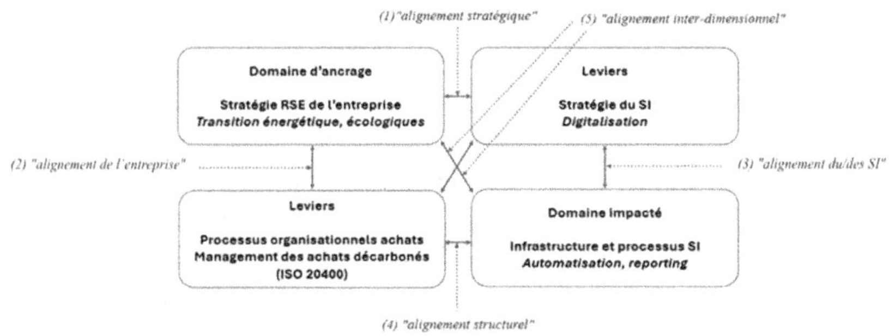

● Figure 2. Modèle dynamique d'alignement dans une perspective de décarbonation. Source : adapté de Sabherwal *et al.* (2001).

Chacune des dimensions de l'alignement renvoie à des construits et permet de définir des profils. Le succès de l'alignement dépend alors de la capacité des organisations à gérer les changements auxquels elles sont confrontées (Said 2006) et à s'y adapter. Cet élément renvoie à la notion de configuration organisationnelle désignée également par les termes de « design organisationnel » ou « ingénierie organisationnelle » et qui « renvoie en général à trois aspects : la structure organisationnelle (forme visible de l'organisation), les processus de coordination et de contrôle permettant de mettre en relation les différents composants de la structure et la frontière organisationnelle qui définit les interactions de l'organisation avec les autres organisations et avec l'environnement » (Accard, 2004). Cependant, un élément peu ou pas appréhendé est la taille des organisations. En effet, le *Baromètre des décideurs achats* paru en 2019 indiquait que le fonction achats dans les PME avaient pour priorité non pas de s'aligner sur la stratégie des organisations mais de communiquer et valoriser leurs prestations de services auprès des parties prenantes internes. Au sein des petites structures, la fonction achats n'est pas aussi mature que dans les grandes organisations, ce qui explique que la stratégie d'achats ne soit pas toujours en phase avec celle de l'entreprise. Dans une perspective de transformation par les SI, il convient d'en appréhender leur développement spécifique et l'intégration de l'IA pour les achats.

3.2 Deuxième défi : le développement de SI spécifiques et l'intégration de l'IA pour les achats

L'optimisation du ou des SI utilisés dans les départements achats est un objectif désormais incontournable. Un SI spécifique pour les achats permet notamment de collecter, stocker, traiter et diffuser les données provenant de flux internes (en lien notamment avec les services logistiques) et externes, c'est-à-dire relatives aux fournisseurs et à tous les autres intermédiaires des chaînes logistiques de l'organisation. Cette transformation digitale des achats est fortement corrélée aux objectifs de développement durable et de responsabilité sociale des entreprises. En effet, la tendance des achats responsables incite à développer des partenariats durables entre fournisseurs et acheteurs, partenariats qui passent souvent par l'utilisation de technologies conjointement adoptées. D'après une étude McKinsey et Company (2014)[45], si l'on considère l'ensemble du processus achats, depuis l'élaboration de la stratégie achats jusqu'au paiement et à l'analyse des dépenses, il apparaît que 40 % des tâches peuvent être automatisées. Calvi (2019) suggère que la transformation digitale au sein de la fonction achats repose sur deux axes : l'axe du « *digital in the business* » et l'axe du « *digital as a business* ». Le premier se réfère à l'utilisation de la digitalisation dans le métier des achats, autrement dit, l'exercice du métier des achats peut évoluer avec les outils digitaux. L'enjeu principal de cet axe consiste à améliorer l'efficience et ensuite l'efficacité de la fonction achats, c'est-à-dire la performance achats. L'axe « *digital as a business* » met l'accent sur l'accompagnement du service achats pour le développement digital de son prestataire (Cf. figure 3).

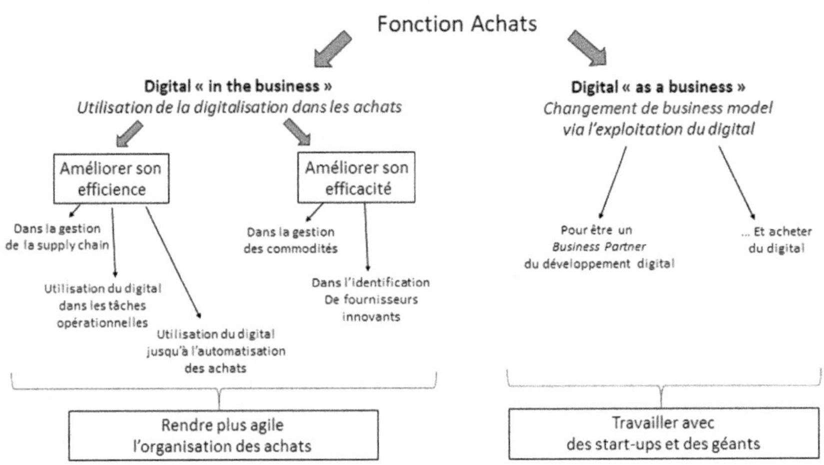

● Figure 3. Fonction achats et digitalisation. Source : Calvi (2019).

■ **[45]** Accélérer la mutation numérique des entreprises (2014). *McKinsey & Company*. https://www.mckinsey.com › our-insights › accelerer-la... Mc Kinsey et Company (2014). Accélérer_la_mutation_numérique_des_entreprises. https://www.mckinsey.com/fr/~/media/McKinsey/Locations/Europe%20and%20Middle%20East/France/Our%20Insights/Accelerer%20la%20mutation%20numerique%20des%20entreprises/Rapport_Accelerer_la_mutation_numerique_des_entreprises.pdf.

En termes de Système d'Information Achats (SIHA), il s'agit donc de configurer une architecture qui permet de couvrir toutes les étapes du processus achats de bout en bout (*source to pay* - S2P). Cela inclut l'étape de sélection de fournisseurs (*source to contact* - S2C), l'étape des approvisionnements (*procurement to pay* - P2P) et la gestion et le pilotage des fournisseurs (*supplier management and analytics*) (Cf. figure 4).

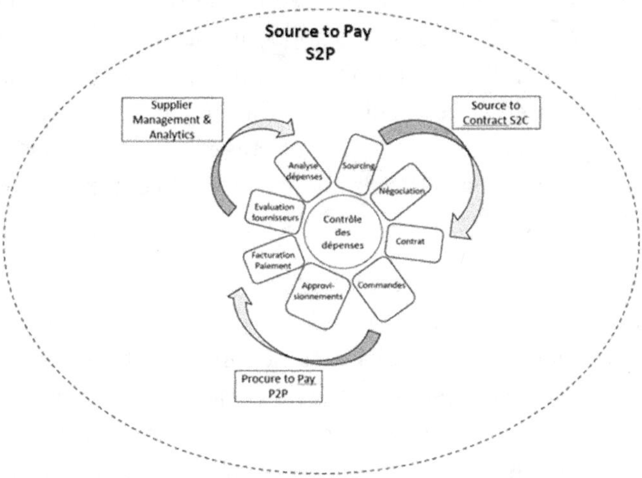

● Figure 4. Périmètre fonctionnel des SI Achats. Source : Auteurs.

Selon PwC (2022)[46], pour le déploiement de solutions digitales, les entreprises privilégient désormais les critères métiers tels que la définition des besoins et des processus. Ce choix met en avant une approche axée sur les besoins spécifiques de chaque organisation avant de se pencher sur des aspects plus techniques. Côté technologies, elles facilitent notamment la recherche d'informations sur les fournisseurs actuels ou potentiels ainsi que la gestion des relations fournisseurs en la rendant la plus automatisée possible, interactive, voire proactive (Srai et Lorentz, 2019). Avant la digitalisation, les directions achats avaient recours à

■ **[46]** Digitalisation des Achats - Regards croisés des CPO sur la performance, la RSE et les technologies. *PwC Global Digital Procurement Survey - 5ème Édition*. Disponible à l'adresse : https://www.pwc.fr/fr/publications/operations/digitalisation-des-achats.html/1000.

un référencement de fournisseurs via un processus chronophage de consultation et de contractualisation, essentiellement en présence des parties (acheteurs et fournisseurs). Aujourd'hui, la sélection des fournisseurs se fait de plus en plus via un panel dynamique proposé par les plateformes spécialisées, ce qui permet aux acheteurs de trouver le meilleur partenaire consultant au moment opportun. Certaines directions achats ont déjà inscrit, à leur agenda, la transformation digitale d'une partie de leurs activités en s'appuyant sur les solutions digitales actuellement disponibles – intelligence artificielle, réseaux collaboratifs, outils d'analyse prédictive, *blockchain*. De nombreux projets de transformation digitale des achats sont ainsi entrés dans une phase de maturation et permettent à la fois de générer de la valeur et d'améliorer la durabilité des activités.

Concernant la place de l'IA dans les achats, elle recouvre non seulement le déploiement et l'interopérabilité d'un SI spécifique mais également l'application de technologies innovantes destinées à permettre aux équipes achats de créer de la valeur pour l'ensemble de l'organisation. Allal-Chérif *et al.* (2021) ont analysé cinq systèmes d'achats intelligents : (1) le système automatisé d'achats internationaux Synertrade ; (2) le système d'appariement Silex ; (3) l'aide à la décision SAP Ariba ; (4) la gestion des relations avec les fournisseurs de Jaggaer ; et (5) la plateforme collaborative d'idéation et de gestion de projets innovants Ideapoke. Ils en concluent que l'IA peut affecter la performance du service achats en offrant de nouvelles opportunités aux acheteurs dans leurs prises de décisions. Toutefois, l'utilisation de l'IA aux achats n'est pas encore généralisée car elle nécessite un haut niveau de maturité des achats et un engagement fort dans les processus d'apprentissage liés à l'IA. Bals *et al.* (2018) identifient à ce propos les compétences futures que vont devoir acquérir les acheteurs, compétences notamment techniques autour de la gestion intelligente des données collectées (*smart data*).

3.3 Troisième défi : l'adoption des SI achats

Selon le dernier baromètre du CNA[47], moins d'une direction achats sur deux déclare avoir engagé sa transformation digitale. Aussi, il existe des niveaux de maturité très disparates sur la digitalisation des directions achats selon la taille de leur entreprise. Comme en témoigne les exemples présentés dans la partie 2, les grandes entreprises sont pionnières sur le sujet. Il apparaît pour les ETI, les PME et les TPE une plus grande difficulté à la mise en œuvre. L'infrastructure informatique est un antécédent de l'adoption de technologies avancées, car elle permet le traitement et la compréhension de grandes quantités de données (Karttunen *et al.*, 2023). Or de nombreuses TPE/PME n'ont pas encore de structure performante. De plus, la digitalisation de la fonction achat est lourde et incertaine en raison du manque de gains visibles à court terme pour les praticiens.

Comme le soulignent Karttunen *et al.* (2023), de nombreux travaux ont permis d'améliorer la connaissance des technologies avancées pour les achats mais peu ont abordé l'intégration de ces technologies avec les TI existantes et les structures organisationnelles des processus achats. Or, les outils numériques ne peuvent produire des « effets positifs en termes de baisse des coûts, de satisfaction des clients et d'amélioration de la qualité de vie au travail que si leur déploiement s'accompagne d'une réorganisation substantielle de l'entreprise » (Merlet, Pénard, 2022, p. 74). Au-delà des aspects techniques, la transformation digitale nécessite une approche axée sur les besoins spécifiques des utilisateurs.

Il reste de nombreux défis à relever pour les entreprises pour la mise en œuvre et pour obtenir des gains de cette digitalisation. Pour comprendre ces difficultés il est possible de se référer aux recherches en management des SI sur les problématiques d'adoption et d'appropriation. La littérature met l'accent sur les nombreux obstacles à surmonter lors d'un projet de transformation digitale. Le manque de ressources disponibles, en termes de moyens informatiques et technologiques et de compétences, apparait souvent comme un frein. Le rapport coût/

■ **[47]** Études sur les tendances et priorités des directions achats en 2023.

gain est difficilement quantifiable dans une approche globale, et l'introduction des nouveaux outils engendre des coûts technologiques que les PME-TPE peuvent difficilement supporter. Pour les petites et moyennes entreprises, les avantages attendus de la transformation digitale ne sont pas à la hauteur du coût pour sa mise en place. Le défi lancé aux outils digitaux tient à l'adaptabilité et à la compatibilité des systèmes. La compatibilité entre les technologies existantes et nouvelles est nécessaire pour permettre l'analyse des big data par exemple. « Les frontières des applications doivent être dépassées et les bases de données doivent être accessibles à diverses applications en constante évolution (par l'importation et l'exportation de données) » (Karttunen *et al.*, 2023). Des questions se posent aussi autour de la gestion des données (gouvernance, exploitation, etc.) mais également sur les compétences des acheteurs qui doivent s'adapter à cette transformation. D'une maitrise des outils digitaux basiques, ils doivent appréhender désormais l'implémentation d'outils plus sophistiqués et autonomes utilisant l'intelligence artificielle et ouvrant des capacités nouvelles de gestion des ressources externes. Cette fonction achats est donc en cours d'évolution vers un rôle de conseil stratégique et à valeur ajoutée dans le développement des processus grâce aux dernières avancées technologiques.

4. Références

- Accard, P. (2004). La construction d'un ordre organisationnel : Une approche complexe de l'équilibre des organisations. *La Revue des Sciences de Gestion : Direction et Gestion*, *39*(210), 61-66.

- Allal-Chérif, O., Simón-Moya, V., & Ballester, A. C. C. (2021). Intelligent purchasing: How artificial intelligence can redefine the purchasing function. *Journal of Business Research*, *124*(9), 69-76. https://doi.org/10.1016/j.jbusres.2020.11.050.

- Bals, L., Laine, J., & Mugurusi, G. (2018). Evolving purchasing and supply organizations: A contingency model for structural alternatives. *Journal of Purchasing and Supply Management*, *24*(1), 41-58.

- Calvi, R. (2019). Fonction achats et digitalisation : Les chantiers du procurement 4.0. *Revue Excellence Achats (EHA)*, *11*, 5-14.

• Ghadge, A., Mogale, D. G., Bourlakis, M., Maiyar, L. M., & Moradlou, H. (2022). Link between Industry 4.0 and green supply chain management: Evidence from the automotive industry. *Computers & Industrial Engineering, 169*, Article 108303.

• Henderson, J. C., & Venkatraman, N. (1989). *Strategic alignment: A framework for strategic information technology management.* CISR WP No. 190 Sloan WP No. 3039-89-MS 90's WP No. 89-076, Center for Information Systems Research, MIT, 60 pages.

• Henderson, J.-C., & Venkatraman, N. (1993). Strategic alignment: Leveraging information technology for transforming organizations. *IBM Systems Journal, 32*(1), 4-16.

• Karttunen, E., Lintukangas, K., & Hallikas, J. (2023). Digital transformation of the purchasing and supply management process. *International Journal of Physical Distribution & Logistics Management, 53*(5/6), 685-706.

• Lancini, A., & Lebraty, J.-F. (2007). Le cas de l'implantation d'un système de commandement et de contrôle : Vers une relecture du modèle d'alignement stratégique. *12ème conférence de l'AIM.* Lausanne, Suisse.

• Luftman, J. N. (1995). *Managing in the information age: Practical applications of the strategic alignment model.* Oxford University Press.

• Merlet, J., & Pénard, T. (2022). RSE et transformation numérique des entreprises artisanales : Une étude sur données d'enquête. *Revue internationale PME, 35*(2), 73-100.

• Oruezabala, G., & Poissonnier, H. (2021). *Cas en Management des Achats.* Éditions EMS.

• Ruel, S., & França Da Silva, C. (2016). Non-alignement stratégique des systèmes d'information et vulnérabilité de la supply chain : Proposition d'un modèle. *Logistique & Management, 24*(3-4), 179-185.

• Sabherwal, R., Hirschheim, R., & Goles, T. (2001). The dynamics of alignment: Insights from a punctuated equilibrium model. *Organization Science, 12*(2), 179-197.

- Srai, J. S., & Lorentz, H. (2019). Developing design principles for the digitalisation of purchasing and supply management. *Journal of Purchasing and Supply Management, 25*(1), 78-98.

- Sosnowski, P. C. (2022). Green concepts in the supply chain. *LogForum, 18*(1), 15-25. http://doi.org/10.17270/J.LOG.2022.680.

- Thompson, J. D. (1967). *Organizations in action*. McGraw-Hill.

- Viale, L., Vacher, S., & Bessouat, J. (2022). Eco-innovation in the upstream supply chain: Re-thinking the involvement of purchasing managers. *Supply Chain Management: An International Journal, 27*(2), 250-264.

- Weill, P., & Broadbent, M. (1990). The use of strategic information technology by entrepreneurial firms. *Proceedings of the 11th International Conference on Information Systems (ICIS)*, Copenhagen, Denmark, December 16-19, 205-214.

- Wehrle, M., Birkel, H., von der Gracht, H. A., & Hartmann, E. (2022). The impact of digitalization on the future of the PSM function managing purchasing and innovation in new product development: Evidence from a Delphi study. *Journal of Purchasing and Supply Management, 28*(2), Article 100732.

Un panorama du pilotage financier de la décarbonation des systèmes d'information

Isabelle LACOMBE – EM Normandie Business School, Métis lab
François VALENTIN – Head of Group CIO Office, Société Générale

La décarbonation des SI se développe avec l'explosion des usages et de l'intelligence artificielle très énergivore. Ceci couplé avec la forte hausse des coûts de l'énergie déclenche un besoin accru de piloter les coûts et les économies de la décarbonation des SI. Notre recherche vise à évaluer les méthodologies de pilotage financier de la décarbonation des SI existantes ou en cours de développement. Après avoir effectué une revue de la littérature, nous avons interviewé 27 managers et executive managers au printemps 2024 (DSI, directeurs financiers ou du contrôle de gestion informatique et directeurs de la RSE ou du *green IT*) dans 10 sociétés différentes (Société Générale, un groupe bancaire, SNCF, un groupe dans le domaine de l'énergie, Docaposte, Thales, Zygon, une startup dans le domaine de la nutrition, APL Data Center, un cabinet de management consulting). Notre recherche nous permet de synthétiser les besoins de pilotage visant à activer les leviers visant à contribuer aux objectifs de décarbonation. Le tout est soutenu par cinq méthodologies de pilotage non financier ou financier (cf. Figure 1).

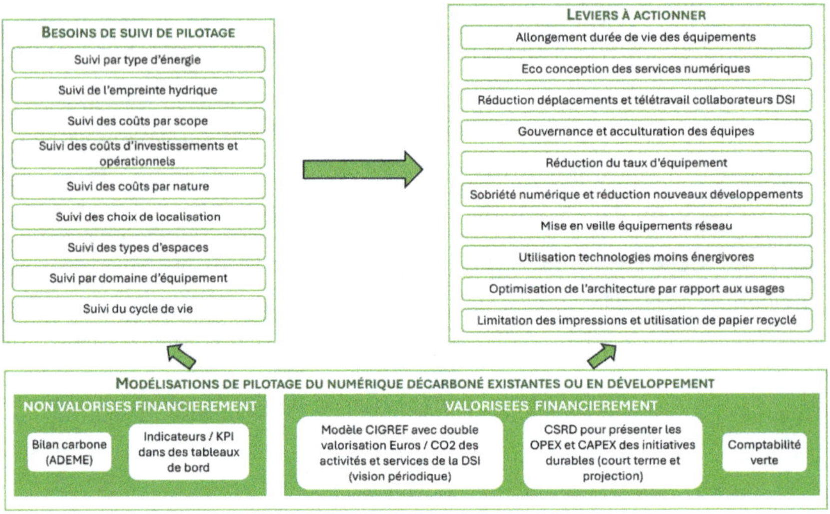

Figure 1. Schéma de synthèse du pilotage de la décarbonation des systèmes d'information.

Notre étude montre que toutes les sociétés rencontrées font du numérique responsable et le pilotent de façon pragmatique. Les managers se lancent dans de l'écoconception, ils améliorent le code pour raccourcir les délais de traitement, ils optimisent l'architecture et optent pour des matériels économes en énergie, etc.

Cinq modes de pilotage ont été identifiés et ils ne sont pas tous utilisés actuellement :

• Des initiatives de calcul du bilan carbone (ADEME ; ARCEP, 2022) sont mises en œuvre, mais sont parfois théoriques car les clés de répartitions utilisées sont souvent arbitraires et difficiles à collecter ou mesurer. Les interlocuteurs indiquent aussi qu'ils ont peu de leviers sur l'amont (concernant les achats de matériels notamment), même s'ils interrogent leurs fournisseurs sur des critères du numérique responsable.

• Globalement les sociétés pilotent en s'appuyant sur le suivi des indicateurs opérationnels de pilotage nécessaires également pour la répartition des coûts.

• Le modèle économique et écologique de l'IT proposé par le CIGREF (CIGREF, 2022) n'en est qu'à ses prémices et n'est pas encore bien compris par les sociétés rencontrées. Les clés de répartition proposées ne sont pas encore bien travaillées et risquent de conduire à de mauvaises prises de décisions si on tient pour acquis qu'un euro dépensé est proportionnel à une quantité de CO_2. Cette modélisation permettrait cependant de mesurer la consommation carbone des activités et services produits par la DSI.

• Les grandes sociétés interrogées connaissent toutes la directive CSRD (Corporate Sustainability Reporting Directive), mais sont généralement encore peu avancées par rapport à l'échéance de 2025 de production de ce reporting pour les grandes sociétés sur la partie IT (Autorité des Marchés Financiers, 2023). En effet, les entreprises se focalisent d'abord sur leur cœur de métier (les activités vues par les clients), même si les personnes interrogées sont conscientes du poids important de l'IT dans les émissions de gaz à effet de serre. Il existe aussi une difficulté à mesurer et à alimenter les données demandées par la CSRD.

• Aucun interlocuteur ne nous a cité la comptabilité verte qui enregistrerait les opérations dès le départ, mais qui n'est pas encore développée (Kott, 2024, p. 28). On note cependant une harmonisation des normes comptables européennes, dites « ESRS » (« European Sustainability Reporting Standards »).

En conclusion, nos interlocuteurs nous ont dit : « accumuler les *reportings* n'est pas la solution ». Il y a de gros risques de ne pas réussir à réconcilier les différentes visions et de semer le trouble. Les deux *reportings* financiers de la décarbonation des SI, CSRD et celui du CIGREF, ne sont pas sur la même logique. Le CSRD demande des comptes sur les investissements et les coûts opérationnels liés à la décarbonation. Le modèle du CIGREF effectue en parallèle une évaluation en euros et en équivalent CO_2 des activités et des services consommés par les clients. Beaucoup nous ont dit que les *reportings*, même simples, ont l'avantage d'aider à la prise de conscience et d'agir sur les comportements pour diminuer l'empreinte carbone. Mais seule la maîtrise des usages permettra de contrôler l'effet rebond et d'aller vers un numérique plus responsable.

Références

• ADEME- ARCEP. (2022). *Évaluation de l'impact environnemental du numérique en France et analyse prospective, États des lieux et pistes d'action, janvier 2022.* ISSN n°2258-3106. https://www.arcep.fr/uploads/tx_gspublication/etude-numerique-environnement-ademe-arcep-volet01_janv2022.pdf

• Autorité des Marchés Financiers (2023). *Rendre compte de son plan de transition climatique au format ESRS. Guide pédagogique à destination des entreprises.* https://www.amf-france.org/sites/institutionnel/files/private/2024-02/rendre-compte-de-son-plan-de-transition-au-format-esrs.pdf

• CIGREF (2022). *Modèle de pilotage économique et écologique de l'IT.* 4ème édition, mise à jour 2022. https://www.cigref.fr/wp/wp-content/uploads/2022/10/Modele_de_pilotage_economique_et_ecologique_IT-CIGREF_-Octobre_2022_2.pdf

• Kott, S. (2024). Quelle comptabilité écologique pour les administrations publiques ? *Gestion & Finances Publiques*, 7(1), 20-29.

Partie 4

Mettre en œuvre : retours d'expérience, analyse de cas pratiques

Du concept à la pratique : mettre en œuvre la sobriété numérique, état des lieux des entreprises françaises

Julien DE BENEDITTIS – Mines Saint-Etienne, Laboratoire CoActis
Nadine DUBRUC – Mines Saint-Etienne, Laboratoire CoActis
Michelle MONGO – Mines Saint-Etienne, Laboratoire CoActis
Sophie PEILLON – Mines Saint-Etienne, Laboratoire CoActis

1. Pourquoi mettre en place des pratiques plus sobres ?

La sobriété numérique est intégrée au cadre plus large du « numérique responsable » et cherche à concilier les transitions environnementale et sociale avec la transition numérique (Descamps *et al.*, 2022), ce qui aujourd'hui est appelé la transition jumelle (*twin transition*) (Pedota *et al.*, 2023). Rodhain (2019 : 115) souligne que la valeur du numérique dépend de son utilisation et qu'il n'est ni bon ni mauvais en soi. Il devrait être donc être considéré comme un outil facilitant une vie meilleure plutôt que comme un parasite envahissant nos sociétés (Courboulay, 2021).

Pour atteindre cet objectif, la sobriété est préconisée comme une approche essentielle encourageant un mode de vie impliquant une consommation réduite (Guillard, 2021), y compris dans le numérique. Vidalenc (2019) suggère à cet effet de retirer le numérique dans les espaces superflus, dénonçant des exemples d'utilisation intensive à des fins non utiles comme par exemple les menus sur des écrans dans les restaurants ou les fast-foods, et les publicités sur écrans qui se multiplient. Ainsi, son utilisation doit être penseé de manière plus raisonnable et seulement lorsque nécessaire, en évaluant de manière critique nos usages numériques quotidiens (Bordage, 2019).

La littérature scientifique propose plusieurs pratiques associées à cette dynamique de sobriété numérique. Elgaaïed-Gambier *et al.* (2020) suggèrent par exemple de réduire la taille des courriels, leur fréquence et le nombre de destinataires, tandis que Merugesan (2008) suggère d'éteindre les appareils lorsqu'ils sont inutilisés. Cette proposition est également soutenue par Ojo *et al.* (2019) qui recommandent également de s'intéresser à l'achat de matériel reconditionné. Néanmoins, la littérature académique ne propose pas aujourd'hui une liste exhaustive de pratiques accessibles aux entreprises.

En revanche, en se tournant vers la littérature grise, de nombreux organismes professionnels proposent des référentiels, des guides ou des check lists mis à disposition des entreprises. Ainsi, le Club Green IT propose une liste de 65 pratiques ainsi qu'un guide de 115 pratiques d'écoconception web (Bordage, 2022), le CIGREF (Club informatique des grandes entreprises françaises), en concertation avec ses membres du secteur du numérique, a établi une liste de 100 pratiques, et le WWF (2023) ainsi que l'ADEME (2023) proposent des recommandations à destination tant des entreprises que des particuliers.

Cependant, pour accompagner les entreprises dans une démarche structurée, il est crucial de comprendre les éléments qui constituent la sobriété numérique. Chuang et Huang (2015) considèrent la sobriété numérique (*Green IT*) comme une forme de capital, qu'ils subdivisent en trois catégories, au sein desquelles les pratiques de sobriété numérique peuvent être réparties. Les trois catégories de capital sont les suivantes.

Premièrement, le capital structurel, en tant que composante essentielle de la sobriété numérique, englobe le patrimoine numérique de l'organisation ainsi que la manière dont elle gère son parc informatique. Cela recouvre les aspects matériels, logiciels, les réseaux et les technologies de l'information qui constituent l'infrastructure technologique de l'entreprise. Les pratiques de sobriété numérique qui peuvent être associées à cette dimension se concentrent sur la gestion et l'optimisation des ressources numériques, la réduction de la consommation énergétique des équipements informatiques, et la mise en place de politiques favorables à une utilisation durable du numérique au sein de l'entreprise.

Deuxièmement, le capital humain inclut la capacité et l'expérience du personnel de l'entreprise en matière de sobriété numérique. Cela va au-delà de la simple sensibilisation et inclut les pratiques relatives à la formation du personnel aux meilleures pratiques environnementales, à la promotion de l'efficacité énergétique dans l'utilisation quotidienne des technologies, et au développement de compétences spécialisées nécessaires à la mise en œuvre de solutions numériques durables.

Enfin, le capital relationnel renvoie aux liens que l'entreprise établit avec ses partenaires externes (clients, fournisseurs, etc.) et les utilisateurs internes. Les pratiques de sobriété numérique associées incluent l'identification de prestataires dont les solutions informatiques sont soutenables, la généralisation des clauses environnementales dans les achats, ou encore la sélection de produits numériques dont les composants sont remplaçables ou réparables.

2. État des lieux des pratiques adoptées en France

Nous avons diffusé sur le territoire national français un questionnaire à destination des entreprises indépendamment de leur taille et de leur secteur d'activité. Notre échantillon est constitué de 541 entreprises dont l'effectif moyen est de 387 salariés, avec une médiane à 120, indiquant que le panel final est principalement composé de PME. Les secteurs d'activité ayant le plus répondu à notre questionnaire sont ceux de l'Information et Communication (16,7 %), Activités Spécialisées, Scientifiques et Techniques (14 %) ainsi que le secteur de l'Industrie Manufacturière (13,7 %). Les personnes ayant répondu au questionnaire sont des dirigeants (40,6 %), des Directeurs des Systèmes d'Information (22,1 %) et d'autres managers (37,3 %).

En raison du grand nombre de pratiques répertoriées dans les référentiels mentionnés plus haut, et afin de garantir une administration efficace, une sélection a été effectuée parmi ces listes. Nous avons choisi de retenir uniquement 30 pratiques, réparties dans les trois formes de capitaux identifiées par Chuang et Huang (2015). Les participants à l'enquête étaient invités à évaluer, sur une échelle de Likert allant de 1 (pas du tout d'accord) à 5 (tout à fait d'accord), le degré d'adoption de la pratique au sein de leur entreprise. Le tableau 1 présente la liste des pratiques retenues.

Capital relationnel
CR01 - Intégrer la sobriété numérique dans la stratégie globale en lien avec la direction IT (DSI) et RSE.
CR02 - Sensibiliser et démontrer de l'intérêt de la démarche pour convaincre et embarquer les dirigeants/managers et les équipes.
CR03 - Alloué un budget spécifique dédié au pilotage et à la mesure des impacts environnementaux et sociétaux du numérique.
CR04 - Définir une grille de critères d'achats responsables selon les typologies concernées (matériels, logiciels, prestations).
CR05 - Choisir les produits dont les composants sont remplaçables et réparables.
CR06 - Généraliser les clauses environnementales dans les appels d'offres (ou achats) de services.
CR07 - Inclure dans le portefeuille de projets de la DSI d'un critère d'alignement entre la stratégie générale et la stratégie de « sobriété numérique ».
CR08 - Inclure dans la recherche d'innovation un moyen de mesurer le bénéfice/risque entre la valeur des services/produits et leur impact environnemental et social.
CR09 - Réaliser un inventaire des solutions numériques, identification des doublons et des non-utilisées pour les supprimer.
CR10 - Développer une politique de conservation des données à jour avec des principes clairs sur les données qui doivent être conservées et celles qui peuvent être supprimées.
CR11 - Privilégier les prestataires dont les solutions IA (Intelligence Artificielle) sont soutenables.

Capital humain
CH12 - Développement pour chaque métier la prise de conscience de l'impact environnemental du numérique dans ses activités quotidiennes.
CH13 - Proposer des parcours de formation métier en lien avec la sobriété numérique.
CH14 - Intégration des compétences « numérique responsable » dans les fonctions SI (Système d'information/informatique).
CH15 - Intégration des compétences « numérique responsable » dans la GPEC (Gestion Prévisionnelle de l'Emploi et des Compétences).
CH16 - Inciter les employés à prendre soin du matériel informatique et limiter le renouvellement superflu des équipements.
CH17 - Veiller à ce que la sensibilisation à la sobriété numérique s'inscrive dans la durée (ex. campagnes régulières, challenges, ...).
CH18 - Disposer d'un guide de sobriété numérique à destination de tous les collaborateurs pour qu'ils soient informés de leurs possibilités d'agir (ex. se connecter au réseau local, partager via des plateformes collaboratives au lieu d'envoyer un fichier...).
CH19 - Favoriser l'utilisation de « chats » au lieu de mails internes, l'utilisation du téléphone et les déplacements entre bureaux pour des échanges simples entre collaborateurs.
CH20 - Donner aux utilisateurs le moyen de voir leur impact et les conséquences de leurs actions pour le réduire (ex. tableau de bord avec des données chiffrées comme le volume de données stockées, le poids des pièces jointes, la quantité de mails, etc.) et donne des informations sur « comment faire autrement ».
CH21 - Minimiser le nombre d'équipements par utilisateur en accord avec lui (ex. un smartphone ou un PC unique pour les usages professionnel et personnel).

Capital structurel
CS22 - Rationaliser les applications, en diminuant leur nombre quand cela est possible ; archive, supprime les applications obsolètes.
CS23 - Définir avec les fournisseurs un paramétrage sobre des solutions (ex. impression noir et blanc en recto-verso...).
CS24 - Privilégier une architecture applicative modulaire, frugale, voire *low tech*.
CS25 - Lors de l'utilisation de *data centers*, favoriser les services qui ont de bonnes pratiques environnementales (ex. utilisation d'énergies renouvelables...).
CS26 - Maîtriser les capacités de stockage des données.
CS27 - Limiter les flux de données et les volumes de stockage au nécessaire.
CS28 - Définir des règles d'archivage et de nettoyage des données en cohérence avec le RGPD (Règlement Général sur la Protection des Données).

Capital structurel
CS29 - Mettre en place un suivi régulier des indicateurs énergétiques des *data centers.*
CS30 - Ordonner et répartir les travaux de manière à ne pas avoir des machines (ex. ordinateur, serveur, imprimante...) à disposition 24h/24h, 7j/7j.

Tableau 1. Liste des pratiques retenues dans le questionnaire. Source : pratiques reprises et adaptées du référentiel CIGREF.

Les analyses descriptives des réponses permettent d'identifier des tendances. Les pratiques les plus largement adoptées par les entreprises de notre panel semblent être des pratiques liées au capital structurel (moyenne de 3,30). Arrivent ensuite les pratiques liées au capital relationnel (moyenne de 2,95) et au capital humain (moyenne de 2,77). La démarche des entreprises est donc aujourd'hui principalement orientée sur les aspects techniques de la sobriété numérique ; puis sur le management de la sobriété numérique en lien avec les parties prenantes du système d'information, tandis que l'implication des salariés dans le développement des pratiques de sobriété numérique ne semble pas prioritaire.

Concernant les pratiques en elles-mêmes, l'identification des cinq pratiques les plus adoptées et des cinq pratiques les moins adoptées permet de renforcer ce constat lié aux formes de capitaux (tableau 2).

#	**5 Pratiques les plus adoptées**	**5 Pratiques les moins adoptées**	#
1	CH16 - Mon entreprise incite les employés à prendre soin du matériel informatique et limite le renouvellement superflu des équipements	CH15 - Mon entreprise intègre les compétences « numérique responsable » dans la GPEC (Gestion Prévisionnelle des Emplois et des Compétences)	26
2	CS28 - Mon entreprise définit des règles d'archivage et de nettoyage des données en cohérence avec le RGPD (Règlement Général sur la Protection des Données)	CR03 - Mon entreprise dédie un budget spécifique au pilotage et à la mesure des impacts environnementaux et sociétaux du numérique	27
3	CS26 - Mon entreprise maîtrise les capacités de stockage des données	CH13 - Mon entreprise propose des parcours de formation métier en lien avec la sobriété numérique	28

#	5 Pratiques les plus adoptées	5 Pratiques les moins adoptées	#
4	CS22 - Mon entreprise rationalise les applications, en diminuant leur nombre quand cela est possible ; archive, supprime les applications obsolètes	CH18 - Mon entreprise dispose d'un guide de sobriété numérique à destination de tous les collaborateurs pour qu'ils soient informés de leurs possibilités d'agir (ex. se connecter au réseau local, partager via des plateformes collaboratives au lieu d'envoyer un fichier...)	29
5	CS23 - Mon entreprise définit avec les fournisseurs un paramétrage sobre des solutions (ex. impression noir et blanc en recto-verso...)	CH 20 - Mon entreprise donne aux utilisateurs le moyen de voir leur impact et les conséquences de leurs actions pour le réduire (ex. tableau de bord avec des données chiffrées comme le volume de données stockées, le poids des pièces jointes, la quantité de mails, etc.) et donne des informations sur « comment faire autrement »	30

Tableau 2. 5 pratiques les plus adoptées et les moins adoptées Source : auteurs.

Au sein de notre échantillon, 87 % des entreprises encouragent leurs employés à prendre soin du matériel informatique et à limiter le remplacement inutile des équipements. Cette tendance à réduire la fréquence de renouvellement des outils informatiques est devenue courante au sein des organisations françaises. Ce qui est frappant, c'est que cette pratique est la seule pouvant être catégorisée comme relevant du capital humain, tandis que les autres pratiques sont liées au capital structurel de l'entreprise. Ainsi, il semble que lorsque les organisations s'engagent dans une démarche de sobriété numérique, elle se concentrent principalement sur la dimension technique de leur système d'information, au détriment des aspects relationnels et humains. Cette tendance est corroborée par les résultats de notre étude, où près des trois quarts des entreprises interrogées déclarent ne rien mettre en place pour que les utilisateurs puissent mesurer leur empreinte numérique. De plus, deux tiers des entreprises ne disposent pas d'un guide de sobriété numérique pour informer et sensibiliser leurs employés par le biais de formations spécifiques.

Il est également important de contextualiser nos résultats en tenant compte des caractéristiques de notre panel. Comme mentionné précédemment, la majorité des entreprises sont de petite taille. Par conséquent, la présence d'un département dédié aux SI n'est pas systématique, ces organisations ayant souvent recours à la sous-traitance pour cette fonction. De plus, une proportion significative de notre échantillon provient du secteur de l'information et de la communication, où l'accent mis sur la sobriété du capital structurel est une priorité pour réduire les coûts opérationnels.

3. Références

• ADEME (2022). *10 gestes de sobriété numérique pour tous.* https://librairie.ademe.fr/cadic/7441/10-gestes-sobriete-numerique.pdf (consulté le 19/12/2023).

• Bordage, F. (2019). *Sobriété numérique : Les clés pour agir.* Buchet-Chastel.

• Bordage, F. (2022). *Écoconception web – Les 115 bonnes pratiques. Doper son site et réduire son empreinte écologique,* 4ème édition. Eyrolles.

• Courboulay, V. (2021). *Vers un numérique responsable : Repensons notre dépendance aux technologies digitales.* Actes Sud.

• Descamps, S., Temperman, G., & Lièvre, B. D. (2022). Vers une éducation à la sobriété numérique. *Humanités numériques, 5,* Article 2858.

• Elgaaied-Gambier, L., Bertrandias, L., & Bernard, Y. (2020). Cutting the internet's environmental footprint: an analysis of consumers' self-attribution of responsibility. *Journal of Interactive Marketing, 50*(1), 120-135.

• Guillard, V. (2021). Towards a society of sobriety: Conditions for a change in consumer behavior. Field Actions Science Reports. *The Journal Of Field Actions,* (*Special Issue 23*), 36-39.

• Murugesan, S. (2008). Harnessing green IT: Principles and practices. *IT professional, 10*(1), 24-33.

• Ojo, A. O., Raman, M., & Downe, A. G. (2019). Toward green computing practices: A Malaysian study of green belief and attitude among Information Technology professionals. *Journal of cleaner production*, *224*(7), 246-255.

• Pedota, M., Grilli, L., & Piscitello, L. (2023). Technology adoption and upskilling in the wake of Industry 4.0. *Technological Forecasting and Social Change*, *187*, 122085.

• Rodhain, F. (2019). *La nouvelle religion du numérique : Le numérique est-il écologique ?* Éditions EMS.

• Vidalenc, E. (2019). *Pour une écologie numérique*. Les Petits Matins.

• WWF (2023). *Apprendre à réduire son empreinte numérique*, https://www.wwf.fr/agir-au-quotidien/numerique#consommation_energetique (consulté le 19/12/2023).

Les paradoxes de la décarbonation des SI bancaires

Christine Marsal – Université de Montpellier, IAE de Montpellier

En 2018, Belkhir et Elmeligi remarquent que si l'ensemble des acteurs économiques et politiques engagent des efforts pour réduire les gaz à effet de serre (Désormais GES), le secteur des technologies de l'information et de la communication (désormais TIC) a reçu peu d'attention. Les auteurs constatent que si rien n'est fait, la contribution relative des TIC au GES pourrait passer d'environ de 1,6 % en 2007 à plus de 14 % du GES mondial d'ici à 2040, soit plus de la moitié de la contribution relative actuelle de l'ensemble du secteur des transports. Ils mettent en évidence la contribution des téléphones intelligents et, montrent que leur empreinte peut dépasser la contribution des ordinateurs de bureau.

Les années 90 ont vu une modification profonde des modes de distribution des produits et services bancaires. La place des technologies de l'information et de la communication (TIC) s'accroit considérablement. Les banques ont été parmi les premiers secteurs à investir lourdement dans les TIC. Après une première phase d'empilement des systèmes (fin des années 2000), une phase d'harmonisation et d'intégration des SI s'est développée. En France, Banques coopératives et Banques SA ont toutes un applicatif unique sur le plan national (à l'exception d'une caisse de crédit Mutuel, Arkéa).

En 2024, le modèle économique repose sur une relation clientèle omnicanal que la pandémie Covid a amplifié. Le client peut effectuer une part de plus en plus grande de ses opérations bancaires à l'aide de son téléphone. Lee *et al.* (2016) montrent que les technologies de l'information ont un impact positif sur la compétitivité des organisations et spécifiquement des banques, Appiahene *et al.* (2019) évoquent les gains d'efficience du secteur bancaire. Elidrissi et Elidrissi (2010) considèrent que la dimension technologique fait désormais partie de l'ADN des industries de la finance.

Jenkin *et al.* (2011) font une distinction entre technologies de l'information (désormais TI) vertes et les systèmes d'information verts. Les technologies vertes sont celles qui vont correspondre à la volonté de réduire la consommation d'énergie et la production de déchets. La détention de telles technologies permet d'avoir un impact direct et positif sur les indicateurs de l'organisation. Nous pouvons citer en exemple : l'amélioration de l'efficacité énergétique du matériel et des centres de données, la consolidation des serveurs à l'aide de logiciels de virtualisation et la réduction des déchets associés aux équipements obsolètes. Les systèmes d'information (désormais SI) verts font référence au développement et à l'utilisation de systèmes d'information pour soutenir des initiatives de durabilité environnementale. Cela concerne les logiciels de groupe collaboratif, les systèmes de télé présence, les systèmes de pilotage des ressources (eau/papier/déchets), l'ergonomie des sites internet mais aussi les systèmes de chaîne d'approvisionnement pour optimiser l'acheminement et le transport des produits, réduisant ainsi la quantité d'énergie consommée pour les déplacer. De leur côté, Loos *et al.* (2011) soulignent le rôle important des technologies de l'information et de la communication dans la préservation des ressources rares, tout en soulignant une croissance de la consommation énergétique supérieure aux autres secteurs (17 % de croissance annuelle à l'époque).

Alors que les banques sont engagées dans le verdissement de leur bilan, la question du verdissement de leur SI reste posée. Quelles sont les mesures engagées par les acteurs de la finance pour réduire l'empreinte carbone numérique ? Comment les autorités de régulations interviennent-elles dans ce processus ?

Ce chapitre tente d'apporter des premières réponses à ce questionnement et il est organisé comme suit. Après avoir présenté les spécificités du SI bancaire, nous abordons l'environnement institutionnel de la finance décarbonée, puis nous analysons quelques exemples.

1. Les spécificités du SI bancaire : avantages compétitifs et régulation

1.1 Le rôle des SI dans le succès des banques

Les métiers de la banque consistent principalement à collecter des dépôts, accorder des crédits et proposer divers services financiers (assurance, opérations de paiement etc..). En France, le secteur bancaire se distingue pas la coexistence de deux catégories d'établissements : les banques de forme juridique Société Anonyme (désormais banques SA) cotées en bourse et les banques coopératives (dont les parts sociales ne sont pas cotées en bourse). Les premières fonctionnent de façon plus centralisée et ont tendance à standardiser leurs processus. Les banques coopératives laissent une plus grande latitude au niveau local. Dans les deux formes d'établissements la pression financière est forte mais, les banques coopératives sont plus attachées à la rentabilité à long terme qu'à la rentabilité à court terme. Ces dernières ont un réseau d'agences très dense qui décroit plus lentement que les banques dites SA. Elles restent proches de leur territoire, ce qui marque leur différence par rapport aux autres établissements. Plus innovantes (Richez Battesti et Gianfaldoni, 2006.) elles ont expérimenté largement ce que les possibilités technologiques pouvaient apporter au fonctionnement de leurs agences bancaires. Toutes les agences bancaires ont été fortement touchées par l'arrivée de Technologies de l'information et de la communication (désormais TIC). Du fait de la très haute intensité informationnelle du secteur bancaire, le système d'information bancaire est considéré comme un support déterminant des composants structurels et processuels des activités bancaires. Georgescu et Jeflea (2015) soulignent que le volume des données traitées a fortement augmenté ces dernières années et rend les établissements très sensibles aux problèmes de pertinence et de sécurité des données.

Les évolutions technologiques et réglementaires ont amplifié les besoins de planification et de contrôle des activités bancaires : adaptation aux directives Bâle 2 puis Bâle 3 qui exigent un contrôle plus efficace des risques opérationnels, de crédit et de marché, introduction des risques climatiques, modélisation des consommations énergétiques, mise à disposition pour les clients des services qui peuvent être gérés depuis leur domicile via Internet (banque à domicile).

1.2 La place du SI dans la régulation bancaire

Le SI bancaire est intégré dans les risques opérationnels identifiés par les autorités de régulation du secteur bancaire. Il apparaît dans un premier temps sous le vocable de risque informatique et, il doit répondre à des obligations spécifiques. La dimension éco responsable des dispositifs concernés et peu ou pas du tout mise en avant.

A. Le risque informatique

Le risque informatique est reconnu comme un risque opérationnel défini par le comité de Bâle à partir de 2003. Le risque opérationnel est défini comme tout risque de perte résultant d'une inadéquation ou d'une défaillance des processus, du personnel et d'évènements externes. Pendant longtemps, le risque informatique n'a pas été identifié en tant que tel, il était inclus dans les défaillances des processus, du personnel et des systèmes.

En janvier 2019 l'ACPR publie un document de réflexion, dans lequel le risque informatique est défini de la façon suivante : « le "risque informatique ou risque des technologies de l'information et de la communication-TIC" ou "risque du système d'information" correspond au risque de perte résultant d'une organisation inadéquate, d'un défaut de fonctionnement, ou d'une sécurité insuffisance du système d'information, entendu comme l'ensemble des équipements systèmes et réseaux et des moyens humains destinés au traitement de l'information de l'institution »[48]. La suite du document précise les trois items et ne consacre rien à la problématique énergétique (si ce n'est et de façon très parcellaire dans la partie consacrée à la continuité d'activité).

■ **[48]** Page 11, https://acpr.banque-france.fr/system/files/import/acpr/medias/documents/819017_acpr_risque-informatique_fr_web.pdf.

Depuis février 2021, le risque informatique est intégré dans les dispositifs de contrôles préconisés par l'autorité de régulation européenne la Banque Centrale Européenne (BCE) assistée localement par les autorités nationales de régulation (en France la Banque de France et l'Autorité de Contrôle Prudentiel et de Résolution, ACPR). Les banques doivent désormais justifier de l'existence d'une organisation de la gestion du risque informatique.

B. Les obligations liées à la sécurité des transactions et à la continuité d'activité

Dans le décret de 2021 (modifiant le décret de novembre 2014), la sécurité du système d'information est définie comme la « protection de la confidentialité, l'intégrité et la disponibilité des données et des actifs informatiques, notamment pour en garantir l'authenticité, l'imputabilité, la responsabilité et la fiabilité »[49].

Les établissements doivent mettre en œuvre des dispositifs de gestion de la continuité d'activité :

- Procédure d'analyse quantitative et qualitative des impacts de perturbations graves,
- Plan d'urgence et de poursuite d'activité, fondé sur les impacts, qui indique les actions et moyens à mettre en œuvre pour le rétablissement des activités essentielles ou importantes,
- Un plan de reprise d'activité.

Dans ce contexte, les établissements sont invités à tester périodiquement les dispositifs d'urgence prévus, via des procédures de contrôle interne. L'arrêté précise en outre, que les dirigeants doivent s'assurer que les ressources allouées au risque informatique (humaines, financières technologiques) sont suffisantes. Pendant plusieurs années, ces obligations n'ont pas favorisé la frugalité numérique.

Cela a été renforcé par une autre obligation réglementaire : la lutte contre les fraudes et le blanchiment d'activités criminelles. Les banques

■ **[49]** [6] Arr. 3 nov. 2014, art. 10, nouveau.

doivent mettre en œuvre des moyens efficaces pour prévenir des mouvements de fonds non expliqués, cela passe par de la collecte de données précises sur les clients et, la mise en place d'algorithme de détections de mouvements financiers « anormaux »

Alors que la crise de la covid a étendu à grande échelle les possibilités de télétravail, les évolutions technologiques renforcent chaque jour les risques cyber et, le risque de laisser prospérer des activités illégales via les mouvements de fonds. Dans ce contexte, le secteur recours de plus en plus à des outils d'intelligence artificielle à des fins de lutte contre des mouvements financiers suspects.

2. L'environnement institutionnel : la finance se décarbone

Dans leur étude, Hu *et al.* (2016) étudient les facteurs explicatifs de la mise en place de pratiques écologiques en matière de TI. Ces pratiques s'expliquent par les normes industrielles et la sensibilisation à l'environnement. Nous retrouvons ces aspects dans le secteur bancaire : évolution de la réglementation climatique, accords internationaux souscrits volontairement par les acteurs de la finance.

2.1 Le comité de Bâle et les risques climatiques

En 2018, L'Union européenne lance un plan d'action sur la finance durable le Green Deal[50]. Ce plan d'action est révisé une première fois en 2021 et a conduit à l'adoption d'un « paquet » législatif destiné à diminuer de 55 % les émissions de gaz à effet de serre d'ici la fin de la décennie. Dans le même temps, le comité de Bâle reconnaît que le risque de crédit est associé au risque climatique[51]. Il est admis désormais que la non prise en compte des risques climatiques dans les financements bancaires peut avoir des conséquences néfastes pour le système financier dans son ensemble.

■ **[50]** https://commission.europa.eu/strategy-and-policy/priorities-2019-2024/european-green-deal_fr.

■ **[51]** https://www.bis.org/bcbs/publ/d532.htm.

A. Les objectifs assignés

Le comité a entamé un travail de sensibilisation des acteurs de la finance aux risques climatiques. Ces derniers doivent être intégrés dans les processus de gestion des risques : vis à vis des crédits accordés aux clients, vis à vis des placements proposés aux clients, à la politique immobilière des établissements etc.

La gestion des risques concerne aussi les modélisations et stress tests auxquels les banques sont soumises. L'intégration du risque climatique consiste à imaginer des situations de changement brutal qui pourraient engendrer des pertes financières massives et soudaines. C'est dans cette optique que BCE a lancé un chantier de clarification des taxonomies pour qualifier les produits de placement verts, les financements verts. À terme, il s'agira pour les banques de publier un ratio d'actifs verts (*Green Asset Ratio*) qui permettra de comparer les politiques réelles de décarbonation des bilan bancaires.

Dans la continuité des activités du comité de Bâle, les autorités françaises de régulation mettent en place des critères de gouvernance et de surveillance des risques climatiques. Les publications sont régulières depuis 2018 mais il n'a rien concernant les SI.

2.2 La place du SI

Dans le rapport 2020 dédié aux bonnes pratiques en matière de gouvernance climatique, le SI ou les TI ne sont pas évoquées directement. Le SI est mobilisé implicitement pour permettre aux établissements de mieux modéliser les risques : « Cependant, les données relatives aux risques liés au changement climatique sont encore souvent absentes des bases de données centralisées des établissements, notamment en raison de l'indisponibilité de ces données ou de leur dissémination, ce qui complique l'évaluation des risques. En conséquence, des efforts devraient être menés par les établissements en vue de permettre l'identification, la collecte et la centralisation des données nécessaires.[52] » Plus loin le comité d'experts précise que les établissements devraient s'ef-

■ **[52]** (Page 13) https://acpr.banque-france.fr/gouvernance-et-gestion-des-risques-climatiques-par-les-etablissements-bancaires-quelques-bonnes.

forcer de collecter systématiquement les données sur l'empreinte carbone des entreprises qu'ils financent. Ces recommandations plaident pour un renforcement des puissances de calcul des établissements.

Dans le même temps, les établissements financiers ont souscrit volontairement à des accords internationaux qui ont force contraignante pour les signataires.

A. Glasgow Financial Alliance for Net Zero (GFANZ)

Cette alliance regroupe l'ensemble des accords et initiatives du secteur financier en faveur de la lutte contre le changement climatique, elle se déploie sous l'égide des Nations Unies « *Race to Zero* ». Les établissements signataires s'engagent à aligner leurs pratiques de financement et d'investissements avec un objectif de zéro émission nette d'ici 2050. Les signataires s'engagent à modifier la composition de leur portefeuille de prêts, en diminuant les financements aux secteurs émetteurs de gaz à effets de serre. Ils doivent se doter d'objectifs qu'ils s'engagent à diffuser et expliciter. Le papier de discussion publié en décembre 2023[53] insiste sur les métriques à mettre en place pour justifier de la décarbonation du portefeuille de prêts des banques, mais rien n'est mentionné concernant le poids carbone des SI bancaires. On peut même affirmer que la collecte de nouvelles données (plus complexes car qualitatives) induit une augmentation réelle de la consommation énergétique des SI bancaires : modèles plus sophistiqués de calculs des impacts carbone des financements, collecte massive de nouvelles données, modification des outils et processus de la gestion des risques…

Dans la bibliométrie qu'ils consacrent au secteur des technologies de l'information et la soutenabilité environnementale, Charfedine et Umlai (2023) évoquent le secteur bancaire uniquement sous l'angle du financement. Le secteur bancaire est sollicité pour procurer des financements plus flexibles à tous les clients désirant opérer une transition écologique de leur SI. Les petites et moyennes entreprises sont concernées. Les banques elles-mêmes, ne font pas l'objet de la recherche de frugalité.

■ **[53]** https://www.unepfi.org/industries/banking/developing-metrics-for-transition-finance/.

Pourtant, parmi les objectifs prioritaires identifiés par la GFANZ figurent aussi les plans de transition énergétiques applicables au secteur financier lui-même.

B. Les premiers résultats

Les organisations signataires s'engagent à se donner des objectifs de réduction de leur empreinte carbone avec des points d'étape réguliers. Il existe trois scopes qui doivent être publiés et justifiés : le *scope 1* concerne la consommation directe de combustibles polluants : gaz, carburants divers. Le *scope 2* concerne les consommations d'énergie liées aux infrastructures nécessaires pour la conduite des affaires (bâtiments, centres de données), aux déplacements professionnels. Le *scope 3* concerne l'impact carbone indirect du fait des clients, des fournisseurs de biens ou de services. L'impact carbone des SI se retrouve donc dans le *scope 2* pour les activités gérées en direct par les établissements ou dans le *scope 3* pour les activités sous traitées ou achetées à des éditeurs externes.

Le site de la GFANZ, met en lumière les actions de plusieurs de ses membres. Nous avons relevé les informations communiquées par les 12 établissements bancaires (tableau no. 1) . Ces établissements ont la particularité de tous avoir atteint (ou presque atteint) la neutralité carbone du *scope 1*. Les préoccupations liées au fonctionnement opérationnel, ou à la chaine de valeur sont signalées. Certains établissements envisagent de sélectionner leurs sous-traitants en fonction des efforts fournis en matière de frugalité énergétique. Il n'existe cependant que peu de précisions sur les actions engagées et le SI n'est mentionné que deux fois.

Les actions réalisées (objectifs, point d'étapes)	**Nb. de citations**
Chaine de valeur ou fonctionnement opérationnels/sous-traitance	10
Déplacements des collaborateurs	7
Bâtiments bas carbone, économie d'énergie	5
Achats de crédit bas carbone	3
Centre de données : IT	2

|| Tableau 1. Les engagements en faveur de la réduction des GES dans les activités quotidiennes des établissements.

À partir des exemples mis en lumière par le GFANZ[54] en France, dans leur deuxième rapport commun de décembre 2021, les experts mandatés par l'ACPR et l'AMF récapitulent et analysent les engagements climatiques des principaux acteurs de la place financière de Paris (9 banques, 17 assureurs et 20 sociétés de gestion). 6 banques sur 9 et 9 des 17 assureurs ont pris des engagements de réduction de GES. Le rapport note que les banques accentuent leurs engagements en matière de réduction des GES. Les objectifs annoncés par les établissements sont des objectifs de court terme (horizon 2022 et ou 2023)

Il apparaît que les régulateurs et les plus grands établissements bancaires se sont emparés du risque climatique qui est traité comme un risque bancaire « traditionnel ». Il est cependant curieux de constater que la frugalité numérique n'est que très peu présente dans les objectifs de décarbonation.

3. Le numérique responsable : exemples, limites et paradoxes

Corbett (2010) définit quatre types d'informatique verte (information pour soutenir la prise de décision, actifs et infrastructures informatiques directs, collaboration et produits et services durables) et six dimensions de la valeur de l'informatique verte (financière, neutralité carbone, avantages environnementaux, conformité, position concurrentielle et éthique) ; la nature et la valeur de l'adoption de l'informatique verte dépendent d'un certain nombre de facteurs organisationnels et sociétaux (dépendance à l'égard de l'informatique, intégration environnementale, stratégie environnementale, gestion des parties prenantes et mesure). Dans cette section, nous tentons d'illustrer les pratiques numériques responsables, à partir des éléments de langage diffusés par certains acteurs financiers.

3.1 Qu'est-ce que le numérique responsable pour une banque ?

Les chercheurs indiens ont popularisé le concept de *green banking* (Manohar et Kumar, 2013) qui représente à la fois la fourniture de crédits

[54] https://www.gfanzero.com/transition-planning-examples/.

verts mais aussi le déploiement de la banque en ligne qui génère des économies de consommation de papier (et donc de consommation d'eau et d'énergie). Arulrajah *et al.* (2020) étudient les pratiques technologiques vertes dans le secteur bancaire du Sri Lanka : réduction des consommations de papier, achat de matériel économe en énergie, utilisation du *cloud computing*, virtualisation des transactions, centres de données plus verts. En 2010, la revue banque consacre quelques pages au *Green IT*. La préoccupation majeure reste la maitrise des dépenses en énergie. Cela concerne à la fois le volet technologique mais aussi le volet système d'information. Sur le volet technologique il s'agit de modifier les centres de données (optimisation des espaces, récupération de chaleur, optimisation du traitement des données etc..), de virtualiser, ou de ralentir le cycle de remplacement des postes de travail et des matériels.

3.2 Les motivations de l'adoption des TI Vertes, quelques exemples

Molla et Abareshi (2012) utilisent une grille permettant d'expliquer les motivations à l'adoption de technologies de l'information vertes en croisant deux dimensions (Tableau 2). Ils conduisent leur recherche à partir d'un échantillon de176 répondants (près de 15 % d'entre eux travaillent dans le secteur bancaire). Ils montrent que la recherche d'économie est une motivation principale de la mise en œuvre des TI vertes. La deuxième motivation est l'éco-efficacité. Ces résultats indiquent une forte composante interne de la motivation, les auteurs analysent que lorsque les organisations choisissent une stratégie environnementale, elles souhaitent la poursuivre en adoptant volontairement des standards verts. Ce faisant, elles accentuent leur différenciation.

	Origine de la motivation	
	Interne	**Externe**
Angle économique	Éco-efficience	Éco-durabilité
Angle socio-politique	Éco-efficacité	Éco-légitimité

Tableau 2. Les origines de la motivation. Source : à partir de l'article de Molla et Aberashi (2012).

Les auteurs opérationnalisent les différentes motivations de la façon suivante : l'éco-efficience consiste à améliorer l'éco-soutenabilité des TI tout en poursuivant des objectifs de réduction des coûts, l'éco efficacité est un système de valeurs et de croyances de l'organisation pour atteindre des résultats socio-économiques en se souciant fortement de l'environnement naturel, l'éco durabilité concerne le désir d'éco-durabilité en raison d'opportunités vertes ou en réponse aux actions des concurrents, des clients et des fournisseurs et l'éco légitimité est la volonté d'améliorer l'éco-durabilité en raison des pressions politiques et sociales auxquelles l'entreprise est confrontée.

Ces distinctions vont nous être utiles pour analyser les pratiques de « *green banking* » telles qu'elles sont décrites dans les rapports de gestion de quelques établissements français.

A. La frugalité numérique à la SG

En 2020, la filière IT de la Société Générale occupe près de 26 000 collaborateurs à travers le monde, traite, protège et stocke quelques 60 pétabytes de données ce qui représente le deuxième poste de dépenses du groupe. 72 % de l'infrastructure informatique est sur le cloud et l'objectif était d'atteindre 80 % fin 2020. L'établissement multiple les cas d'usage de l'IA.

L'étude des rapports de gestion de 2016 à 2021 montre que dans un premier temps, les efforts de décarbonation semblent porter uniquement que la consommation des équipements. Les dispositifs du *Green IT* évoqués dans le rapport de 2017 ne sont pas vraiment développés. L'optimisation des data center est signalée à partir de 2018. À partir de 2019, la dimension « durable » des SI prend de l'ampleur et conduit à des réflexions sur l'éco conception des SI.

En 2019 le groupe signe la charte numérique responsable. Le groupe lance un programme CSR by IT et 17 groupes de travail ont été créés. Il s'agit de prendre en compte l'ensemble du cycle de vie des systèmes d'information et des données, de la conception à l'utilisation des services numériques. Les travaux portent sur l'instauration de normes d'architecture et de gestion de projet, la mesure des impacts du groupe via la définition des indicateurs de suivi la sensibilisation de la filière IT, le développement d'applications éco responsables et e-accessibles, la réduction des déchets liés au numérique ainsi qu'un bon usage de la data et des nouvelles technologies comme l'IA. En France les directions informatiques participent à la réduction des déchets liés au digital en donnant une seconde vie aux matériels et en achetant du matériel reconditionné.

B. La frugalité numérique chez BNP Paribas

En 2008, le groupe BNP Paribas lance un vaste programme intitulé Greening IT. Il s'agit d'optimiser les infrastructures, dans un objectif d'éco responsabilité. La décision est prise de virtualiser les serveurs, les postes de travail, du réseau, les applications. La virtualisation est renforcée dans les centres de données. Des outils de mesure de l'activité d'un centre de données sont créés afin de mieux connaître son fonctionnement et sa consommation. L'objectif est à terme d'utiliser de l'énergie renouvelable pour le fonctionnement de ces centres.

En 2023, Le groupe BNP Paribas met en service un *data center* de dernière génération : réduction des besoins énergétiques par une augmentation de d'unités centrales de traitement de forte capacité, utilisation de la chaleur produite par les serveurs pour alimenter le système de chauffage de près de 20 000 foyers, utilisation de l'énergie hydraulique et/ou éolienne pour alimenter le centre

BNP Personal Finance est la filiale dédiée aux prêts à la consommation du groupe. Elle fait partie des entreprises citées en exemple sur le site du GFANZ.

L'entreprise mesure son empreinte carbone depuis 2012 et ce dans sept pays (Brésil, Allemagne, Espagne, France, Royaume-Uni, Italie, Portugal). Quatre indicateurs sont mesurés : les émissions de CO_2 par collaborateur dues aux bâtiments et aux trajets professionnels, la consommation de papier, le taux d'utilisation de papier écoresponsable et le recyclage des déchets. Le rapport 2020 indique que grâce à la forte baisse des déplacements professionnels et l'efficacité énergétique des bâtiments de tous les nouveaux sites, l'entreprise enregistre une réduction de 28 % des émissions de gaz à effet de serre (GES) par rapport à 2019[55]. Dans le même temps, l'entreprise lance un programme « Positive IT starts with me » avec l'ambition d'avoir une stratégie informatique responsable. Ce programme repose sur trois piliers (*Green IT*, *Green by IT* et *Inclusive IT*) pour réduire l'impact environnemental des technologies numériques et de leurs usages et développer leur accessibilité pour les clients. En 2020, la signature de la charte de l'Institut du Numérique Responsable a marqué une étape importante dans cette stratégie. Cependant le manifeste disponible en ligne, ne donne aucune indication ni aucune stratégie pour réduire véritablement l'empreinte carbone des SI.

C. La frugalité numérique chez CASA

Le groupe CASA est la société holding détenue en majorité (un peu plus de 51 %) par les caisses régionales de crédit Agricole. Le groupe dispose d'une filiale qui gère 80 % de la production informatique du groupe (en incluant les caisses régionales).

Le groupe se caractérise par une très grande transparence de l'information diffusée, cette dernière concerne à la fois les consommations en énergie des centres de données, la gestion des déchets électroniques et leur recyclage, mais aussi les formations et pratiques internes dédiées à l'informatique verte.

Le groupe s'est aussi engagé dans une vaste opération de verdissement et de recyclage des cartes bancaires. Le Groupe Crédit Agricole en collaboration avec Crédit Agricole Payments Services a déployé progressivement depuis 2013, le service « Carte Environnement » au sein de 35 Caisses régionales. Depuis 2014, il existe un accord avec un partenaire issu du secteur du travail adapté et protégé, ATF Gaïa, qui collecte depuis 2014 les DEEE pour certaines entités du Groupe. Les contenus

[55] Page 12 du rapport RSE 2020.

des disques durs sont effacés à l'aide d'une solution logicielle validée par les instances de sécurité du Groupe. Le partenaire évalue l'état de fonctionnement des matériels qui sont par la suite envoyés au tri. Le matériel en état est ainsi réemployé par le partenaire à des fins solidaires et les postes hors d'usage sont détruits suivant une filière répondant aux critères environnementaux. Dans le même temps, le groupe développe une stratégie de long terme pour verdir le fonctionnement des centres de données.

Dans le volet technologique, sur la période observée, on note une volonté de participer à tous les processus innovants. En 2019 il existe plusieurs projets nécessitant des serveurs à haute puissance : *High-Performance Computing*, *Cloud*, *blockchain*, Intelligence artificielle. En 2021, le groupe signe un partenariat dans le domaine de l'informatique quantique avec les leaders technologiques européens Pasqal et Multiverse Computing. L'objectif de ce partenariat est de concevoir et développer de nouvelles approches associant informatiques traditionnelle et quantique pour l'amélioration d'algorithmes dans les domaines des marchés de capitaux et de la gestion des risques. En 2022, alors que la filiale CA-GIP ouvre un nouveau data center en Normandie, la filiale s'engage pour des actions de sobriété numérique, de numérique responsable.

3.3 Les limites et paradoxes

Les efforts que nous avons observé dans les tentatives de décarbonation des SI bancaires se heurtent à plusieurs limites : la participation à la lutte contre le changement climatique, la réglementation bancaire.

Les banques impliquées dans les alliances net zéro sont fortement sollicitées pour verdir en premier lieu leur bilan. Les méthodologies proposées par le GFANZ consistent à modifier, en les sophistiquant, les outils de gestion des risques. Dans un premier temps, cela implique de modifier les SI, puisque de nouvelles données devront être collectées, traitées et diffusées dans les processus existants. De nouveaux processus apparaissent (accompagnement des clients dans la transition énergétique, outils de mesure des empreintes carbone etc..). La réglementation bancaire en incluant la diffusion obligatoire d'un ratio d'actif vert, en incluant le risque climatique dans la gestion des risques, renforce la nécessité d'augmenter les capacités de traitement des établissements.

Dans la mesure ou aucune obligation n'est encore imposée, les établissements travaillent d'abord sur leur cœur de métier (accords de crédit et distribution de produits d'épargne) avant d'aborder frontalement la décarbonation de leur SI.

De ces deux constats découlent trois conséquences : des motivations essentiellement économiques et internes, une focalisation sur les TI, la diffusion anarchique des informations.

Dans cette première lecture des politiques de décarbonation, les motivations qui apparaissent sont surtout de motivations internes d'eco-efficience. Les discours se bornent à décrire les progrès réalisés en termes de consommation énergétique. Dans plusieurs établissements neutres en carbone, la neutralité est obtenue par des ajustements en achat de crédits carbone (tableau 1). Si cette disposition est bien prévue dans les accords Net ZERO, ils ne donnent pas le signal d'une vraie prise de conscience d'opérer en interne une réelle transition écologique. A ce stade de l'analyse il faudrait interroger les responsables SI pour avoir une vision plus claire des pratiques en cours.

La deuxième conséquence concerne les choix opérés pour décarboner la chaine de valeur des banques. Ce sont essentiellement les TI qui sont concernées : les outils, leur emplacement physique, leur capacité calculatoire etc. Il n'y pas d'exemple de modification de flux d'informations entre les individus, qui rendraient les applicatifs moins « gourmands » en calculs et donc en énergie. Il n'y a pas d'exemple de modification des informations diffusées qui réduiraient l'empreinte carbone des TIC.

La troisième conséquence est que la diffusion des informations sur la décarbonation des SI est relativement anarchique. D'une année sur l'autre, les informations ne sont pas « suivies », un indicateur apparaît une année puis disparaît les années suivantes.

Les enjeux sont pourtant immenses. Nous en retiendrons deux : la prise en compte globale de la chaine de valeur des banques et l'utilisation massive des IA dans le secteur financier.

L'opacité du secteur contribue à réduire l'intérêt des informations diffusées lorsqu'on analyse la chaine de valeur des banques. Ainsi, lorsqu'une banque présente l'empreinte carbone de ses serveurs en précisant qu'il ne s'agit que des serveurs qu'elle a sous son contrôle direct, sans donner plus de précision, on devine bien que le chiffre n'est pas représentatif. De même lorsqu'un autre établissement est dans l'incapacité de donner des chiffres pour l'ensemble de ses centres de données et se contente de faire un *reporting* sur quelques centres. Dans un environnement où les banques sont considérées comme peu fiables dans leur lutte contre le réchauffement climatique, ces pratiques ne favorisent pas la confiance. Or, plus que jamais les banques auront besoin de cette confiance dans leur accompagnement de la transition énergétique de leurs clients. Pour convaincre leurs clients d'opérer des changements qui pourraient être difficiles, elles doivent montrer l'exemple ce n'est pas le cas.

Le deuxième enjeu concerne l'utilisation des IA dans les processus bancaires, ils existent déjà mais les IAG sont en passe d'arriver massivement dans les organisations. Or les IA et IAG sont très fortement consommatrices d'énergie, de capacités de calcul, de collecte et de traitement des données. Ces IA deviennent indispensables pour détecter les nouvelles fraudes, mais sont de nature à compromettre durablement les efforts de décarbonation entrepris jusqu'alors. Il devient donc urgent d'opérer une transition des SI bancaires convaincante.

4. Références

• Appiahene, P., Missah, Y. M., & Najim, U. (2019). Evaluation of information technology impact on bank's performance: The Ghanaian experience. *International Journal of Engineering Business Management*, *11*, 1847979019835337. https://doi.org/10.1177/1847979019835337

• Arulrajah, A. A.,Senthilnathan, S., & Rathnayake, M. P. (2020). Green information technology and environmental performance of the banks. *Journal of Governance & Regulation*, *9*(3), 27-39. http://doi.org/10.22495/jgrv9i3art2.

• Belkhir, L., & Elmeligi, A. (2018). Assessing ICT global emissions footprint: Trends to 2040 & recommendations. *Journal of cleaner production*, *177*, 448-463, https://doi.org/10.1016/j.jclepro.2017.12.239.

• Charfeddine, L., & Umlai, M. (2023). ICT sector, digitization and environmental sustainability: A systematic review of the literature from 2000 to 2022. *Renewable and Sustainable Energy Reviews*, *184*, 113482. https://doi.org/10.1016/j.rser.2023.113482.

• Corbett, J. (2010). *Unearthing the value of green IT*, https://aisel.aisnet.org/icis2010_submissions/198/.

• Diener, F., & Špacek, M. (2021). Digital Transformation in Banking: A Managerial Perspective on Barriers to Change. *Sustainability*, *13*(4), 2032. https://doi.org/10.3390/su13042032.

• Elidrissi, D., & Elidrissi, A. (2010). Contribution des systèmes d'information à la performance des organisations : le cas des banques. *La Revue des sciences de gestion*, *241*(1), 55-61.

• Georgescu M., Jeflea V. (2015) The particularity of the banking information system. *Procedia Economics and Finance*, *20*, 268-276. https://doi.org/10.1016/S2212-5671(15)00074-X.

• Hu, P. J. H., Hu, H. F., Wei, C. P., & Hsu, P. F. (2016). Examining firms' green information technology practices: A hierarchical view of key drivers and their effects. *Journal of Management Information Systems*, *33*(4), 1149-1179. https://doi.org/10.1080/07421222.2016.1267532.

• Jenkin, T. A., Webster, J., & McShane, L. (2011). An agenda for 'Green' information technology and systems research. *Information and organization, 21*(1), 17-40. https://doi.org/10.1016/j.infoandorg.2010.09.003.

• Lee, H., Choi, H., Lee, J., Min, J., & Lee, H. (2016). Impact of IT investment on firm performance based on technology IT architecture. *Procedia Computer Science, 91*, 652-661. https://doi.org/10.1016/j.procs.2016.07.164.

• Li, Y. (2023). Key Technologies of Financial Digital Industry Innovation and Green Development Driven by Information Technology. *International Journal of Computational Intelligence Systems, 16*(1), 78. https://doi.org/10.1007/s44196-023-00262-1.

• Loos, P., Nebel, W., Marx Gómez, J., Hasan, H., Watson, R. T., Vom Brocke, J., ... & Recker, J. (2011). Green IT: a matter of business and information systems engineering? *Business & Information Systems Engineering, 3*(4), 245-252. https://doi.org/10.1007/s12599-011-0165-5.

• Manohar, B., & Kumar, C. V. (2012). Green banking: "Bye-bye cheques, hello electronic payments". *Asia Pacific Journal of Management & Entrepreneurship Research, 1*(3), 60.

• Molla, A., & Abareshi, A. (2012). Organizational green motivations for information technology: empirical study. *Journal of Computer Information Systems, 52*(3), 92-102.

• Richez-Battesti, N., & Gianfaldoni, P. (2006). *Les banques coopératives en France : le défi de la performance et de la solidarité*. L'Harmattan.

Autres sources consultées :

• https://www.gfanzero.com/transition-planning-examples/

• https://acpr.banque-france.fr/gouvernance-et-gestion-des-risques-climatiques-par-les-etablissements-bancaires-quelques-bonnes

• https://www.unepfi.org/industries/banking/developing-metrics-for-transition-finance/

• https://group.bnpparibas/actualite/comment-les-data-centers-de-nouvelle-generation-peuvent-ils-contribuer-a-leconomie-circulaire

Comment construire une feuille de route du numérique responsable : le cas de l'INP Grenoble

Marie-Laurence CARON-FASAN - Univ. Grenoble Alpes, Grenoble INP, CERAG
Valery MERMINOD - Université Grenoble Alpes, Grenoble INP, CERAG

1. Contexte de Grenoble INP – UGA

Grenoble INP - UGA est un établissement de formation de l'enseignement supérieur public. Il comprend plusieurs écoles d'ingénieurs et de management, des cycles préparatoires, des départements de formation tout au long de la vie et enseignements transverses, des plateformes, des réseaux d'alumni, une fondation, une filiale et des laboratoires de recherche partagés avec les acteurs de la recherche local et national. Cet établissement comporte 8 300 étudiants, 1 500 personnels, 8 écoles, 39 laboratoires, 21 plateformes technologiques et FabLabs.

En 2020, une nouvelle équipe politique est élue pour un mandat de 4 ans et élabore, les premiers mois de son arrivée, un plan stratégique appelé Ambition 2030. Ce dernier se traduit en une vision et 4 axes stratégiques tous déclinés en cibles à atteindre qualifiés par des indicateurs d'atteinte des objectifs.

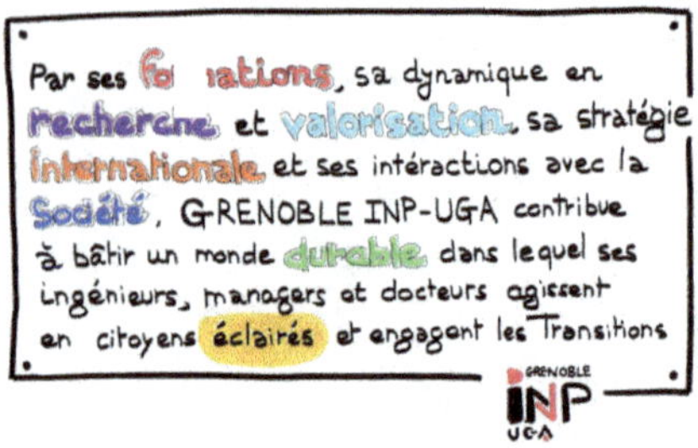

Axe 1 : Relever les nouveaux défis économiques, environnementaux et sociétaux par nos formations et nos recherches
Axe 2 : Amplifier notre posture internationale et interculturelle
Axe 3 : Bâtir notre nouvelle identité d'institut d'ingénierie et de management
Axe 4 : Agir en communauté responsable, épanouissante et inspirante

● Figure 1. La vision et les 4 axes stratégique du plan stratégique Ambition 2030.

Le Développement Durable et la Responsabilité Sociétale (DD&RS) est une composante importante de la stratégie Ambition 2030. Cette composante se retrouve particulièrement dans l'axe 4 mais aussi dans l'axe 1 avec la volonté de former les étudiants aux transitions et d'orienter les recherches vers des solutions durables. Elle est également présente dans l'axe 3 avec la volonté de soutenir les initiatives en faveur d'une vie étudiante responsable et plurielle. Pour renforcer sa politique DD&RS, un plan stratégique DD&RS a été élaboré par la Vice-Présidente DD&RS et adossé au plan stratégique général Ambition 2030. Il vise à renforcer la trajectoire de la stratégie de Grenoble INP – UGA notamment par des cibles ambitieuses :

• 100 % des étudiants et des personnels sensibilisés aux objectifs de développement durable et aux enjeux liés aux transitions d'ici 2023,

• 100 % de nos activités intègrent les objectifs de développement durable d'ici 2023,

• 75 % de réduction de nos émissions de gaz à effet de serre (« zéro émission nette ») d'ici 2030.

Bien que les outils informatiques ne soient pas explicitement nommés dans les axes stratégiques d'Ambition 2030 ni des cibles DD&RS, la Vice-présidente Numérique de Grenoble INP – UGA s'engage à faire du numérique un des éléments de la trajectoire stratégique de prise en compte des aspects DD&RS. En effet, le numérique est un émetteur de gaz à effet de serre est à ce titre il est amené à participer à l'effort de réduction des émissions de GES. Toutefois, elle considère que prendre en compte le numérique par le seul angle de son impact environnemental est restrictif. Elle veut le considérer dans son aspect numérique responsable. Ainsi, il est important de traiter le numérique en abordant également ses enjeux économiques et notamment le prolongement de la durée de vie des terminaux, l'achat en reconditionné, les démarches d'éco-conception des terminaux et des codes, le recyclage des déchets DEEE (Déchets d'Équipements Électriques et Électroniques) ou encore l'économie de la fonctionnalité comme système privilégiant l'usage plutôt que la possession du bien numérique ; ses enjeux sociaux et notamment un numérique plus inclusif et éthique et enfin ses enjeux réglementaires par une réflexion de mise en conformité avec la loi REEN et la loi AGEC, sachant que la mise en conformité RGPD est un chantier lancé depuis plusieurs années au sein de Grenoble INP – UGA.

À noter qu'en 2019, la Direction des Systèmes d'Information de Grenoble INP a finalisé son schéma directeur des systèmes d'information. Il doit permettre aux systèmes d'information de l'ensemble des entités de Grenoble INP de se déployer autour de 4 axes : (1) accompagner la création de la nouvelle structure de Grenoble INP, (2) moderniser le SI, (3) s'inscrire dans une démarche de qualité et (4) améliorer et faciliter les usages des apprenants et des personnels. Toutefois, la composante numérique responsable est explicitement mentionnée dans aucun des 4 axes.

Faire du numérique un des contributeurs au plan stratégique Ambition 2030 et au plan stratégique DD&RS, relève donc d'un travail important et qu'il faut structurer dans sa démarche. C'est ainsi, que deux personnes vont se former au sein de l'Institut du Numérique Responsable (INR) pour apprendre à construire, structurer et mettre en place un Schéma Directeur du Numérique Responsable (SDNR).

2. Méthode pour un projet de mise en place d'un schéma direction du numérique responsable

La méthode de l'INR consiste en 4 grandes étapes schématisées ci-dessous.

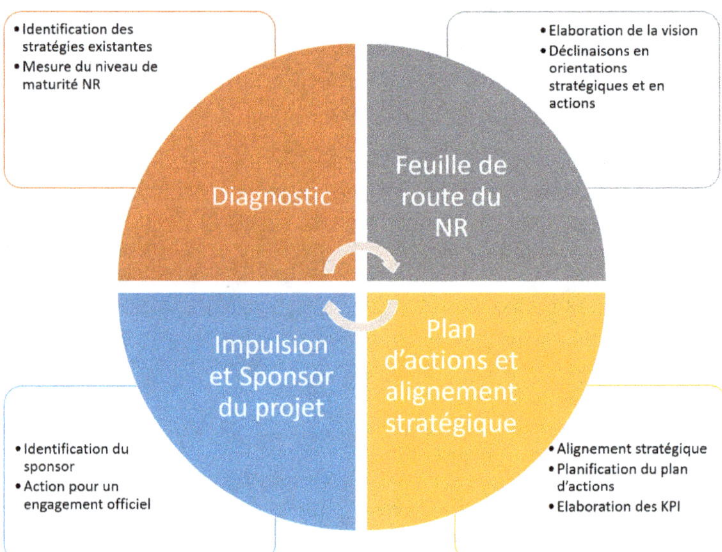

Figure 2. Quatre grandes étapes schématisées de la méthode INR.

Étape 1 : Sponsor du projet et impulsion

Cette étape est celle de l'initialisation de la démarche de construction d'un schéma Directeur du Numérique Responsable (SDNR). Comme tout projet, il est nécessaire d'identifier un sponsor, c'est-à-dire une personne chargée de veiller à ce que le projet de mise en place du SDNR soit en accord avec la stratégie de Grenoble INP – UGA, d'en assurer la gouvernance, d'en apprécier la gestion des risques et des changements afin de garantir la qualité du projet. Dans le cas de Grenoble INP – UGA, le sponsor est au niveau politique car il s'agit de la Vice-Présidente Numérique.

Même si le projet est politiquement soutenu, il est nécessaire de définir un engagement clair par le biais par exemple de la signature d'une charte. L'INR propose une charte du numérique responsable dont l'objectif est triple : (1) résumer ses engagements en termes de numérique responsable (2) pousser l'organisation à s'évaluer et essayer de s'améliorer en permanence et (3) permettre à l'organisation de communiquer sur sa démarche. Grenoble INP – UGA n'a pas souhaité signer cette charte car il est engagé en parallèle dans une démarche de labellisation DD&RS qui permet aux établissements de l'enseignement supérieur de valoriser au plan national et international leurs engagements et démarches en termes de développement durable et de responsabilité sociétale.

Étape 2 : Diagnostic

La seconde étape est celle du diagnostic dont l'objectif est de mesurer la maturité de départ de l'organisation en termes de numérique responsable. Pour ce faire Grenoble INP – UGA s'est appuyé sur deux travaux. Le premier est celui du travail réalisé pour candidater à la labellisation DD&RS. En effet, pour pouvoir candidater à la labellisation DD&RS, un établissement de l'enseignement supérieur doit réaliser une auto-évaluation sur les actions déjà entreprises en termes de DD&RS. Réalisé en 2021 et 2022, les résultats de cette auto-évaluation ont permis à Grenoble INP – UGA de candidater au label en 2023. Le deuxième travail est celui d'un état des lieux des pratiques informatiques dites numériques responsables. Sous l'impulsion de la Vice-Présidence Numérique, la Direction des Système d'Information de Grenoble INP – UGA a réalisé un questionnaire pour identifier qu'elles étaient les pratiques déjà mises en place au sein de ses écoles et laboratoires et pour en comprendre les difficultés et les freins à s'engager encore plus dans une démarche de numérique responsable. Ce questionnaire s'est basé sur le « Guide des bonnes pratiques numériques responsables pour les organisation », coordonné par l'Institut du Numérique Responsable en 2023.

Ce travail de diagnostic a permis de mettre en avant l'existence de pratiques numériques responsables ancrées et par exemple la bonne gestion des postes de travail par un allongement de la durée de vie des équipements, un réemploi des matériels remplacés plutôt que leur destruction ou encore une adaptation de la configuration des postes de travail au juste nécessaire des usages métiers. Et cela a également permis d'identifier des marges de progression comme par exemple sur les achats informatiques responsables, la mutualisation des data centres et la téléphonie.

Étape 3 : Feuille de route du NR

La construction de la feuille de route NR consiste à définir la vision et les orientations stratégiques du numérique responsable puis de décliner ces dernières dans un plan d'actions à court et moyen termes. Dans le cas de Grenoble INP - UGA, c'est la Vice-Présidente Numérique qui a construit cette feuille de route pour ensuite la faire valider par l'INR et la Vice-Présidente DD&RS.

Elle consiste en 3 ambitions qui constituent la vision NR de Grenoble INP - UGA comme l'illustre la figure 3.

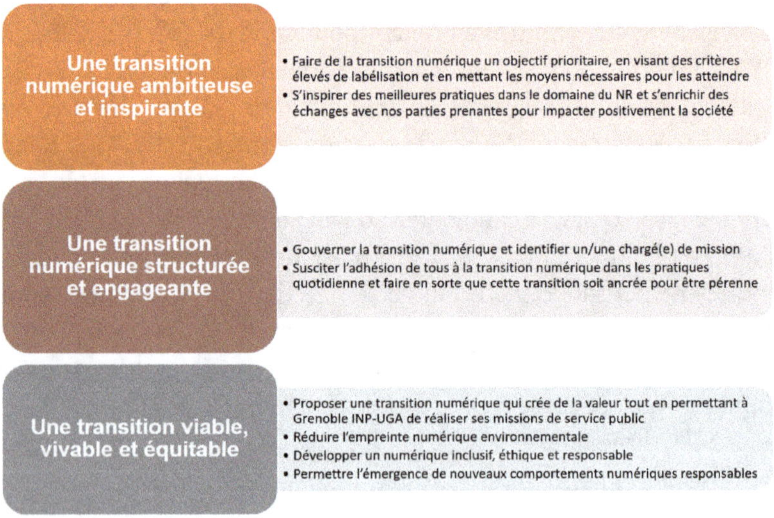

Figure 3. Les trois ambitions du plan NR de Grenoble INP - UGA.

Cinq orientations stratégiques ont ensuite été élaborées permettant un début d'opérationnalisation de la vision comme le montre la figure 4.

Orientations / Les trois ambitions de la vision	- 1 – Structurer une gouvernance pour le NR de Grenoble INP en lien avec sa stratégie DD&RS	- 2 – Faire du NR un acteur de la diminution des GES et des déchets de Grenoble INP	- 3 – S'appuyer sur la recherche et l'innovation pour renforcer le NR	- 4 – Sensibiliser, former au NR tout en rendant visible les initiatives existantes	- 5 – Faire du NR un élément d'inclusion des personnels et des étudiants de Grenoble INP
Une transition numérique ambitieuse et inspirante	✓			✓	
Une transition numérique structurée et engageante	✓			✓	✓
Une transition viable, vivable et équitable		✓	✓		✓

● Figure 4. Les 5 orientations stratégiques du plan NR de Grenoble INP – UGA.

Enfin, chaque orientation est détaillée en plusieurs actions afin de construire le plan d'actions pour une feuille de route à 1 an, 2 ans et 3 ans. La figure 5 est une illustration d'une action en lien avec l'orientation « Sensibiliser, former au NR tout en rendant visible les initiatives existantes » et les deux ambitions « Une transition numérique ambitieuse et inspirante » et « Une transition numérique structurée et engageante ».

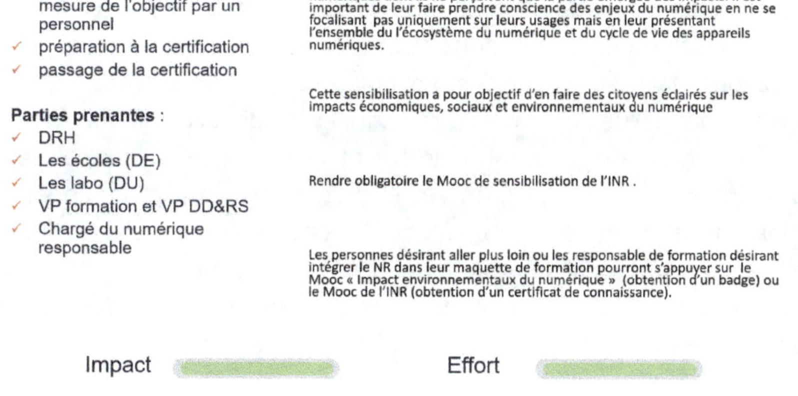

● Figure 5. Action issue du plan d'action à 3 ans du plan NR.

À noter que chaque action est reliée à un ou plusieurs Objectifs de Développement Durable dit des ODD et ainsi vérifier que les actions envisagées permettent de répondre à l'agenda 2030 de l'ONU pour parvenir à un avenir meilleur et durable pour tous. Ici c'est l'ODD 4 : « Éducation de qualité » qui est visé par cette action et dont l'objectif est « Assurer une éducation de qualité inclusive et équitable et promouvoir des opportunités d'apprentissage pour tous et tout au long de la vie ».

Étape 4 : Alignement stratégique du plan d'actions du NR

La dernière étape est celle de l'alignement stratégique consistant à vérifier que le plan d'actions NR s'intègre à la stratégie générale de l'établissement et participe à l'atteinte des objectifs stratégiques globaux. En d'autres termes, si le plan d'actions du NR s'inscrit dans le plan stratégique Ambition 2030 et le plan stratégique DD&RS. Dans le cas de Grenoble INP - UGA, cet alignement stratégique s'est avéré plutôt facile à réaliser car dès le départ, les réflexions sur le numérique responsable ont intégré le plan Ambition 2030 et les cibles stratégiques du plan stratégique DD&RS

Cependant, une autre question s'est posée concernant le portage politique et opérationnel du SDNR. Plusieurs solutions ont été discutées. La première est celle de l'inscription de toutes les orientations stratégiques du SDNR dans le plan stratégique DD&RS. La seconde solution est celle de l'inscription des orientations stratégiques dans la mise à jour du schéma directeur du SI de 2019. La troisième solution est celle de l'intégration des orientations stratégiques dans le plan stratégique Ambition 2030. Au regard des préconisations de l'INR, le SDNR n'est pas une sous partie du schéma directeur des SI auquel on ajouterait une dimension numérique responsable. Il est plus large que la seule sobriété numérique et se doit d'être un vecteur de la performance de l'organisation sur les plans environnemental, économique et social. Enfin, il doit rester simple, lisible et actionnable. Ainsi, Grenoble INP - UGA a proposé que ce SDNR ait une existence en propre et soit porté par les deux Vice-Présidences Numérique et DD&RS.

Le dernier travail est celui de la construction de KPI. Ces indicateurs peuvent être la retranscription des objectifs de chartes et de labels mais également s'appuyer sur des indicateurs issus d'Analyse du Cycle de Vie (ACV) et par exemple le taux de recopie des data ou encore le nombre de Go par utilisateur de données bureautiques. Dans le cadre de son plan Ambition 2030, Grenoble INP – UGA dispose déjà de nombreux indicateurs d'atteinte d'objectifs. De plus, et dans le cadre de sa démarche de qualité, la DSI dispose également d'indicateurs de performance et d'indicateurs de pilotage. Afin de ne pas alourdir le travail de suivi des indicateurs existants, il a été décidé de s'appuyer au maximum sur les indicateurs existants pour mesurer le déploiement de la démarche numérique responsable et par exemple le suivi du nombre de salles serveurs de qualité environnementale ou encore le ratio d'hôte par salarié qui permet de mesurer le nombre moyen de « devices » par employé. Quelques indicateurs spécifiques sont en cours d'élaboration et par exemple la dépense moyenne par employé en cybersécurité.

Le Système d'Information de gestion technique des bâtiments : un vrai levier de la décarbonation ?

Sylvie Michel – Université de Bordeaux, laboratoire IRGO
François Cocula – Université de Bordeaux, laboratoire IRGO
Aurélie Bugeau – Université de Bordeaux, LaBRI
Mathieu Farges – Energy manager

En 2020, les bâtiments de l'Union Européenne étaient responsables de 40 % de la consommation d'énergie et de 36 % des émissions de gaz à effet de serre[56]. En France[57], le secteur du bâtiment est le plus grand consommateur d'énergie parmi tous les secteurs économiques. Il représente 43 % de la consommation énergétique totale du pays, soit l'équivalent de 1,1 tonne de pétrole par an et par habitant. Dans l'ensemble, les bâtiments génèrent chaque année plus de 120 millions de tonnes de dioxyde de carbone, un gaz à effet de serre, ce qui équivaut à près d'un quart des émissions nationales.

Dans le cadre du plan de sobriété énergétique, le gouvernement français a annoncé le 6 octobre 2022 qu'il avait pour objectif de réduire de 10 % la consommation d'énergie. La Gestion Technique du Bâtiment (GTB) a été identifiée pour atteindre les objectifs fixés. La GTB a pour

[56] https://commission.europa.eu/news/focus-energy-efficiency-buildings-2020-02-17_fr.

[57] https://www.ecologie.gouv.fr/energie-dans-batiments.

objectif initial de réaliser des économies d'énergie. Mais en plus de réduire les coûts opérationnels et les charges financières, une GTB efficace doit contribuer également à l'atteinte des objectifs de durabilité en réduisant l'empreinte carbone des bâtiments.

1. Le SI au cœur de la GTB

1.1 Qu'est-ce que la GTB ?

La GTB est également connue sous les noms de BACS (*Building Automation et Control Systems*) ou encore de BMS (*Building Management System*). Elle permet de piloter avec intelligence les installations techniques du bâtiment avec pour principal objectif de contribuer à un gain rapide en termes d'énergie consommée. Au sens du décret BACS[58] (juillet 2020, modifié en avril 2023), les systèmes techniques considérés sont les suivants : chauffage, ventilation, climatisation, production d'eau chaude sanitaire, éclairage intégré, production d'électricité sur site (ou système combinant plusieurs de ces systèmes). Parce que les équipements de Climatisation-Ventilation-Chauffage et Réfrigération sont les systèmes techniques les plus énergivores, il a été décidé de les réguler en premier lieu.

Une GTB doit remplir plusieurs missions : suivre, enregistrer et analyser en continu les données de production et de consommation énergétiques des systèmes techniques du bâtiment afin de les ajuster en conséquence ; situer l'efficacité énergétique du bâtiment par rapport à des valeurs de référence ; détecter les pertes d'efficacité des systèmes techniques ; être interopérable avec les différents systèmes techniques du bâtiment, etc.

1.2 La GTB : un système d'information

On remarque alors qu'une GTB constitue un système d'information (SI) permettant l'automatisation et le contrôle des bâtiments. Le SI GTB va pouvoir collecter (grâce à des capteurs), stocker (pendant 5 ans – cf.

■ **[58]** https://rt-re-batiment.developpement-durable.gouv.fr/presentation-et-guide-du-decret-bacs-a712.h.

décret), traiter (grâce à des applications dédiées) et diffuser (auprès des techniciens) de l'information.

Le fonctionnement de ce SI au service de la GTB repose sur le triptyque capteur/actionneur/automate. Des capteurs sont installés dans les bâtiments à des endroits stratégiques. Les capteurs et les actionneurs sont reliés aux automates. L'automate fait le chef d'orchestre, et envoie des ordres aux actionneurs en fonction des informations reçues des capteurs. Le capteur est rarement relié directement à l'actionneur. L'ensemble des données sont stockées sur des serveurs et les résultats centralisés dans un tableau de bord numérique accessible par des applications. Ce tableau de bord va non seulement pouvoir informer sur les dysfonctionnements possibles, avec éventuellement une visée corrective, mais aussi permettre des réglages et autres mesures préventives grâce à des algorithmes adaptés.

Ainsi, la GTB va automatiser et contrôler l'activité d'un site de bâtiments en supervisant plusieurs services à la fois, tels que le chauffage, l'éclairage, le fonctionnement des stores. Cela peut aller jusqu'aux problématiques d'accessibilité, avec des équipements tels que les automates de confort ou encore le contrôle d'accès des bâtiments. Voici deux exemples très concrets d'automatisation qui sont assez répandus : la régulation automatique du chauffage en fonction des températures extérieures, où les capteurs externes ajustent la puissance du chauffage ; la gestion intelligente de l'éclairage en fonction de la luminosité naturelle, où l'éclairage est activé uniquement lorsque la luminosité intérieure diminue. Dans ces deux cas, l'environnement externe est un élément déterminant dans le processus de régulation. Les principaux capteurs utilisés mesurent généralement les températures intérieures et extérieures pour adapter la puissance du chauffage, la luminosité pour ajuster l'intensité de l'éclairage, le CO_2 pour évaluer la qualité de l'air et ajuster la ventilation mécanique contrôlée (VMC), ainsi que la pression pour diriger l'air ou l'eau chaude dans les systèmes de chauffage.

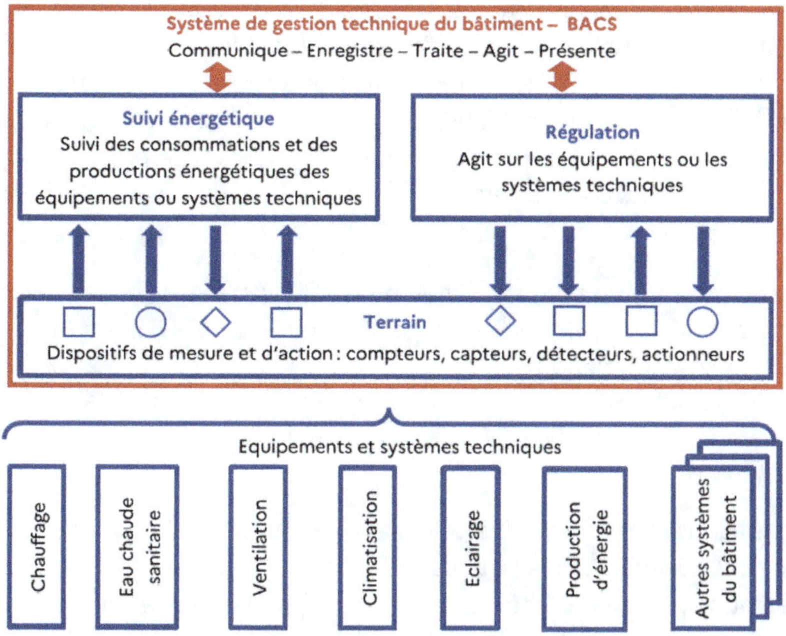

● Figure 1. Source : Guide d'application BACS - mai 20233 - https://rt-re-batiment.developpement-durable.gouv.fr/IMG/pdf/guide_bacs_16052023.pdf.

1.3 Des préoccupations anciennes qui se renouvellent

Depuis les années 1980, certaines entreprises, notamment industrielles (par exemple, les centrales nucléaires), se sont engagées dans une gestion technique informatisée, avec un souci initial d'économies financières (gains en termes d'économies d'énergie), mais aussi un souci de surveillance et de fiabilité. Cette pratique s'est peu à peu étendue aux bâtiments tertiaires, jusqu'au logement résidentiel, avec l'apparition et la démocratisation de la domotique. Mais ce n'est que depuis les années 2000 que la GTB s'est teintée de préoccupations écologiques.

Cette évolution de la GTB est à mettre en parallèle avec une prise de conscience croissante de la nécessité de réduire de plus en plus l'empreinte carbone des bâtiments, en alignant notamment les pratiques de gestion technique sur des objectifs de durabilité environnementale.

C'est dans cette optique que le décret BACS du 7 avril 2023 élargit l'obligation d'équipement de systèmes d'automatisation et de contrôle pour tous les bâtiments tertiaires équipés de systèmes de chauffage, de climatisation et/ou de ventilation, dès lors que leur puissance nominale est supérieure à 70 kilowatts (pour information, avec le précédent décret de juillet 2020, le seuil d'obligation d'installation était fixé à 290 kilowatts).

Après, cette présentation générale de la GTB comme système d'information, nous nous interrogeons pour savoir si le SI GTB est un réel levier de décarbonation ?

2. Le SI GTB : un levier de décarbonation ?

Nous allons illustrer certains points avec le cas particulier de l'Université de Bordeaux. Pour cela, nous nous sommes appuyés sur de la documentation secondaire (site institutionnel, rapport carbone, etc.), sur des interviews d'acteurs (*Energy manager*) et d'experts.

2.1 Exemples d'applications

Le SI GTB peut réellement participer à la réduction des émissions de carbone. Nous pouvons illustrer cette fonction à travers le cas de l'Université de Bordeaux qui en a pris conscience récemment avec un certain nombre de retours d'expérience.

A. Une GTB classique et performante à l'Université de Bordeaux

L'université de Bordeaux comporte 300 bâtiments et environ 80 % d'entre eux sont dotés d'une GTB. Les 20 % restants sont soit en cours d'installation, soit concernent des bâtiments qui vont être détruits. Une équipe de trois personnes, soutenue par un chef de service et un technicien en relation avec la DSI (Directeur des Systèmes d'Information), a la responsabilité du suivi des contrats CVC, qui incluent la GTB. Cette équipe est intégrée à la direction de l'immobilier.

En 2022, l'Université de Bordeaux avait émis 62 500 tonnes d'équivalent CO_2 pour une communauté comprenant 52 000 étudiants et

6 100 personnels (enseignants-chercheurs et administratifs). Ce qui correspond à des émissions équivalentes à 15 600 tours de la Terre à l'équateur, en voiture thermique (Calcul Moyenne ADEME4, sans fabrication). L'établissement prévoit de réduire ses émissions de 22 % d'ici à 2027 par rapport à 2022, soit une réduction de 5 % par an. Il a déjà commencé à le faire, puisque les données compilées pour ce bilan carbone montrent que depuis 2019, ses émissions de gaz à effet de serre ont diminué de 8,15 %. Les principales baisses portent sur les consommations d'énergie et les déplacements. Ces deux mêmes postes font partie des principaux leviers pour améliorer à l'avenir le bilan carbone.

Mais le levier énergie reste sûrement le plus efficace dans un premier temps. C'est pourquoi, entre 2014 et 2030, l'Université de Bordeaux vise un objectif de moins 40 % d'émissions de gaz à effet de serre liées au poste énergie. Sur le volet mobilité, l'objectif de réduction s'élève, lui, à 15 %. On comprend dès lors toute l'importance de la GTB pour atteindre ces objectifs ambitieux. L'établissement envisage donc d'augmenter le nombre de capteurs pour ces prochaines années afin de mieux contrôler les consommations de ses bâtiments. Elle a décidé d'étendre ainsi à ses 339 salles de réunion les capteurs mesurant température, humidité, taux de CO_2, et présence dans les salles, déjà posés dans ses locaux d'enseignement, soit « 50 % à 60 % du bâti ». Une mesure complétée par la mise en place, en 2025, d'un système de supervision énergétique qui permettra à la fois un suivi en direct de la consommation, mais aussi une refacturation des fluides aux différentes composantes de l'Université. Grâce notamment au SI GTB, il est envisagé un rapport de performance détaillé et d'ici à 2026, la mise en place d'un compteur par fluide et par bâtiment.

B. Une nouvelle construction intelligente : le bâtiment SMART

À travers le bâtiment SMART de l'Université de Bordeaux, on peut capitaliser sur le SI comme un pilier de la décarbonation. Plus précisément, on peut évoquer l'apport de la technologie BIM (*Building Information Modeling*) au service du bâtiment SMART.

La plateforme Sport Mouvement Ambition Recherche et Technologie (SMART) vise la création d'un gymnase intelligent axé sur la recherche, la formation, l'innovation et les pratiques sportives. Cette plateforme sera un lieu de recherche sur le mouvement humain en contexte écologique, d'enseignement et de pratique sportive compétitive, ainsi que d'innovation pédagogique grâce à des caméras intelligentes reliées à des salles informatiques pour améliorer la performance sportive, et de développement d'outils numériques innovants. D'une superficie totale de 4 900 m^2, le bâtiment SMART abrite deux salles de sports connectées et équipées, une salle de préparation physique, une salle de danse, une salle de fitness, ainsi que des espaces dédiés à l'enseignement et aux séminaires innovants.

La conception du bâtiment, réalisée par le groupe GPAA Architecture, a bénéficié de l'utilisation de la technologie BIM pour créer une maquette numérique. Cette approche novatrice permet de modéliser en 3D tout le cycle de vie du bâtiment, favorisant le travail collaboratif entre les intervenants pour optimiser les coûts et améliorer la construction en envisageant toutes les phases de vie du bâtiment. L'interopérabilité des logiciels BIM, grâce notamment à des normes comme IFC (*Industry Foundation Classes*), permet de conserver et partager efficacement les données entre tous les acteurs impliqués dans le projet. Le BIM est une technologie cruciale au sein du bâtiment SMART, offrant une continuité de l'information tout au long du cycle de vie du bâtiment et entre tous les acteurs du projet. En intégrant la technologie BIM à la GTB, le SI joue un rôle crucial dans la gestion énergétique des bâtiments.

Le SI permet une gestion centralisée des données BIM, facilitant ainsi la collaboration entre les différentes équipes impliquées dans le projet SMART. En utilisant des données précises sur la conception, la construction et l'exploitation du bâtiment, le SI contribue à optimiser les performances énergétiques et à réduire l'empreinte carbone du bâtiment, renforçant ainsi son orientation vers des économies d'énergie et une durabilité environnementale.

2.2 Le SI GTB – Des difficultés à ne pas sous-estimer

Pour autant, les liens entre ce SI GTB et la décarbonation ne sont pas aussi directs et évidents qu'il n'y paraît. Des difficultés de mise en place doivent être prises en considération afin de garantir le succès du SI GTB.

A. Des mesures non consolidées : une évaluation délicate de l'efficacité

Un des problèmes majeurs qui apparaît avec le SI GTB concerne principalement le champ des mesures.

Très concrètement, les mesures fournies par le SI de la GTB peuvent indiquer des économies, souvent calculées en euros, mais elles ne sont pas traduites en équivalent CO2. Les tableaux de bord ne fournissent pas la conversion, ce qui rend plus difficile l'évaluation de l'efficacité de la GTB.

De même, une économie d'énergie réalisée par un bâtiment peut avoir une origine multifactorielle. Par exemple, on peut penser à un changement structurel d'isolation avec un matériau plus performant ; une météo plus douce et plus clémente ; une fermeture exceptionnelle des bâtiments à cause d'une pandémie ; une augmentation du télétravail qui diminue la présence du personnel, etc. Finalement, il peut s'avérer très délicat d'attribuer des économies d'énergie exclusivement au SI GTB.

À titre d'illustration, il est indispensable de se pencher sur une des mesures principales mobilisées par le décret BACS d'avril 2023, à savoir le Temps de Retour sur Investissement (TRI). L'objectif affiché dans le décret de 2023 est d'obtenir un retour sur investissement assez rapide puisque le seuil maximal ou le plafond est fixé à 10 ans. Ainsi, le décret prévoit une exemption de mise en place d'une GTB pour les bâtiments existants dès lors qu'une étude a pu établir que le TRI est supérieur à 10 ans.

À contrario, dans le cas d'un TRI inférieur à 10 ans, il est obligatoire de raccorder l'ensemble des systèmes de chauffage, d'éclairage et de ventilation ainsi que tous les systèmes techniques du bâtiment. Pourquoi ce seuil fixé à 10 ans ? N'est-ce pas trop limitatif ? C'est sûrement un seuil à affiner pour le futur.

Le TRI est mesuré par le ratio entre le surcoût (noté S) généré par la mise en place d'une GTB et le gain (noté G) associé à la mise en place d'une GTB. C'est avant tout un indicateur de rendement sur des montants investis (en euros) et des économies réalisées (en euros). Il n'est pas un indicateur précis pour mesurer la décarbonation. Il ne fournit pas une mesure ni un lien direct pour afficher le volume de CO2 non émis grâce à la GTB.

TRI = S/G

Le surcoût (S) est toujours exprimé en euros et il est facile à calculer puisqu'il renvoie au montant de l'investissement associé à la GTB.

À contrario, la notion de gain énergétique (G) est plus complexe à appréhender puisqu'elle dépend de nombreux paramètres qui peuvent venir perturber son évaluation :

Le coût des différentes énergies utilisées : il peut y avoir des fluctuations importantes qui faussent le calcul. Une moyenne sur un an préconisée par le décret nous semble insuffisante. Il serait sûrement plus judicieux de « lisser » ce coût sur plusieurs années.

Une météo avec des températures plus clémentes ou plus rudes sur la période de calcul des comparatifs de dépenses énergétiques aura forcément une incidence. Quid du vrai apport de la GTB ? Autre difficulté possible : des travaux d'isolation rendant difficiles voire caduques tout comparatif sur des gains potentiels en économies d'énergie entre deux années.

B. Problèmes d'appropriation du SI GTB par les hommes.

En amont

La mise en place d'une GTB s'accompagne de problématiques classiques connues dans le champ des SI, dont celle de l'adoption (Blut et al., 2022) de cet outil par les utilisateurs. Les utilisateurs directement concernés sont le plus souvent les techniciens chauffagistes, ventilation et climatisation. On leur demande des compétences différentes, avec un apprentissage nécessaire en informatique et en automatisation. Ils peuvent très vite se sentir dépossédés de leur savoir-faire. Une de leurs marges de manœuvre afin de pouvoir reprendre un « certain contrôle » sur leur champ opératoire, est de mettre la GTB en mode manuel, c'est-à-dire déconnecter les équipements du SI. Des freins humains et psychologiques doivent donc être appréhendés en amont lors de la mise en service d'un SI GTB.

Des données sans analyse des environnements et du contexte humain seront d'un intérêt moindre. Il est essentiel d'impliquer activement toutes les parties prenantes, y compris les utilisateurs finaux et les équipes de maintenance, dans la collecte et l'interprétation des données de la GTB. Cela permet une compréhension approfondie des performances du bâtiment et encourage l'adoption continue de pratiques écoresponsables. Il est même nécessaire de maintenir les compétences humaines, au vu de la fragilité des systèmes, qui ne sont pas à l'abri de panne (capteur), de coupure d'internet (rupture des réseaux). Ces compétences sont nécessaires voire indispensables dès la première année d'exploitation du SI puisqu'il y a souvent une période nécessaire de « déverminage » du système, qui n'a pas été implémenté correctement : une vanne qui s'ouvre au lieu de se fermer ; la communication qui n'arrive pas jusqu'à l'actionneur, etc. Dans ce cas, c'est souvent le technicien CVC (Chauffage Ventilation Climatisation) qui doit être en mesure de la diagnostiquer, sinon le bug peut rester inaperçu jusqu'à une panne majeure. Finalement, l'existence d'une bonne documentation du système, notamment l'analyse fonctionnelle qui est le mode d'emploi des automatismes (trop souvent absente ou incomplète) nous apparaît comme strictement incontournable.

En aval

L'effet rebond, énoncé par William Stanley Jevons en 1865, est un principe économique qui stipule que l'amélioration de l'efficacité dans l'utilisation des ressources peut paradoxalement entraîner une augmentation de leur consommation globale. Dans la gestion technique des bâtiments, cela signifie que des améliorations d'efficacité énergétique peuvent inciter à utiliser davantage d'énergie, annulant ainsi une partie des gains réalisés en termes d'économies d'énergie. À titre d'exemple, une enquête du Monde nous indique que malgré d'importants investissements, la consommation énergétique en Allemagne est restée stable depuis 2010, atteignant 130 kWh par mètre carré en 2018. Cette stagnation compromet les objectifs de réduction des émissions de CO_2 pour les logements, qui représentent un tiers des émissions totales du pays et 35 % de la consommation énergétique. Plusieurs causes sont identifiées, notamment l'effet rebond : les occupants des logements mieux isolés ne réduisent pas leur confort malgré la baisse des prix des énergies fossiles, préférant maintenir des températures plus élevées.

3. Conclusion

La conception et la mise en œuvre de systèmes GTB plus efficaces et économiques sont nécessaires pour atteindre les objectifs environnementaux. Pour cela, une meilleure mesure de l'efficacité, ainsi qu'une meilleure prise en compte des acteurs semble primordiale.

Les impacts évités d'une solution basée sur un SI sont la différence nette, comprenant à la fois les effets positifs et négatifs, d'impacts environnementaux entre deux scénarii (Rasoldier et al., 2022) :

- Un premier où le SI est en place,
- Un second où le SI n'existe pas (des substituts pouvant être utilisés à la place).

Pour comparer ces deux scénarii, l'analyse du cycle de vie peut être utilisée. L'analyse du cycle de vie (ACV) est une méthode normalisée d'évaluation globale des impacts environnementaux reposant sur l'approche cycle de vie (de l'extraction des matières premières jusqu'à sa fin de vie) et l'approche multicritères. Cette dernière permet de considérer des indicateurs environnementaux en plus du potentiel de réchauffement climatique lié aux émissions de gaz à effet de serre : écotoxicité, eutrophisation, raréfaction des ressources, etc.

Notons que le nombre d'indicateurs environnementaux issus de l'approche multicritère peut augmenter la complexité de la prise de décision. L'utilisation d'analyses du cycle de vie peut fournir une perspective holistique sur les impacts environnementaux des bâtiments, des capteurs et des SI tout au long de leur cycle de vie, guidant ainsi les décisions de conception et de gestion vers des pratiques plus durables et respectueuses de l'environnement. Les décisions ne doivent pas omettre les facteurs humains (pertes de compétences ou changements comportementaux par exemple), ni les évolutions qui seront liées aux réglementations (par exemple des politiques de sobriété) et peuvent être anticipées.

4. Références

- Blut, M., Chong, A. Y. L., Tsiga, Z., & Venkatesh, V. (2022). Meta-analysis of the unified theory of acceptance and use of technology (UTAUT): challenging its validity and charting a research agenda in the red ocean. *Association for Information Systems, 23*(1), 13-95.

- Jevons, W. S. (2018). The coal question. *Dans The Economics of Population* (p. 193-204). Routledge.

- Rasoldier, A., Combaz, J., Girault, A., Marquet, K., & Quinton, S. (2022). How realistic are claims about the benefits of using digital technologies for GHG emissions mitigation? *LIMITS 2022-Eighth Workshop on Computing within Limits.*

Port intelligent et décarbonation : grands défis pour le port maritime de Nantes Saint-Nazaire

Gwenaëlle ORUEZABALA – Nantes Université, LEMNA
Thomas DENIS – Nantes Université, LEMNA

1. Contexte : qu'est-ce qu'un *smart port* et quels sont les défis de la décarbonation pour un port maritime ?

Le commerce maritime représente plus de 80 % des échanges mondiaux de marchandises selon l'ONU commerce et développement (2023). Les ports de commerce sont ainsi des territoires stratégiques, au cœur des chaînes d'approvisionnement, qui devront répondre à de multiples défis à l'horizon 2030 afin de gérer leur flux (Morvan, 2014). Ces défis sont liés aux exigences mondiales en termes de protection de l'environnement, de réduction des émissions de carbone mais également aux enjeux logistiques imposés par la concurrence accrue des ports à l'échelle internationale. Les ports doivent donc être dotés d'infrastructures et d'équipements performants et digitalisés pour y faire face. Et dans ce contexte, la digitalisation a pour objectifs de permettre une meilleure synchronisation entre les différents opérateurs et une amélioration de la performance du domaine portuaire dans sa globalité.

La fonction principale d'un domaine portuaire est le chargement et le déchargement des marchandises de tous types dont les spécificités ont amené les ports à s'organiser en sous-ensembles, appelés terminaux : containers, vrac solide (céréales), vrac liquide (hydrocarbures), roulier (ou Ro-Ro), passagers. Plusieurs chaînes logistiques s'y côtoient, présentant chacune des conditions de manutention et de stockage spécifiques, des fournisseurs, distributeurs et clients propres, des contraintes de sécurité particulières et des réglementations émanant à la fois d'autorités nationales (l'État) et internationales (l'Europe et l'OMC). C'est aussi le lieu de transbordement entre plusieurs modes de transport : maritime bien-sûr, routier, ferroviaire et fluvial. Cette multitude de flux rassemble donc un très grand nombre d'acteurs hétérogènes, allant, pour ne citer que les principaux, de l'autorité portuaire (organisme public détenant une place relativement centrale au sein des ports) aux opérateurs de terminaux (entreprises privées ou publiques proposant des services aux navires et aux marchandises) en passant par les logisticiens qui peuvent être de grands groupes internationaux, des ETI ou des PME. Les ports sont donc de véritables écosystèmes d'affaire, définis comme « un ensemble d'acteurs économiques [indépendants] réunis autour d'une organisation focale et partageant un objectif et un destin communs » (Moore, 1996) et qui évoluent désormais dans un environnement fortement concurrentiel et changeant et au sein desquels la collaboration est primordiale.

La décarbonation des activités humaines étant devenue un enjeu mondial crucial pour lutter contre le réchauffement climatique, de nombreux pays ont pris l'engagement de réduire l'empreinte carbone de leur économie, et, notamment, pour certains d'entre eux, d'atteindre la neutralité carbone d'ici 2050. Les ports n'échappent pas à cet objectif et lancent des projets en ce sens. L'association internationale des ports (IAPH), qui regroupe 177 ports (autorités portuaires) et 147 entreprises liées aux ports dans 84 pays, et qui représente plus de 60 % du trafic maritime mondial, a lancé un programme mondial d'actions climatiques des ports (World Ports Climate Action Program, 2008) dont l'objectif est de soutenir des actions de sensibilisation, de lancer des projets pilotes et de financer la recherche pour contribuer, notamment, à la décarbonation des activités portuaires. Ces dernières, liées au chargement et au déchargement des marchandises ainsi qu'à leur stockage et à leur transit depuis ou vers leur point de provenance/destination dans l'hinterland de chaque port, s'appuient sur des équipements et infrastructures qui consomment de l'énergie. On peut en effet observer, au sein des places portuaires, un ballet de chariots élévateurs, de grues et de camions au milieu d'infrastructures logistiques (des entrepôts). Les principaux leviers de décarbonation résident alors dans la réduction de la consommation énergétique des installations (grues, éclairages, chauffage des bâtiments, etc...) et des moyens de manutention (chariots de levage, camions, voitures et navires). Les ports peuvent en effet agir sur les émissions de CO_2 produites lors des manœuvres d'accostage (systèmes d'amarrage automatisés) et lorsque les bateaux sont à quai (alimentation électrique à quai), ces dernières représentant environ un quart des émissions totales des navires (Gibbs *et al.*, 2014). Enfin, les ports travaillent de plus en plus à favoriser les pratiques vertueuses en termes de consommation des navires : incitations tarifaires pour réduire la vitesse des navires à l'approche des ports, arrivées virtuelles (système informatique de planification des arrivées) et réduction des taxes portuaires pour les navires plus économes.

Afin de rester compétitifs et de proposer une offre logistique portuaire globale performante et durable pour leurs clients, de nombreux ports s'intéressent de près aux technologies de l'industrie 4.0 (intelligence artificielle, *blockchain*, réalité virtuelle, jumeaux numérique, internet des objets, cobots, ...). Le terme de « smart port » ou port intelligent est alors utilisé pour décrire un port inscrit dans une démarche de digitalisation, en utilisant l'automatisation et des technologies innovantes pour améliorer sa performance (Supply Chain Info, 2020). Bien que la digitalisation fasse appel à de nombreuses ressources informatiques, telles que les ordinateurs et les câbles réseau, et qu'elle nécessite une forte consommation d'énergie électrique, elle peut, si elle est mise en œuvre de manière durable et écoénergétique, contribuer à la décarbonation. En raisonnant de manière globale et systémique, les optimisations de fonctionnement des opérations, la réduction des tâches inutiles et des gaspillages ainsi que la simplification des processus amenées par la digitalisation, peuvent, en effet, permettre de réduire le bilan carbone global des activités. Il s'agit, en quelque sorte, de reculer pour mieux sauter. Les principaux objectifs de l'utilisation des technologies intelligentes dans l'industrie du transport maritime sont d'éviter les temps d'arrêt improductifs, d'améliorer l'efficacité énergétique et de réduire les coûts de maintenance mais aussi de mesurer les émissions de GES sur l'ensemble du passage portuaire afin de les réduire, de garantir une traçabilité totale des marchandises et de réduire le temps global de passage portuaire. Au port de Hambourg (Allemagne) par exemple, l'IoT (internet des objets) permet d'adapter l'intensité des éclairages aux conditions météorologiques réelles et donc de réduire la consommation d'énergie (Site internet port d'Hambourg). Dans le même ordre d'idée, un système d'éclairage sensible aux mouvements installé dans un terminal du port de Valence a permis de réduire la consommation d'énergie de 80 % et a été amorti en moins de deux ans (BCG, 2018). Dans le port de San Diego (USA), un programme visant à utiliser l'IoT et des capteurs pour détecter et mettre fin au gaspillage d'énergie dans les bâtiments et autres infrastructures portuaires est en cours. Sur le port de Tianjin (Chine), des systèmes basés sur l'IoT servent à gérer les flux et le stockage de marchandises dangereuses (Ding *et al.*, 2016). Et enfin, le port de Rotterdam a déployé en 2017 une plateforme IoT qui, connectée à une intelligence artificielle (IBM), fournit des données précises et actualisées sur les conditions de navigation et météorologiques pour une gestion optimisée de la navigation des navires. Le déploiement de cette plateforme IoT devrait aussi se traduire par une amélioration des performances des infrastructures en permettant de mettre en place de la maintenance prédictive et prescriptive (site internet du port de Rotterdam). Quah Ley Hoon, directeur général de l'Autorité maritime et portuaire de Singapour, a déclaré : « La numérisation continue de façonner et de transformer l'industrie maritime, agissant comme un moteur clé pour les tendances mondiales telles que l'efficacité de la logistique et de la chaîne d'approvisionnement et la décarbonation ».

2. Le port de Nantes Saint-Nazaire et son engagement *smart* via une démarche de Hackhaton

Parmi les ports français dont l'importance économique est admise au niveau national, ayant un rayonnement international et dont l'activité logistique est généraliste (containers, vracs liquides, vracs solides, hydrocarbures, Ro-Ro), le Grand Port Maritime (GPM) de Nantes Saint-Nazaire (NSN), qui occupe la 4ème place sur le rang national et la première place sur la façade atlantique française, s'inscrit pleinement dans cette démarche de décarbonation. On peut notamment citer l'appel à projet « Zone Industrielle Bas Carbone (ZIBaC) » porté par l'ADEME dans le cadre du programme «France 2030 », dont le territoire « Loire Estuaire » a été lauréat. Le projet, porté par un groupement composé d'un collectif d'industriels (Association des Industriels Loire Estuaire), des collectivités locales et du Grand Port Maritime de Nantes Saint-Nazaire, veut faire de ce dernier « une plaque tournante des énergies décarbonées ».

La démarche *smart port*, engagée par le Grand Port Maritime de Nantes Saint-Nazaire (GPMNSN) depuis 2018 afin de « faciliter et d'accélérer les innovations numériques au bénéfice des activités portuaires et de l'attractivité du territoire » (site web du GPMNSN), en est une autre illustration. Cette dernière s'est notamment traduite par l'organisation de deux hackathons (2018 et 2022). Ces initiatives collaboratives permettent de rassembler l'ensemble des parties prenantes (entreprises, étudiants, citoyens, institutions publiques) et de les rendre actrices d'une transformation à venir. Ces dernières, réunis lors de deux journées entières, imaginent des solutions, bien souvent digitales, pour améliorer le fonctionnement du port dans son environnement.

La première édition a permis la création de plusieurs applications mobiles : la première permet aux navires en approche de réduire les émissions de CO_2 et leur consommation de carburant grâce à une plus grande précision de l'heure d'arrivée estimée. Une seconde a pour objectif de fluidifier l'information sur les conditions de circulation en temps réel et en prévisionnel, basées sur un mode participatif de collecte d'informations (disponible sur Android et IOS). Enfin, la troisième propose des parcours de balade dans l'estuaire et permet de découvrir, de façon ludique, le premier port de la façade atlantique, à travers trois parcours touristiques atypiques réalisés sous forme de jeux de piste.

La seconde édition, organisée en novembre 2022, a regroupé plus de 100 participants, organisés autour de 5 thématiques, dont 2 étaient en relation directe ou indirecte avec la décarbonation : « le numérique au service de l'économie circulaire de la place portuaire » et « orchestrer et optimiser les transports et flux logistiques sur la zone portuaire ». Il s'agissait donc de cogiter en équipe (une vingtaine au total, constituées de manière aléatoire), et d'aboutir à des propositions concrètes de solutions.

3. Un résultat du Hackhaton en termes d'application digitale en lien avec la décarbonation

Cette section propose un partage des résultats intermédiaires obtenus à la suite de 12 heures de réflexion collective d'un groupe d'étudiants en master Logistique Internationale et Supply Chain Management de Nantes Université souhaitant répondre à la problématique d'optimisation des transports et flux logistiques sur la zone portuaire. Les données exposées sont à considérer comme une base, relativement construite et réfléchie, d'hypothèses de développement.

Les étudiants ont commencé par étudier les besoins des différentes parties prenantes principales, qui étaient, pour certaines d'entre elles, présentes lors du hackathon. L'autorité portuaire souhaitait, en premier lieu, réduire le temps de passage des poids-lourds au sein de la zone portuaire (11 000 véhicules par jour), fluidifier leur circulation et éviter la congestion des voies routières tout en réduisant les émissions de CO_2 et en développant l'attractivité du GPMNSN. Les chauffeurs de poids-lourds, quant à eux, ont toujours été intéressés par la réduction de leur temps de passage au port et de leur niveau de stress quand il s'agit de trouver leur lieu exact de chargement ou de déchargement au sein de la zone portuaire, qui s'étend sur plus de 1500 ha et concentre environ 500 entreprises, reliées par 55 kilomètres de routes et 35 kilomètres de voies ferrées. Enfin, les exploitants et opérateurs de terminal attendent de ce type d'application, notamment, des moyens d'optimisation de la planification de leurs activités.

La solution imaginée prend la forme d'un service de navigation et de régulation sur le domaine portuaire disponible sur toutes les plateformes (téléphone, tablettes) et sur tous les systèmes d'exploitation (IOS et Android) : c'est donc à la fois un site web et une application mobile.

Par le biais de données certifiées, fiables et garanties en temps réel sur le trafic, l'application permet une circulation plus fluide et en toute sécurité. Ce service peut être utilisé par tous les usagers du réseau routier du port : les transporteurs, les employés des entreprises présentes sur le domaine portuaire ainsi que les visiteurs du port. Les chauffeurs routiers y consultent des informations utiles pour accéder plus rapidement à leur point de chargement/déchargement, ce qui permet également de réduire les émissions de CO_2. Les exploitants et opérateurs de terminal y saisissent, uniquement à la création, puis à chaque mise à jour nécessaire (changement d'adresse par exemple) les informations de destination (création et maintien du référentiel) (phase 1), y consultent les informations statistiques de trafic, y gèrent leurs rendez-vous (phase 2), valident les entrées de poids lourds (P.L.) sur la zone portuaire et saisissent les événements exceptionnels (phase 3).

En termes de déploiement, trois terminaux sur une même zone physique sont identifiés comme sites pilotes pour tester l'application avant sa généralisation à l'ensemble de la zone portuaire et un plan de déploiement progressif en 3 phases est suggéré :

- **Phase 1 (année 1)** : garantir au P.L. un temps minimal de transit entre leur entrée sur le site (poste de garde du domaine portuaire) et le point exact de chargement/déchargement en fournissant au chauffeur des informations fiables et précises de son point de destination au sein du port (coordonnées, plan, photos).

• **Phase 2 (année 2)** : permettre à l'exploitant/opérateur d'optimiser la planification de ses activités en lien avec les opérations de chargement/déchargement en fournissant des informations rétrospectives du trafic mesuré (graphiques : heures de pointe, évènements exceptionnels, périodes d'embauche/débauche).

• **Phase 3 (année 3)** : garantir au transporteur et au client (chargeur) un temps de passage global minimum en régulant les entrées de poids lourds en fonction d'informations temps réel (prise de RDV, accord du destinataire, trafic (capteurs, caméras), évènements exceptionnels).

Durant une première étape de développement estimée à 3 mois, les données publiques disponibles en open data seront exploitées et complétées, le cas échéant, par des données privées, mises à disposition par l'autorité portuaire ou d'autres acteurs (privés). Une fiabilisation des données et du fonctionnement de l'application sera alors effectuée par l'équipe de développement. À l'issue de cette première étape, l'application pourrait être mise à disposition en téléchargement libre (gratuit) sur les plateformes Google Play et App Store (service payant pour le propriétaire de l'application).

Une seconde étape de développement permettra l'implémentation de nouvelles fonctionnalités, comme la géolocalisation. L'utilisateur bénéficierait ainsi d'un itinéraire qui serait modifiable, et ce, même en temps réel, afin, notamment, d'éviter les lieux engorgés (embouteillages ou passage de colis XXL). Bien qu'elles rajouteraient un coût mensuel pour le propriétaire de l'application, des fonctions d'*outsourcing* et de *crowdsourcing* pourraient aussi permettre à l'utilisateur de devenir un réel acteur de l'application. En effet, ce dernier pourrait, en temps réel, signaler des anomalies ou incidents rencontrés sur la route. Cela améliorerait encore l'expérience utilisateur tout en répondant davantage à l'objectif initial : réduire les émissions de CO_2.

Une troisième et dernière étape de développement apportera une dimension internationale à l'application puisque l'interface utilisateur sera traduite en plusieurs langues étrangères, permettant ainsi aux chauffeurs étrangers, relativement nombreux, de l'utiliser et de profiter de ses fonctionnalités.

À la suite du hackathon 2022, ces propositions ont été, pour la plupart, intégrées dans une feuille de route qui a donné naissance, avec une nouvelle équipe constituée pour l'occasion, à l'élaboration d'un premier prototype, qui était alors en phase de test au moment de l'écriture de ce cas.

Question pour une réflexion complémentaire :

Quelle serait votre proposition alternative de solution digitale pour répondre aux défis de la démarche smart port du port de Nantes Saint-Nazaire ?

4. Références

• Ding, L., Chen, Y., & Li, J. (2016). Monitoring dangerous goods in container yard using the internet of things. *Scientific Programming, 2016*(1), 5083074.

• Gibbs, D., Rigot-Muller, P., Mangan, J., & Lalwani, C. (2014). The role of sea ports in end-to-end maritime transport chain emissions. *Energy Policy, 64*, 337-348.

• Moore, J.F. (1996). *The death of Competition – Leadership and Strategy in the age of business ecosystem*. Harper Paperbacks.

• Morvan, T. (2014). Chapitre 10. Le port maritime de commerce : évolutions et enjeux au sein des chaînes logistiques. Dans D. Brun et F. Guérin *La logistique : Ses métiers, ses enjeux, son avenir* (p. 225-242). EMS Éditions. https://www.cairn.info/la-logistique--9782847696813-page-225.htm?contenu=plan

Autres références :

• Boston Consulting Group. (2018). *To Get Smart, Ports Go Digital*. https://www.bcg.com/publications/2018/to-get-smart-ports-go-digital

• Greenport. *Smart and sustainable ports* (2016). https://www.portstrategy.com/smart-and-sustainable-ports/829075.article

- ONU Commerce et développement (2023). *Étude sur le transport maritime.* https://unctad.org/fr/publication/etude-sur-le-transport-maritime-2023

- Port de Hambourg. https://www.hafen-hamburg.de/en/port-of-hamburg-magazine/the-digital-transformation/

- Port of Rotterdam. https://www.portofrotterdam.com/en/to-do-port/futureland/the-digital-port

- Port de Nantes Saint Nazaire/Agir en faveur de l'environnement : https://www.nantes.port.fr/fr/nos-engagements/agir-en-faveur-de-lenvironnement

- Port de Nantes St Nazaire / Hackhaton smart port : https://www.nantes.port.fr/es/node/90

- Supply Chain Info (2020). Smart Port : comment penser le port connecté et durable de demain ? https://www.supplychaininfo.eu/smart-port/

- WPCAP – World Port Climate Action Program : https://sustainableworldports.org/port-leaders-extend-climate-action-program-for-greener-shipping/

Perspectives pédagogiques ! Frugalité technologique et ludopédagogie en management des systèmes d'information

Philippe LÉPINARD – Université Paris-Est Créteil (UPEC), Institut de Recherche en Gestion

Les travaux présentés dans ce chapitre font écho à l'actualité prônant un usage raisonné et inclusif de la technologie. Ils traitent en effet d'un type d'innovation plutôt rare dans le domaine de la technologie éducative : l'innovation frugale. Pour ce faire, nous avons déployé plusieurs jeux vidéo libres, *open source* et gratuits à l'IAE Paris-Est, l'école universitaire de management de l'Université Paris-Est Créteil (UPEC). Utilisés de manière régulière au sein d'enseignements liés au management des systèmes d'information (MSI), le jeu en ligne massivement multijoueur Minetest et la simulation de vol FlightGear nous ont ouvert un champ des possibles de pratiques pédagogiques immense tout en s'intégrant de manière naturelle dans le courant de la frugalité technologique (Kammoun et Le Bas, 2020). Afin de présenter nos activités, la première partie de ce chapitre définit les concepts de frugalité technologique et, plus largement, d'innovation frugale. Dans un second temps, nous présentons les jeux Minetest et FlightGear ainsi que leurs liens avec les cinq critères de l'innovation frugale avancés par Weyrauch et Herstatt (2016).

1. Frugalité technologique et innovation frugale

La frugalité technologique est définie par Kammoun et Le Bas (2020, p.183) comme la « fabrication de produits ayant moins de fonctionnalités que leurs équivalents sur le marché mais possédant les fonctionnalités essentielles (*core functionalities*) et une qualité de fonctionnement minimum (en termes de puissance, longévité, etc.) ». L'aspect technologique n'est toutefois qu'un élément du concept plus général de frugalité. À ce titre, nous nous intéressons ici à l'innovation frugale considérée par Woo et Hew (2017) comme un septième type d'innovation en plus de l'innovation incrémentale, de l'innovation radicale, de l'innovation disruptive, de l'exovation, de l'innovation inclusive et de l'innovation inversée (p.54-55). Dans le prolongement de cette idée, Hossain (2017) aborde deux autres types d'innovation : l'innovation par le bas ou locale (« *Grassroots innovation* », p. 205) et l'innovation jugaad (p. 199). Il ajoute qu'il existe un chevauchement plus ou moins important avec de nombreux concepts liés à l'innovation comme ces cinq types d'innovation : par le bas, jugaad, inclusive, inverse et frugale. L'auteur parle d'ailleurs de dénominateur commun : « *All of these concepts have a common denominator: developing low-cost but good enough product, service, and business model for low-income customers in the developing countries* » (*ibid.*, p. 199). Plus précisément, Weyrauch et Herstatt (2017, p. 10) propose de définir l'innovation frugale grâce à trois critères :

- Réduction importante des coûts ;
- Focus sur les fonctionnalités essentielles ;
- Degré de performance optimisé (facilité d'utilisation, robustesse, maintenabilité, etc.).

Les auteurs avancent ensuite plusieurs caractéristiques supplémentaires regroupées en deux domaines mais ne faisant pas stricto sensu partie de leur définition (p. 10) : durabilité et évolutivité. La dimension « durable » apparait également chez Tesfaye et Fougère (2021, p.439), mais comme concept central cette fois-ci au sein d'un ensemble de types d'innovation ; l'innovation frugale étant pour les auteurs l'approche la plus récente. Pour clôturer ce rapide état de l'art sur l'innovation frugale, il nous semble intéressant de mentionner Jayabalan *et al.* (2021) qui permettent de faire le lien avec nos travaux. En effet, ces auteurs s'intéressent à l'enseignement supérieur et ajoutent au qualificatif « frugal », la dimension d'innovation ouverte : « *FOI* (*Frugal Open Innovation*, NDA) *requires resource efficiency, that is, products and services with less possible cost but with acceptable quality level. FOI is conceptualized as an accessible business model that fulfils the need of customers by shifting resources constraint into value adding through a resource-based view (RBV) theoretical lens and open innovation* » (p. 2). Cette approche apporte enfin une perspective originale concernant les parties prenantes. Si, dans la majorité des textes liés à l'innovation frugale, il s'agit de trouver des solutions inclusives pour des populations plutôt pauvres, Jayabalan *et al.* (2021) avancent d'autres intérêts que l'inclusion et l'accessibilité : « *creates competitive advantages for a firm by producing high-quality and low-cost products; helps the firm optimise resources, competencies and skills to increase its efficiency and reduce wastage* » (*ibid.*, p. 2).

2. *Free/libre open source* software

L'acronyme FLOSS pour *Free/Libre and Open Source Software* est utilisé pour définir des logiciels provenant de deux communautés distinctes. La première, celle du « libre », est d'ordre plutôt idéologique. Elle s'est constituée en 1985 (Free Software Foundation) autour de Richard Stallman et a notamment produit la licence General Public License (GPL). La seconde, celle de l'*open source* (l'Open Source Initiative) lancée en 1998 par Eric Raymond et Bruce Perens, s'intéresse plus au processus de développement des logiciels libres. L'acronyme FLOSS permet d'embrasser ces deux approches en intégrant également le terme « libre » en français pour éviter l'ambiguïté avec le mot gratuit qui est également « free » en anglais. À ce titre, Richard Stallman indique sur le site de la Free Software Foundation : « *Thus, if you want to be neutral between free software and open source, and clear about them, the way to achieve that is to say "FLOSS," not "FOSS"*[59] » .

2.1 Minetest

● Figure 1. Construction collaborative lors d'un projet international dans l'univers virtuel de Minetest (capture d'écran : auteur).

Minetest[60] est un jeu vidéo de créativité à l'image des briques LEGO® ou de Minecraft. Il n'y a aucune contrainte scénaristique. La construction est totalement libre (bac à sable) et le monde est un immense cube de près de 62 000 blocs de côté (-30 912 à 30 927). Tous ces blocs sont destructibles et repositionnables à l'infini (*mining*). Le *crafting* (artisanat) est le dispositif qui permet aux joueurs de concevoir des objets ou matériaux non présents à l'état brut comme des outils, du verre, etc. Minetest est un outil parfaitement adapté pour des groupes de

[59] https://www.gnu.org/philosophy/floss-and-foss.en.html (accès le 14 mars 2024).

[60] Site Internet du jeu Minetest : https://www.minetest.net/. Site Internet de Luanti (nouveau nom de Minetest depuis fin 2024) : https://www.luanti.org/.

toutes tailles. C'est en effet un jeu en ligne massivement multijoueur ou MMOG : « *Massively multiplayer online games (MMOs) are video games that include hundreds or thousands of players who interact simultaneously in a persistent virtual world* » (Hansen *et al.*, 2020, p. 27). Nous le mettons en œuvre à partir d'un serveur distant avec des promotions d'étudiants allant de quinze à cent-vingt participants sans constater le moindre ralentissement. Il peut s'utiliser en réseau local à partir d'un ordinateur faisant fonction de serveur ou s'installer sur un serveur distant accessible par les postes clients via Internet. C'est cette seconde solution que nous avons choisie via la location annuelle d'un serveur dédié ; notamment parce que Minetest a été utilisé sur les ordinateurs personnels des étudiants pour des projets internationaux et durant la pandémie de la Covid-19. Nous disposons toutefois d'un ensemble client-serveur physique au GamiXlab, le game lab de l'IAE Paris-Est. Enfin, du contenu original et de nouvelles fonctionnalités peuvent être ajoutés à Minetest à l'aide de scripts Lua (un langage de programmation) via la création de modules ou *mods*[61].

2.2 FlightGear

Imaginé en 1996 par David Murr et actuellement piloté par Curtis Olson, FlightGear[62] est un projet de simulation de vol couvrant le monde entier comme Microsoft Flight Simulator (Perry et Olson, 2001 ; Perry, 2004). Il est possible d'utiliser des serveurs publics ou de mettre en place un réseau local client-serveur. Pour des raisons de performances et de sécurité du réseau universitaire, c'est cette solution que nous avons choisie : cinq simulateurs de vol sont couplés au serveur physique du GamiXlab via un routeur (Figure 2). De plus, un sixième ordinateur intègre une simulation de contrôle aérien : OpenRadar[63]. Comme Mine-

■ **[61]** Minetest Modding Book (en ligne) : https://rubenwardy.com/minetest_modding_book/en/index.html.

■ **[62]** Site Internet du jeu FlightGear : https://www.flightgear.org/.

■ **[63]** Page Wiki du logiciel OpenRadar : https://wiki.flightgear.org/OpenRadar.

test, FlightGear possède un langage de script intégré : Nasal[64]. Pour la représentation des scènes 3D, Il s'appuie sur de nombreuses données géographiques, météorologiques et aéronautiques accessibles librement comme celles d'OpenStreetMap pour les objets vectoriels qui sont ensuite extrudés en objets 3d dans FlightGear.

2.3 Liens avec les cinq critères de l'innovation fugale

Minetest et FlightGear apportent une perspective technopédagogique particulièrement intéressante. S'ils nous permettent de développer de réelles innovations pédagogiques sans dépendre de solutions propriétaires, ils s'insèrent également, et de manière naturelle, dans le champ de l'innovation frugale (Tableau 1).

Critère de l'innovation frugale	Proposition de Minetest et FlightGear
Réduction importante des coûts	Les logiciels sont gratuits à l'acquisition et ne nécessitent aucun abonnement à l'usage. Du matériel informatique d'occasion datant de plusieurs années suffit.
Focus sur les fonctionnalités essentielles	Les logiciels ont peu de fioritures et se concentrent sur les fonctionnalités principales. Ils sont également plutôt simples à mettre en œuvre.
Degré de performance optimisé	Les logiciels ne demandent pas une configuration informatique récente et puissante pour fonctionner de manière optimale. De plus, ils n'impliquent pas de matériels exotiques et sont tout à fait adaptés aux standards informatiques actuels.
Durabilité	Les logiciels sont multiplateformes (Windows, Linux, etc.) et ne nécessitent pas de renouveler régulièrement les configurations matérielles et logicielles associées. Dans notre cas, les deux logiciels fonctionnent sur des ordinateurs datant de plus de cinq ans malgré les changements de versions régulières.
Évolutivité	Les logiciels étant libres et *open source*, ils peuvent être améliorés ou modifiés sans contrainte par la communauté. De plus, il est aisé d'ajouter des utilisateurs supplémentaires sans devoir changer les composants réseaux ou financer de nouvelles licences.

Tableau 1. Mise en correspondance des cinq critères de l'innovation frugale de Weyrauch et Herstatt (2017) avec les FLOSS déployés à l'IAE Paris-Est.

[64] Présentation du langage de script Nasal : https://wiki.flightgear.org/Nasal_scripting_language.

3. Pratiques pédagogiques

● Figure 2. Un équipage durant l'une des séances du cours sur les organisations à haute fiabilité en master 2 (photo : auteur).

Les pratiques pédagogiques utilisant Minetest et FlightGear sont nombreuses. Elles s'inscrivent dans le projet pédagogique et de recherche en ludopédagogie EdUTeam[65]. Elles concernent des enseignements, des projets internationaux et des projets tuteurés. Dans le cadre de ce chapitre, seuls les dispositifs mis en œuvre pour des activités liées au MSI ou pour des étudiants en MSI sont présentées. Le tableau 2 liste les usages actuels à l'IAE Paris-Est.

Exemples de pratiques	**Détails**	**Références associées pour aller plus loin**
Cours de gestion de projets de systèmes d'information	Enseignement de 24 heures avec Minetest pour des étudiants de plusieurs formations.	Lépinard et Menier (2023a) Lépinard et Menier (2023b)

[65] Site Internet du projet EdUTeam : https://eduteam.fr/.

Exemples de pratiques	Détails	Références associées pour aller plus loin
Cours sur les organisations à haute fiabilité	Enseignement de 16 heures avec FlightGear pour des étudiants en MSI.	Brahami et al. (2023) Lépinard et al. (2024) Mansour et Moulai (2024)
Projet internationaux	Construction dans le monde virtuel de Minetest avec des étudiants de plusieurs universités étrangères et formations.	Lépinard (2021a) Lépinard (2021b)

Tableau 2. Pratiques pédagogiques à l'IAE Paris-Est avec Minetest et FlightGear.

4. Conclusion

Si l'innovation frugale et la frugalité technologique sont principalement abordées pour parler d'innovations dans les pays émergents, il est intéressant de constater que des outils comme le MMOG Minetest et la simulation de vol FlightGear peuvent apporter de vraies réponses innovantes dans un contexte pourtant moins économiquement restreint comme l'enseignement supérieur français. En effet, à l'heure où deux mondes se percutent, celui de l'innovation technologique à outrance et celui de la limitation des ressources naturelles, notre projet prend une troisième voie, intermédiaire, celle de l'innovation frugale. Cette démarche n'est pourtant pas un pis-aller. Minetest et FlightGear nous proposent clairement de faire mieux avec moins. Aucun autre logiciel propriétaire nous offre en effet un champ des possibles ludopédagogiques aussi conséquent. Comme le disent Le bas et Czyżewska-Misztal (2022, p.93), « *When there are fewer functionalities and technological coherence is maintained, we are in the frame of technological frugality* ». Dans notre cas, au-delà du maintien de la cohérence technologique, il s'agit bien de garantir aux apprenants un environnement technopédagogique adapté, performant et fiable, tout en respectant au mieux les critères de la frugalité technologique. Si les FLOSS peuvent être considérés comme des communs négatifs compte tenu de leurs impacts environnementaux, ils sont, en parallèle, potentiellement sources de bénéfices sociétaux importants grâce à l'accessibilité de pratiques pédagogiques innovantes mais également par un changement de comportement individuel et collectif, à la fois plus sobre dans les pratiques numériques et plus participatif dans leurs évolutions.

5. Références

• Brahami, M., Gomes, P., & Lépinard, P. (2023). *FlightGear, un simulateur de vol open source pour remplacer MSFS 2020* (No. hal-04155215).

• Frédy, J., Ghazal, N., & Marchetti, S. (2023). Conception d'un dispositif ludopédagogique intégré pour la formation au management des systèmes d'information. *7ème Colloque International Game Evolution*. https://gameevolution.extragames.fr/

• Hansen, D., Shneiderman, B., Smith, M., & Himelboim, I. (2020). *Analyzing Social Media Networks with NodeXL* (Second Edition). Morgan Kaufmann.

• Hossain, M. (2017). Mapping the frugal innovation phenomenon. *Technology in Society*, *51*, 199-208.

• Jayabalan, J., Dorasamy, M., & Raman, M. (2021). Reshaping higher educational institutions through frugal open innovation. *Journal of Open Innovation: Technology, Market, and Complexity*, *7*(2), 145.

• Kammoun, S., & Le Bas, C. (2020). L'innovation frugale peut-elle être disruptive ? *Innovations*, *63*(3), 179-199.

• Le Bas, C., & Czyżewska-Misztal, D. (2022). The economics of frugal innovation: An integrative literature review. *Revue d'économie industrielle*, *180*(4), 87-102.

• Lépinard, P. (2021a). Jeux vidéo multijoueurs à monde ouvert pour l'apprentissage expérientiel de la gestion de projet. In *26ème conférence de l'AIM*.

• Lépinard, P. (2021b). Intégration de jeux en ligne massivement multijoueurs au sein d'un projet international d'apprentissage collaboratif en ligne (COIL). In *5ème Colloque International Game Evolution*.

• Lépinard, P., Mansour, S., & Moulai, L. (2024). *La plateforme de simulation FlighTeam: Enseigner la théorie des organisations à haute fiabilité avec FlightGear* (No. hal-04536269).

• Lépinard, P., & Menier, J. (2023a). L'innovation pédagogique dans l'enseignement supérieur par le serious gaming open source. *Technologie et Innovation, 23*(8).

• Lépinard, P., & Menier, J. (2023b). La frugalité technologique comme source d'innovations ludopédagogiques. *Management & Datascience, 7*(3).

• Moulai, L., & Mansour, S. (2024, May). Envolée ludique, embarquez pour un cours à destination des organisations à haute fiabilité. In *8ème Colloque International Game Evolution.*

• Perry, A. R. (2004, June). The flightgear flight simulator. In *Proceedings of the USENIX annual technical conference, 686*, 1-12.

• Perry A. & Olson C. (2001). *The FlightGear Flight Simulator. History, status and future.* LinuxTag, Stuttgart, Germany.

• Tesfaye, L. A., & Fougère, M. (2022). Frugal innovation hijacked: The co-optive power of co-creation. *Journal of Business Ethics, 180*(2), 439-454.

• Weyrauch, T., & Herstatt, C. (2017). What is frugal innovation? Three defining criteria. *Journal of frugal innovation, 2*, 1-17.

• Woo, A., Hew, T. (2017). A Review of Frugal Innovation with Practical Implications for Educators. *2nd International Conference on Education and Development*, Shanghai, China.

Conclusion : un regard sur les perspectives de la recherche en SI et anthropocène

Florence JACOB – Université de Nantes
Julien KLESZCZOWSKI – IAE Lille / LUMEN, Université de Lille
Mathias GUERINEAU – Université de Nantes

L'ère dite Anthropocène décrit l'époque géologique où l'activité humaine influence directement le système terrestre. Ce terme combine les racines grecques « anthropo- » (humain) et « -cène » (nouveau), ce qui signifie littéralement « l'ère de l'homme ». L'Anthropocène met les entreprises à l'épreuve en perturbant les ordres établis et en nécessitant de repenser le management face à des crises comme l'épuisement des ressources et les catastrophes climatiques. Certains chercheurs voient dans ces défis une opportunité pour transformer nos systèmes actuels avec une vision techno-solutionniste permettant l'optimisation de la consommation de nos ressources actuelles, tandis que d'autres prévoient des bouleversements plus radicaux nécessitant une recomposition majeure des entreprises et de leurs structures (Nyberg et Wright, 2020). Afin de comprendre ces différentes voies de recherche, nous allons faire, tout d'abord, un point sur la recherche classique en SI dits verts, puis nous expliquerons la nécessité de développer une recherche plus radicale à cause de l'Anthropocène et nous illustrerons, dans la troisième partie, les trois directions possibles que la recherche en SI peut adopter pour mieux répondre à ces défis.

1. La limite de la recherche en *green IS*

Afin de bien comprendre les enjeux du renouveau de la recherche nécessaire face à l'anthropocène, il convient de faire un premier état de l'art pour montrer les limites actuelles de la recherche en SI dit vert (*Green IS*).

Les termes *Green IT* et *Green IS* (GIS) ont souvent été confondus (Watson *et al.*, 2010). La recherche en *Green IT* est axée principalement sur la conception et l'utilisation économes en énergie de l'informatique alors que la recherche GIS est un sous-domaine de la discipline des SI qui étudie le processus de conception, la mise en œuvre et l'utilisation des SI pour avoir un impact positif sur l'environnement et soutenir la durabilité au sein des organisations (Malhotra, Melville, et Watson, 2013 ; Watson, Boudreau, et Chen, 2010) dans une logique de décarbonation légère. Le GIS a été identifié comme un sujet d'importance et un nouveau champ de recherche (Brocke, Seidel, et Recker, 2012) car il possède la capacité d'influencer la soutenabilité environnementale des SI à long terme. En plus de produire des résultats durables (comme la réduction des émissions de CO_2 et des déchets), les SI peuvent également influencer la formation d'actions (par exemple, induire un comportement durable) et la formation de croyances (par exemple, accroître les préoccupations environnementales) (Melville 2010). Par conséquent, le GIS a un rôle important dans la recherche de solutions aux problèmes environnementaux de notre société pour une soutenabilité plus forte et une décarbonation plus élevée. Cette voie de recherche fait progresser la communauté des SI en fournissant des informations sur l'utilisation, la conception, l'adoption et l'influence des SI du point de vue de la recherche comportementale (Brocke *et al.*, 2012 ; Vom Brocke, Watson, Dwyer, Elliot, et Melville, 2013)

La recherche en GIS se concentre globalement sur des concepts théoriques assez classiques en SI en faisant surtout des focus sur l'adoption possible de dispositifs SI écologiques ou aux capacités stratégiques et/ou dynamiques nécessaires aux entreprises pour implémenter un SI vert. La recherche sur la conception de SI verts ne représente en

2020 que 21 % (Lee, 2020) de la production scientifique en SI. De nombreux auteurs notent que l'émergence relative de la recherche dans ce courant serait due à une absence de choix théoriques mais aussi en raison de la pauvreté des données existantes ou encore la méconnaissance des chercheurs en méthodologies plus adaptées comme la *Q method* (Hasan et Meloche, 2013) ou encore le *Design Science Reasearch* (Lee, 2020). Par exemple, une recherche qui applique des principes de conception de systèmes persuasifs pour le système de gestion du carbone afin d'influencer les comportements écologiquement responsables des employés est un cas trop isolé de recours à des théories nouvelles (*persuasive methods*) pour développer les pratiques de GIS (Corbett, 2013). Cette vision du GIS doit aller plus loin pour répondre aux défis de l'ère Anthropocène.

2. Anthropocène et recherche en management des SI

Les nouveaux moyens d'action gestionnaire (planifier, piloter, coordonner, contrôler...) passent, en partie, par la création de nouveaux SI, pouvant permettre, *a minima*, d'atténuer les effets des interactions de l'être humain avec la nature voire à renverser complètement nos modes d'organisation. De la grande entreprise devant faire face à l'effondrement de nombreuses certitudes (fin de l'abondance, de l'idée de croissance comme seul moteur, de la prévisibilité, etc.) à l'entreprise alternative qui fait face à des paradoxes insolubles (tensions entre actions locales et résolution de problèmes globaux, assurer sa survie à travers la création de valeur non marchande dans un système encore capitaliste, définir des règles de gouvernance multi-parties prenantes aux objectifs orthogonaux, etc.), de nouvelles recherches doivent (re)penser et imaginer des systèmes d'information et leur management pour faire face à ces grands challenges, comme, par exemple, avec le concept de sobriété. Ce concept (Chamaret, Guérineau, et Mayer, 2023) se définit comme tout système d'acteurs s'organisant de façon à répondre à ses besoins en modérant ses recours aux ressources.

D'autres considèrent que répondre à l'Anthropocène en management passe par des investissements technologiques importants sur des innovations de rupture comme le stockage d'énergie électrique ou la géothermie à grandes échelle afin de décarboner la production de biens et services tout en maintenant nos modes de vie (Gellerman, 2021). D'autres penchent vers la décroissance économique en réduisant de manière drastique l'innovation technologique, notamment high-tech, souhaitent un usage massif de *low-tech* (Bihouix, 2014) avec une technologie éprouvée simple et beaucoup moins énergivore comme les Arduino. Des recherches existent aussi dans le champ de la RSE ou du développement durable. Elles ont pu émerger et se développer, mais elles n'ont pas permis jusqu'à présent -comme tant d'autres outils – le basculement réel vers l'écocentrisme tant sur le plan théorique qu'empirique (Heikkurinen, Clegg, Pinnington, Nicolopoulou, et Alcaraz, 2021).

Accepter l'Anthropocène comme le fondement matériel des modes d'actions et de pensées enjoint, en tant que chercheurs d'une science de l'action à renouveler non seulement les cadres théoriques mais aussi et surtout les pratiques et l'engagement vis-à-vis des transformations sociétales.

3. Trois propositions méthodologiques pour une recherche engagée à l'ère de l'Anthropocène

Relever les défis de l'Anthropocène suppose une posture où les chercheuses et chercheurs s'engagent directement dans la résolution de problèmes empiriques. Ce nouveau mode consistait à imaginer une collaboration entre les chercheurs et les praticiens dans le but de produire de la connaissance et de construire des outils de gestion visant à résoudre des problèmes managériaux et organisationnels (Van de Ven et Johnson, 2006). S'appuyant sur des concepts et cadres théoriques, il inclut une prise de recul et une réflexivité sur l'ensemble de la démarche de recherche tournée vers la résolution de problèmes. Cette évolution s'est concrétisée dans l'approfondissement et la diffusion de méthodes telles que la recherche action, la recherche intervention ou encore le *Design Science Research*. Ces méthodes ont abouti à la production de connaissances pratiques orientées vers l'action, mais généralement centrées sur l'efficacité des entreprises et le développement de ces dernières. Il convient donc d'amender ce mode de production de connaissance au travers de trois propositions nouvelles permettant de créer des SI susceptibles de répondre aux enjeux de l'Anthropocène : (1) redéfinir les problèmes rencontrés par les acteurs en demande du SI en dépassant les besoins de ses usagers directs (2) mobiliser des champs théoriques intégrant une dimension écologique systémique et (3) changer la façon d'évaluer les SI créés.

3.1 La redéfinition du problème

La conception d'un outil de gestion passe par la formulation et la détection de problèmes rencontrés par les praticiens des organisations et qu'il faut résoudre par la démarche de recherche. Tout d'abord, il s'agit de reconnaitre que le périmètre et la nature du problème ne se limite pas à des acteurs humains ou des organisations, mais qu'il doit aussi inclure le vivant et la Terre. Ce travail doit permettre d'outiller les acteurs dans leur capacité à pouvoir arbitrer entre les intérêts divergents des différents points de vue (les utilisateurs, les ressources terrestres, les animaux...) en cohérence avec leurs missions, qu'ils soient responsables d'entreprises classiques, d'organisations de l'ESS ou de mouvements écologiques et citoyens. Cette perspective nouvelle s'oppose aux approches « centrées usagers », comme les méthodologies du *lean management* ou du *design thinking*. En effet, si ces méthodologies ont permis très efficacement aux entreprises de mieux comprendre les besoins et problèmes des usagers, elles ont par ricochet fortement orienté les SI vers l'unique satisfaction des besoins des utilisateurs finaux tout en occultant d'autres parties prenantes impactées par la vie de l'entreprise et en particulier les acteurs non-humains. Dès lors, il serait vain de vouloir par exemple compenser le caractère anthropocentré d'outils de gestion par leur simple mesure d'impacts (carbone, social, sur la biodiversité, etc.) et potentielles compensations, sans renouvellement en profondeur de ses méthodologies de détection des problèmes à résoudre.

3.2 Mobiliser des cadres théoriques compatibles avec l'écocentrisme

Il faut ouvrir très tôt et de manière assumée la création de l'outil dans une perspective plus globale et plus critique. Ce nouveau défi pour la recherche en management doit s'appuyer sur des théories compatibles avec l'écocentrisme et qui sortent du paradigme de l'efficacité managériale. Sans en faire un recensement exhaustif, il existe des corpus de théories en sciences sociales qui permettent de mieux intégrer ces enjeux, en proposant une mise en perspective systémique de réseaux multi-acteurs et multi-niveaux, de modalités de gestion des tensions et des dynamiques paradoxales, des logiques de coopération « inter » (niveaux, organisations, espèces, etc.) ou de manière générale de cadres pour penser la complexité. Les théories récemment développées dans le champ des innovations sociales transformatrices (Pel *et al.*, 2020) sont des exemples pertinents de cadrage assez ouverts et complexes pour créer des outils de gestion pertinents. En partant de l'existence des imbrications fortes entre problématiques sociales et environnementales, ce courant cherche à ouvrir les modes de compréhension du rôle joué par l'innovation sociale et son pouvoir de transformation des sociétés. En cela, il offre des perspectives nouvelles et enthousiasmantes pour la recherche à l'ère de l'Anthropocène. Ainsi, les SI peuvent être conçus dans une vision longitudinale, systémique et modificatrice de pratiques grâce à la mobilisation de concepts nouveaux englobant les problématiques environnementales. Ces cadres théoriques peuvent servir à définir des stratégies écocentrées ou des démarches stratégiques transformatrices.

3.3 Évaluer les outils créés

La pratique de l'évaluation d'un outil de gestion est aussi importante que les phases amont de sa conception afin de comprendre les effets et fonctionnement de l'outil à différents niveaux. Pour les outils anthropocentrés, cette évaluation s'opère presque uniquement sur les utilisateurs, parfois les organisations. Des tentatives de prise en compte plus holistiques sont déployés comme par exemple dans le champ émergent du *Green IS* (Lee, 2020) : ces domaines intègrent des mesures de gains énergétiques, des réductions d'utilisation des matières premières ou encore des bilans carbone pour évaluer les effets des outils sur le système Terre. Néanmoins, ces évaluations semblent insuffisantes pour répondre aux effondrements écologiques car elles ne sont que des constats de premier rang, n'intégrant que la consommation de ressources rares ou le carbone émis. Pour évaluer la pertinence des outils créés en réponse aux problèmes écocentrés, il semble nécessaire de faire entendre et participer d'autres voix aussi dans le processus d'évaluation, et notamment des acteurs non-humains afin d'évaluer les effets de l'outil sur l'ensemble des parties concernées.

Plus largement, cette approche représente une perspective prometteuse pour toute stratégie de recherche en SI qui chercherait à produire de la connaissance visant à relever les défis de l'Anthropocène. Par exemple, on peut s'inspirer de travaux en sociologie comme ceux de Benjamin Bratton, qui tentent de poser un cadre évaluatif pour comprendre les effets d'internet sur la planète. Il évalue les interactions créées par internet selon six dimensions : les utilisateurs, les interfaces conçues, l'adresse (la localisation géographique réelle ou virtuelle des autres dimensions), les « villes », c'est-à-dire les réseaux de personnes ou de choses engagées, le « *cloud* » c'est-à-dire le matériel engagé (informatique, machines, etc.) et enfin la Terre et ses ressources limitées. Le modèle de Bratton permet de rendre compte à la fois de la complexité propre au système technique sous-jacent d'internet, mais aussi en miroir aux effets d'internet sur des systèmes tout aussi complexes qu'ils soient sociaux ou écologiques

4. Références

- Bihouix, P. (2014). *L'Âge des low tech: Vers une civilisation techniquement soutenable*. Seuil.

- Vom Brocke, J., Seidel, S., & Recker, J. (dir.). (2012). *Green business process management: towards the sustainable enterprise*. Springer Science & Business Media.

• Chamaret, C., Guérineau, M., & Mayer, J. C. (2023). When saying "enough" is not enough: How cultivating households' mindfulness through gamification can promote energy sufficiency. *Energy Research & Social Science, 105*, 103294.

• Corbett, J. (2013). Designing and using carbon management systems to promote ecologically responsible behaviors. *Journal of the Association for Information Systems, 14*(7), 2. https://doi.org/10.17705/1jais.00338.

• Hasan, H., & Meloche, J. (2013). Innovative ICT-mediated activities for people, profit and planet. *European Journal of Innovation Management, 16*(3), 335-354.

• Heikkurinen, P., Clegg, S., Pinnington, A. H., Nicolopoulou, K., & Alcaraz, J. M. (2021). Managing the Anthropocene: Relational agency and power to respect planetary boundaries. *Organization & Environment, 34*(2), 267-286.

• Lee, H.-B. (2020). Green Information Systems Research: A Decade in Review and Future Agenda. *Informatization Policy, 27*(4): 3–23.

• Malhotra, A., Melville, N. P., & Watson, R. T. (2013). Spurring Impactful Research on Information Systems for Environmental Sustainability. *MIS Quarterly, 37*(4): 1265–1274.

• Nyberg, D., & Wright, C. (2020). *Climate-proofing management research*. Academy of Management Perspectives. https://doi.org/10.5465/amp.2018.0183.

• Pel, B., Haxeltine, A., Avelino, F., Dumitru, A., Kemp, R., Bauler, T., ... & Jørgensen, M. S. (2020). Towards a theory of transformative social innovation: A relational framework and 12 propositions. *Research Policy, 49*(8), 104080.

• Van de Ven, A. H., & Johnson, P. E. (2006). Knowledge for theory and practice. *Academy of Management Review, 31*(4): 802–821.

• Vom Brocke, J., Watson, R., Dwyer, C., Elliot, S., & Melville, N. (2013). Green Information Systems: Directives for the IS Discipline. *Communications of the Association for Information Systems, 33*(1). https://doi.org/10.17705/1CAIS.03330.

• Watson, R. T., Boudreau, M.-C., & Chen, A. J. (2010). Information Systems and Environmentally Sustainable Development: Energy Informatics and New Directions for the IS Community. *MIS Quarterly, 34*(1): 23–38.

OUVRAGES PARUS AUX ÉDITIONS MANAGEMENT & DATASCIENCE

Connaissance des données : l'art d'opérationnaliser la gouvernance des données

Charles Ngando Black

Avril 2025 - 404 pages - 30 € - ISBN 978-2959643026

Pourquoi la gouvernance des données échoue-t-elle si souvent à produire des résultats concrets ? Trop d'initiatives se limitent à définir des rôles, créer des référentiels et documenter des processus... sans jamais impacter réellement les décisions, les opérations ou les projets de l'entreprise.

Dans cet ouvrage clair et percutant, Charles Ngando Black, expert reconnu en gouvernance des données, propose une approche radicalement différente : intégrer la gouvernance des données au cœur de l'architecture d'entreprise pour en faire un levier de transformation et de performance.

Alliant vision stratégique et mise en œuvre opérationnelle, ce guide s'adresse aux décideurs, responsables data, chefs de projet et professionnels du numérique. Il propose :

- Des principes solides et éprouvés,
- Des méthodes adaptées aux enjeux actuels,
- Des outils concrets pour piloter efficacement la gouvernance des données,
- Des cas d'usage et retours d'expérience directement exploitables.

Loin des concepts abstraits, ce livre vous aide à faire de la gouvernance des données un véritable moteur d'innovation, de performance et de maîtrise des risques numériques.

Défis et perspectives de l'IA en entreprise : productivité, transformation, régulation

Olivier MAMAVI et Romain ZERBIB (éd.)

Novembre 2024 - 184 pages - 14,77€ - ISBN 978-2959643002

L'intelligence artificielle (IA) révolutionne profondément les organisations et leurs processus, en générant à la fois des opportunités inédites et des défis majeurs. Cet ouvrage incontournable, rédigé par des experts académiques et professionnels issus de la communauté Management & Datascience, propose une analyse approfondie et pratique sur l'impact de l'IA au sein des entreprises.

Que vous soyez dirigeant, consultant ou chercheur, ce livre vous fournira les outils indispensables pour comprendre les enjeux actuels de l'IA, anticiper les bouleversements à venir et saisir les opportunités pour renforcer la compétitivité de votre organisation. À travers des études de cas concrètes, des analyses théoriques et des recommandations stratégiques, cet ouvrage est conçu pour vous accompagner dans l'intégration efficace et durable de l'IA.

Structuré en trois sections principales - productivité, transformation des secteurs d'activité et régulation de l'IA - ce guide propose une approche complète et accessible pour naviguer dans le monde complexe de l'intelligence artificielle. Pour ceux qui souhaitent adopter l'IA dans leur entreprise et en tirer un avantage compétitif durable, cet ouvrage est un outil indispensable.

REJOIGNEZ LA COMMUNAUTÉ DE MANAGEMENT & DATASCIENCE

Management & Datascience vous invite à rejoindre notre communauté et à participer activement à la transformation numérique des entreprises. Que vous souhaitiez contribuer en tant qu'auteur, diriger un numéro spécial, ou bénéficier de nos services exclusifs en tant que membre premium, nous vous offrons une plateforme pour exprimer vos idées, partager vos connaissances et façonner l'avenir du management et de la data science.

À propos de Management & Datascience

Management & Datascience est la première revue académique en libre accès dédiée à la transformation digitale, à la *data* et à l'intelligence artificielle. Plus qu'une simple revue, elle est une plateforme où se rencontrent académiques et professionnels pour collaborer sur des projets novateurs liés à la transformation numérique des entreprises.

Avec une communauté dynamique de plus de 3500 membres, 150 experts et 100 publications annuelles, Management & Datascience joue un rôle de premier plan dans l'exploration des nouvelles tendances en matière de technologie et de management. Rejoignez-nous sur notre site **https://management-datascience.org/journal/** pour découvrir nos contenus et participer à cette révolution numérique.

Devenir auteur chez Management & Datascience

Vous souhaitez contribuer à la conversation sur la transformation digitale et l'intelligence artificielle ? Devenir auteur pour Management & Datascience est simple. Soumettez votre article via notre plateforme, et un membre du comité de rédaction évalue votre soumission sous 48 heures. Vous recevrez ensuite un retour concernant l'acceptation, les corrections éventuelles ou le refus de votre article.

Les articles sont classés en fonction de leur type de contenu :

• **Article d'opinion** (1000 à 2000 mots) publié dans la rubrique **Avis d'expert** ou **Éditorial**.

• **Article de recherche** (2000 mots) publié dans la rubrique **Étude & Recherche**.

• **Retour d'expérience ou étude de cas** (1000 à 2000 mots) publié dans la rubrique **Application**.

• **Étude de cas pratique ou méthodologique** (1000 à 2000 mots) publié dans la rubrique **Culture Data**.

Les auteurs sont encouragés à respecter les consignes détaillées dans notre Guide des auteurs disponible sur notre plateforme. Contribuez dès aujourd'hui pour enrichir la communauté et faire avancer les débats sur les enjeux émergents de la transformation numérique.

Devenir rédacteur en chef invité d'un numéro spécial

En tant que rédacteur en chef invité, vous aurez l'opportunité de diriger un numéro spécial de la revue Management & Datascience. Ce rôle vous permet de mettre en lumière des sujets d'actualité, d'apporter une expertise unique, et de donner une orientation nouvelle à un thème spécifique.

Pourquoi devenir rédacteur en chef invité ?

• **Positionnement en tant que leader d'opinion** : associez votre marque ou votre expertise à un domaine clé pour renforcer votre crédibilité.

• **Visibilité accrue** : les numéros spéciaux attirent plus d'attention, vous permettant d'atteindre une audience plus large et ciblée.

• **Valorisation de l'expertise** : montrez vos connaissances et meilleures pratiques en rédigeant des articles ou en coordonnant ceux d'autres experts.

• **Public spécifique** : profitez d'une audience engagée, intéressée par les thématiques spécifiques que vous choisissez.

Comment organiser un numéro spécial ?

• **Sélection du thème** : proposez un sujet pertinent et émergent.

• **Appel à contributions** : invitez des auteurs à soumettre leurs articles sur le thème choisi.

• **Sélection et révision des articles** : collaborez avec le comité de rédaction pour garantir la qualité et la pertinence des publications.

• **Rédaction de l'éditorial** : encadrez le numéro spécial avec un éditorial qui présente les enjeux et les conclusions clés du thème.

Cette opportunité permet de mettre en avant des recherches novatrices, tout en renforçant votre position de leader dans votre domaine. Postulez pour devenir rédacteur en chef invité via notre plateforme.

Devenir membre du Club Premium

Management & Datascience ne se limite pas à la publication académique : nous offrons également des services exclusifs aux membres de notre Club Premium. Ce club est conçu pour les managers et leaders souhaitant rester à l'avant-garde de l'innovation et de la transformation numérique.

Les avantages du Club Premium :

• **Masterclass petits-déjeuners** : participez à des événements animés par des experts renommés pour comprendre les dernières tendances en data science, management et IA.

• **Workshops** : profitez de sessions de formation d'une demi-journée à une journée, avec des enseignants-chercheurs et des praticiens d'entreprise qui partagent des retours d'expérience concrets.

• **Accès aux ressources** : en tant que membre premium, bénéficiez d'un accès illimité aux ressources de notre plateforme : articles, vidéos, supports de formation et plus encore.

En rejoignant le Club Premium, vous devenez partie prenante d'une communauté innovante et dynamique, prête à relever les défis de la transformation digitale. Inscrivez-vous dès maintenant pour accéder à un réseau exclusif d'experts et de décideurs.

Composition, design graphique : Glazfab – glazfab.com.
Imprimé en France.

www.management-datascience.org
ISBN : 978-2-9596430-3-3